职业教育"十四五"规划教材
财会专业课证岗一体化教材·校企合作系列

出纳与资金管理岗位实务

黄立伟 许小曼 刘 喆○主 编
粟梦薇 吕亭锦 梁艺馨○副主编

立信会计 出版社
LIXIN ACCOUNTING PUBLISHING HOUSE

图书在版编目(CIP)数据

出纳与资金管理岗位实务 / 黄立伟，许小曼，刘喆主编. --上海：立信会计出版社，2024.7. -- ISBN 978-7-5429-7699-4

Ⅰ．F830.45

中国国家版本馆 CIP 数据核字第 2024QS0168 号

策划编辑　余　榕
责任编辑　孙　勇
美术编辑　吴博闻

出纳与资金管理岗位实务
CHUNA YU ZIJIN GUANLI GANGWEI SHIWU

出版发行	立信会计出版社			
地　　址	上海市中山西路 2230 号	邮政编码	200235	
电　　话	(021)64411389	传　　真	(021)64411325	
网　　址	www.lixinaph.com	电子邮箱	lixinaph2019@126.com	
网上书店	http://lixin.jd.com		http://lxkjcbs.tmall.com	
经　　销	各地新华书店			
印　　刷	浙江天地海印刷有限公司			
开　　本	787 毫米×1092 毫米	1/16		
印　　张	15.5			
字　　数	398 千字			
版　　次	2024 年 7 月第 1 版			
印　　次	2024 年 7 月第 1 次			
书　　号	ISBN 978-7-5429-7699-4/F			
定　　价	42.00 元			

如有印订差错，请与本社联系调换

职业教育"十四五"规划教材
财会专业课证岗一体化教材·校企合作系列
编委会名单

主　　　任　　张红梅　广西金融职业技术学院(广西银行学校)
　　　　　　　　　　　　　教授

副　主　任　　徐建宁　北京东大正保科技有限公司
　　　　　　　　　　　　　(中华会计网校)高级会计师

参编行业专家　(排名不分先后)
　　　　　　　　　农初勤　广西南宁海翔会计师事务所所长
　　　　　　　　　　　　　高级会计师
　　　　　　　　　蒋海娟　广西安驰财务管理有限责任公司　董事长
　　　　　　　　　黄河景　新道科技股份有限公司　工程师
　　　　　　　　　李　昕　中联集团教育有限公司　工程师
　　　　　　　　　李高齐　浙江衡信教育有限责任公司　工程师

学校主要编写人员　(排名不分先后)
　　　　　　　　　张　祺　陈　园　吴　瑶　苏　梅　李思静
　　　　　　　　　李　燕　陈苗苗　周平欢　蒙环宁　玉秋兰
　　　　　　　　　马靖杰　刘　喆　陈　添　陈素萍　蒙丽容
　　　　　　　　　黄立伟　许小曼

GENERAL PREFACE 总　序

随着"互联网+"的快速发展,教育信息化"十三五"规划提出了职业教育信息化建设的目标任务和重点措施,在线教育、数字化教学已经成为传统教育行业转型的重要方向。开发适应"互联网+"教育的教材,以教育信息化全面推动教育现代化,促进教育公平,提升教育质量,为培养现代化建设所需要的高素质人才提供保障,已成为当前教材建设和改革的重中之重。

广西金融职业技术学院(广西银行学校)作为广西唯一的专门培养财经人才的全日制高等职业教育学校,享有"广西金融人才培养的摇篮"之美誉,其会计专业实力雄厚,有一支业务水平高、教学能力强、专兼结合、双师型的优秀教学团队。近年来,学校在大力推进教育教学改革的基础上,在专业建设方面取得明显成效,毕业生就业率达到95%以上,毕业生双证率(毕业证+相关资格证书)达到99%以上,地域品牌效应显著,已经成为广西职业院校中会计专业学生规模最大的学校。近年来,学校专任教师依据教学改革成果,结合职业教育人才培养目标和大数据与会计专业群特点,与用友、新道、中联、百望、浙江衡信、厦门网中网等龙头企业开展校企合作,带动兄弟学校,在会计专业理事分会的指导下,联合行业、企业专家,推出一套基于"互联网+"教育教学改革理念的课证岗融合的高质量的职业教育"十四五"规划教材。

本套教材由校企共同研发,着重体现课证岗融合和产学合作的特点:

（1）从职业岗位能力培养出发，注重学生职业能力的养成。职业能力培养是职业院校的人才培养目标，会计职业能力培养围绕学生的职业道德素养养成和职业技能训练来开展。本套教材从会计职业能力入手，每个模块把"基础知识""岗位技能""职业素养"等教学内容有机结合，按任务和活动设置职业能力目标，引导学生有效学习。

（2）关注学生职业资格证书考试的需求，立体化特色鲜明。当前，会计从业资格证书已经被取消，学生在校能够考取的会计职业资格证书为初级会计师资格证书，本套教材注重对初级会计师资格证书考试相关知识的规划和整合，文字通俗易懂，配备知识点归纳、比较、总结的图表，以及大量形象化的案例和典型考点等内容，让学生边思边学，边做边学。对于重要事项和考点列有"温馨提示"和"特别提醒"等内容，并配备二维码链接，将教材学习和实训、测试、互动等辅助教学资源紧密结合，实现资源立体化，为教师和学生提供全面的教学支持。

（3）注重学生可持续发展和继续教育的需求。本套教材在突出培养学生动手能力的同时，充分考虑职业院校学生的职业发展需求和综合能力培养；在融入会计专业理论知识的同时兼顾学生继续教育和终身学习的要求，丰富教学资源的内容及其呈现途径，引导学生持续性学习。

（4）校企合作。为了更好地融合课证岗的知识内容，本套教材由我校与中华会计网校共同组织专业老师编写，融合了学校专任老师丰富的教学经验及中华会计网校老师丰富题库资源和证书考试指导经验。校企共同确定教材大纲和编写内容，既满足教师对学生职业能力培养的需要，又满足了学生证书考试的需求。

本套教材根据我国现行的企业会计准则体系和最新的税收政策法规编写，不论是课程标准开发，还是项目载体的设计、教学方法的改革和创新，都凝结了编写队伍在会计示范特色专业及实训基地建设中的心血和多年的教学经验。本套教材的出版，将会为财会专业职业教育教材建设的不断发展提供新的助力。

张红梅

FOREWORD 前　言

随着市场竞争的加剧，企业对于提升资金整体利用效率和效益、降低营运风险的要求越来越高。如果企业的出纳岗仅仅只是完成传统的资金收支核算，则不能满足企业日益强烈的提升资金利用效率的需求。由此，企业资金管理的主要内容逐渐形成，并促成了实际工作中新的岗位的形成，即资金管理岗位。为适应社会发展的需求，我们根据出纳与资金管理岗位的实务要求和职业教育的特点，结合多年来职业院校财会专业教学经验和科研成果，遵循我国现行《企业会计准则——基本准则》，以培养学生的职业岗位能力为导向，组织编写了本教材。

"出纳与资金管理岗位实务"课程是中、高职院校会计专业课程体系改革后的一门专业基础课程，也是"财务会计基础"的后续课程。其目的是使学生掌握企事业单位出纳与资金管理岗位的基本知识，具备处理出纳与资金管理岗位业务的基本技能和专业技能。该课程一方面帮助学生适应各类企事业单位出纳与资金管理岗位、收银岗位的工作要求，具有相对独立性；另一方面又为学生学习关于会计岗位的其他课程作知识和技能的铺垫。

本教材严格遵循教育部《高等学校课程思政建设指导纲要》的实施要求，以提高中、高职院校会计专业教学内容的实操性为出发点，以学生职业岗位能力培养为中心，以提升中、高职院校学生的理解能力为导向，以岗位业务处理流程为基础进行编写。

本教材主要包含资金管理基础知识，资金管理基本技能，资金管理的现金收付款业务、银行业务、其他业务,认知现金流和资金分析管理。本教材将出纳岗位业务内容与资金管理岗位业务内容相结合,视角和内容新颖,表单丰富。本教材特点如下:

(1)将传统的出纳岗位业务与资金管理业务的内容相融合,顺应了会计行业的发展变革。

(2)本教材是会计专业"互联网+"课、证、岗相融通的新形态一体化教材,兼具专业性和实用性。

(3)本教材单据丰富,仿真性强,语言通俗易懂。本教材运用了大量的原始业务单据、账簿,使学生能够接触真实的表单,获得相对真实的岗位体验。

(4)本教材内容流程性强,更有利于学生亲身体会出纳和资金管理岗位办理业务的具体流程步骤,提高岗位适应能力及胜任能力,实现课岗无缝对接。

(5)本教材配有丰富的教学资源,激发学生学习热情,提高学生学习效率。

本教材由广西金融职业技术学院(广西银行学校)的一线授课教师通力合作编写而成,黄立伟、许小曼、刘喆担任主编,粟梦薇、吕亭锦、梁艺馨担任副主编。各模块编写分工如下:模块1和模块5由粟梦薇编写;模块2由许小曼、粟梦薇(活动2.2.2)编写;模块3由黄立伟编写;模块4由黄立伟、吕亭锦(活动4.2.5、任务4.3)编写;模块6由梁艺馨、黄立伟(任务6.3、任务6.4)编写;模块7由黄立伟、刘喆编写。本教材适用于财经类中等职业学校、高职高专院校会计、会计信息管理、审计、财务管理及其他财会方向专业学生学习,也可作为在职会计人员岗位培训和自学用书。其中,模块1、模块2、模块3、模块4、模块5可以供中等职业学校的学生用来学习出纳岗位的基本知识和技能；而高职高专院校学生则可以通过整本教材的学习，全面掌握出纳与资金管理岗位的基本知识和技能。

在本教材的编写过程中，我们不仅参阅了大量国内外相关专家和学者的专著和教材，而且深入企业和银行做了大量的调研，并得到行业、企业专家的支持和帮助，在此谨向他们表示诚挚的谢意！

在本教材的编写过程中，我们每一位参与者都尽了最大的努力，但由于受时间和水平所限，教材中难免存在不当之处。期待同行的专家、教师、学生和其他广大读者在使用过程中给予关注，并将意见及时反馈给我们，以便及时修订和完善。

编　者

2024 年 6 月

CONTENTS 目 录

模块 1　资金管理基础知识 ·· 001
　任务 1.1　初识出纳与资金管理岗位 ·· 002
　任务 1.2　出纳与资金管理岗位的职责 ··· 003
　任务 1.3　认知出纳与资金管理岗位的工作内容 ·· 004
　任务 1.4　出纳与资金管理岗位的业务流程 ·· 005
　任务 1.5　认知出纳与资金管理岗位的职业道德 ·· 006
　模块测试 ··· 007

模块 2　资金管理基本技能 ·· 009
　任务 2.1　财务数字书写技能 ·· 010
　任务 2.2　数据信息处理技能 ·· 012
　任务 2.3　现金收付技能 ·· 019
　任务 2.4　学习人民币鉴别技能 ··· 024
　任务 2.5　保险柜的使用技能 ·· 026
　任务 2.6　印章的使用技能 ··· 028
　任务 2.7　办理资金工作交接 ·· 030
　模块测试 ··· 032

模块 3　资金管理——现金收付款业务 ··· 035
　任务 3.1　认知库存现金的管理 ··· 036
　任务 3.2　现金收款业务 ·· 038
　任务 3.3　现金付款业务 ·· 050
　任务 3.4　库存现金清查业务 ·· 056
　模块测试 ··· 060

模块 4　资金管理——银行业务 ··· 066
任务 4.1　开立与管理银行结算账户 ··· 067
任务 4.2　银行结算业务 ·· 073
任务 4.3　第三方收付结算业务 ··· 115
任务 4.4　银行对账业务 ·· 119
模块测试 ·· 126

模块 5　资金管理——其他业务 ··· 134
任务 5.1　收据业务 ·· 135
任务 5.2　借款业务 ·· 139
任务 5.3　费用报销业务 ·· 143
任务 5.4　社会保险业务 ·· 148
任务 5.5　职工薪酬发放业务 ·· 160
任务 5.6　工商年检业务 ·· 164
任务 5.7　税费业务 ·· 168
任务 5.8　资金档案管理业务 ·· 172
模块测试 ·· 175

模块 6　认知现金流 ··· 179
任务 6.1　现金流基本知识 ·· 180
任务 6.2　现金流量表的基本知识 ··· 184
任务 6.3　企业活动的现金流计算 ··· 187
任务 6.4　企业现金流量表的分析 ··· 195
任务 6.5　现金管理的内部控制及程序 ······································· 206
模块测试 ·· 208

模块 7　资金分析管理 ··· 213
任务 7.1　企业偿债能力分析 ·· 214
任务 7.2　现金流量比率分析 ·· 222
模块测试 ·· 229

模块 1

资金管理基础知识

【知识目标】
1. 理解出纳与资金管理岗位的相关概念
2. 熟悉出纳与资金管理岗位的职责和工作内容
3. 熟悉出纳与资金管理岗位的业务流程
4. 认知出纳与资金管理岗位的职业道德

【实践目标】
1. 能根据出纳岗位的业务情况，完成相应的工作流程
2. 能根据资金管理岗位的业务情况，完成相应的工作流程

【思政目标】
1. 培养学生严谨细致、求真务实的财经职业素质
2. 引导学生遵守廉洁自律、诚实守信、坚持准则的会计职业道德
3. 培养学生的爱国情怀，使其具备自强不息、积极进取的精神

【知识点思维导图】

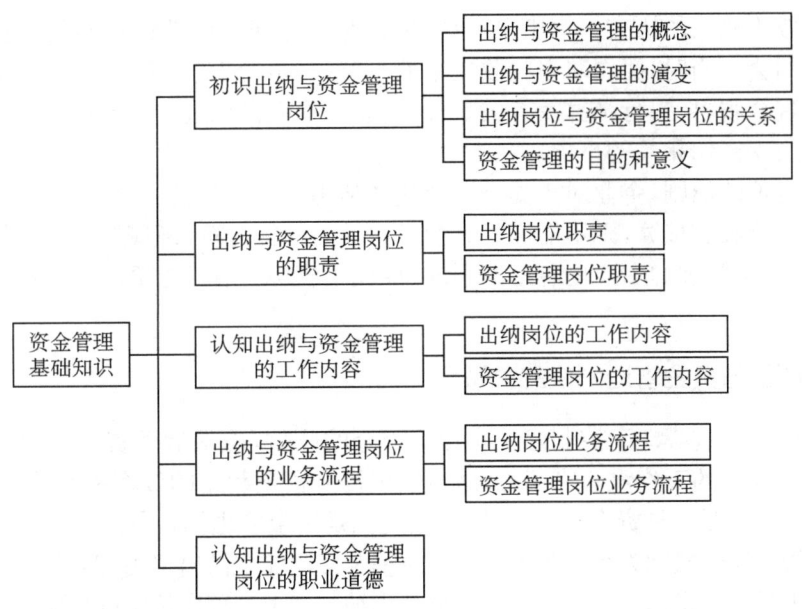

任务 1.1 初识出纳与资金管理岗位

【任务导入】

李华刚到南宁市天天电子科技有限公司实习,实习岗位是公司资金管理岗位的分支岗位出纳岗。李华问师傅方芳:"我知道会计工作中有出纳岗和会计岗,在学校也学过'出纳岗位实务'这门课程,对出纳岗的工作职责有所了解。但什么是资金管理岗?出纳岗和资金管理岗有什么联系和区别?资金管理岗的主要工作内容是什么呢?"

【任务背景知识】

一、出纳与资金管理的概念

(一)出纳的概念

出纳是指按照有关规定和制度,办理本单位的现金收付、银行结算及有关账务,保管库存现金、有价证券、财务印章及有关票据等工作的总称。从广义上讲,票据、货币资金和有价证券的收付、保管、核算,都属于出纳工作;狭义的出纳,则仅指各单位会计部门专设的出纳岗位或人员的各项工作。

(二)资金管理的概念

资金管理主要是指对资金来源和资金使用进行计划、控制、监督、考核等各项工作的总称,其一般包括投资决策与计划、建立资金使用和分管的责任制、检查和监督资金的使用情况、考核资金的利用效果等主要内容。

二、出纳与资金管理的演变

出纳有着较为悠久的历史。据史籍记载,早在西周时期我国就设有专门核算官方财赋收支的官职——司会。当时,西周对财物收支采取了"月计岁会"的方法。目前出纳岗位的主要工作内容包括现金收付、银行结算及有关账务处理,保管库存现金、有价证券、财务印章及有关票据等与资金收支密切相关的事项。

随着市场竞争的加剧,企业对于提升资金整体利用效率和效益、降低营运风险的要求越来越高。单纯的资金收支核算,则不能满足企业日益强烈的提升资金管理效率的需求。

由此,企业资金管理的主要内容逐渐形成,促成了实际工作中新的岗位的形成,即资金管理岗位。

三、出纳岗位与资金管理岗位的关系

出纳岗位的工作重心在于控制好企业货币资金的收付,确保货币资金的收付得到准确的核算。资金管理岗位的工作重心在于加强管理,以提升资金利用的效率和效益。

出纳本身其实也是一种资金管理活动,出纳岗位是资金管理岗位的一个重要分支岗位。出纳岗位和资金管理岗位共同为企业的资金使用效率及使用安全做出努力,两者之间既相互联系,又在工作范围上具有一定的区别。本教材主要从出纳与资金管理岗位实务的要求来进行编写。

四、资金管理的目的和意义

（1）维持企业生产经营活动的正常进行。
（2）维护企业资金的安全。
（3）提升企业的竞争力。
（4）降低企业的管理成本。
（5）提升企业资金使用效益。

任务1.2　出纳与资金管理岗位的职责

【任务导入】

听了师傅方芳的讲解，李华了解到出纳岗位是资金管理岗位的一个重要分支岗位，想进一步了解出纳和资金管理岗位的职责有哪些。

【任务背景知识】

一、出纳岗位职责

（1）按照国家有关现金管理和银行结算制度的规定，办理现金收付和银行结算业务。
（2）根据会计制度的规定，在办理现金和银行存款收付业务时，严格审核有关原始凭证，再据以编制收付款凭证，然后根据编制的收付款凭证逐笔序时登记库存现金日记账和银行存款日记账，并结出余额。
（3）按照国家外汇管理的结汇、购汇制度的规定，办理外汇出纳业务。
（4）掌握银行存款余额，不准签发空头支票、不准出租或出借银行账户为其他单位办理结算。
（5）保证库存现金和各种有价证券的安全与完整。
（6）保管有关印章、空白收据和空白支票。

二、资金管理岗位职责

（1）制订和执行资金预算和计划，充分利用资金，并且合理分配各项开支。
（2）筹集企业所需的资金，并参与投融资决策，确保资金的安全性和回报率。
（3）进行企业资金的日常运营和管理，确保资金流动性和偿付能力，防范和减少资金风险，保护企业的财务安全。
（4）进行企业现金流量的管理，制定合理的现金管理策略，确保企业的现金流量充足且稳定，提高资金使用的效率。
（5）对企业的财务报表进行分析和评估，提供有关资金使用和投资的建议，为企业的财务决策提供支持。
（6）对企业的利润进行管理和控制，参与制定合理的利润目标和控制措施，确保企业的利润水平达到预期。
（7）进行税务规划和优化，确保企业在合法合规的前提下最大限度地减轻税务负担。

（8）与内部控制和审计部门密切合作，确保企业的资金使用和管理符合法规和规范要求，及时发现和解决资金管理中存在的问题。

任务1.3　认知出纳与资金管理岗位的工作内容

【任务导入】

在了解了出纳与资金管理岗位的职责后，李华问师傅方芳："出纳和资金管理岗位的工作内容有哪些呢？我每天具体要做哪些工作呢？"

【任务背景知识】

一、出纳岗位的工作内容

（一）货币资金核算

（1）按照有关现金管理制度的规定，严格办理现金款项收付。

（2）按照有关结算管理制度的规定，严格办理银行结算，规范使用票据，严格控制签发空白支票。

（3）逐笔序时登记日记账，保证日清月结。

（4）妥善保管库存现金和各种有价证券，确保其安全和完整无缺。

（5）妥善保管有关印章，严格按照规定用途使用印章。

（6）严格审查销售业务有关凭证，办理销售款项结算，催收销售货款。

（二）往来结算

（1）办理购销往来业务结算，建立清算制度，及时清算各项往来款项。

（2）核算购销业务以外的往来款项，防止坏账损失。

（三）工资结算

（1）执行已批准的工资计划，按照规定掌握工资和奖金的支付。

（2）严格审核工资单据，办理代扣款项，完成工资发放。

（3）负责工资核算，提供工资数据。

二、资金管理岗位的工作内容

（一）融资管理

融资管理的工作内容主要包括：确定企业的经营活动所需的周转金额和投资资本需要量；根据资金需求，分析企业的融资渠道，比较企业采取长短期贷款、发行股票等不同融资方式的成本，选择合适的融资方式。

（二）投资管理

投资管理的工作内容主要包括：长期投资与短期投资管理，对单项投资及投资组合开展投资可行性分析；分析投资行为对公司风险和收益的影响，并开展有效的投资管理。

（三）资金流动性管理

资金流动性管理的工作内容主要包括：进行现金流量分析，根据企业实际需要制定现金管理方案，组织编制资金使用计划，掌握资金流动状态；负责资金的调度、供应工作，加强对资金的合理使用,确保企业资金供求平衡。

(四) 资金风险管理

资金风险管理的工作内容主要包括:熟悉金融市场,根据企业财务风险承受能力,通过应对汇率、利率变动等,有效控制企业资金风险。

(五) 资金报表编制

资金报表编制的工作内容主要包括:对企业财务运行状况和资金使用情况进行分析与评价,将企业的财务活动和资金运用情况上报,为企业的重要决策提供可靠的依据。

任务 1.4 出纳与资金管理岗位的业务流程

【任务导入】

李华问师傅方芳:"出纳和资金管理岗位的工作内容我清楚了,但是这些工作的具体步骤是什么呢?"

【任务背景知识】

一、出纳岗位业务流程

出纳岗位的业务流程如图 1-1 所示。

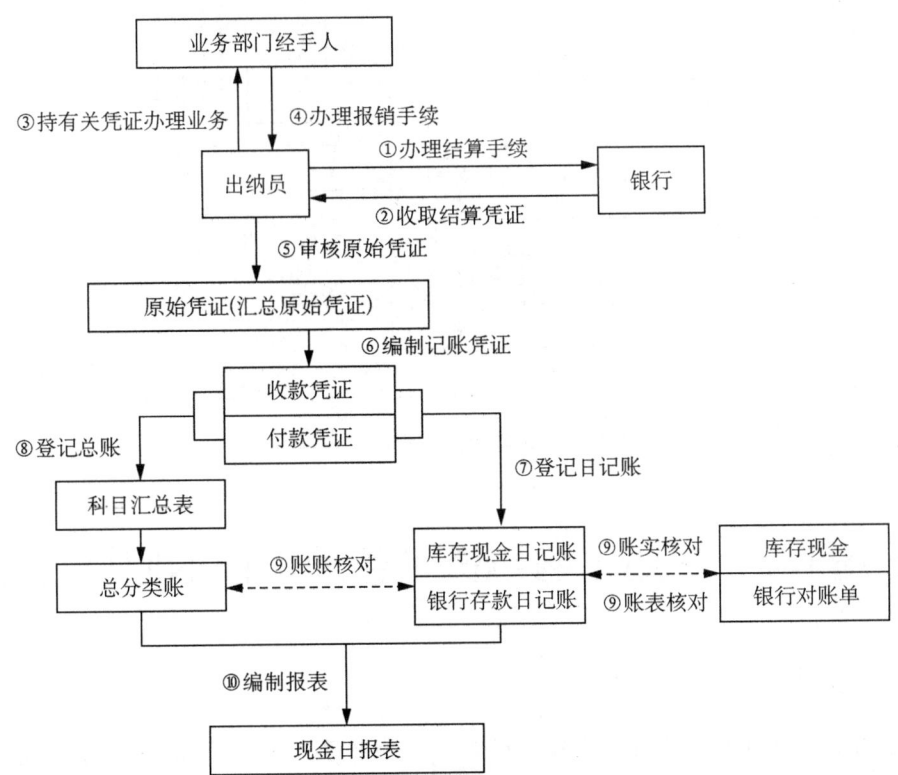

图 1-1 出纳岗位的业务流程

二、资金管理岗位业务流程

资金管理岗位的业务流程如图1-2所示。

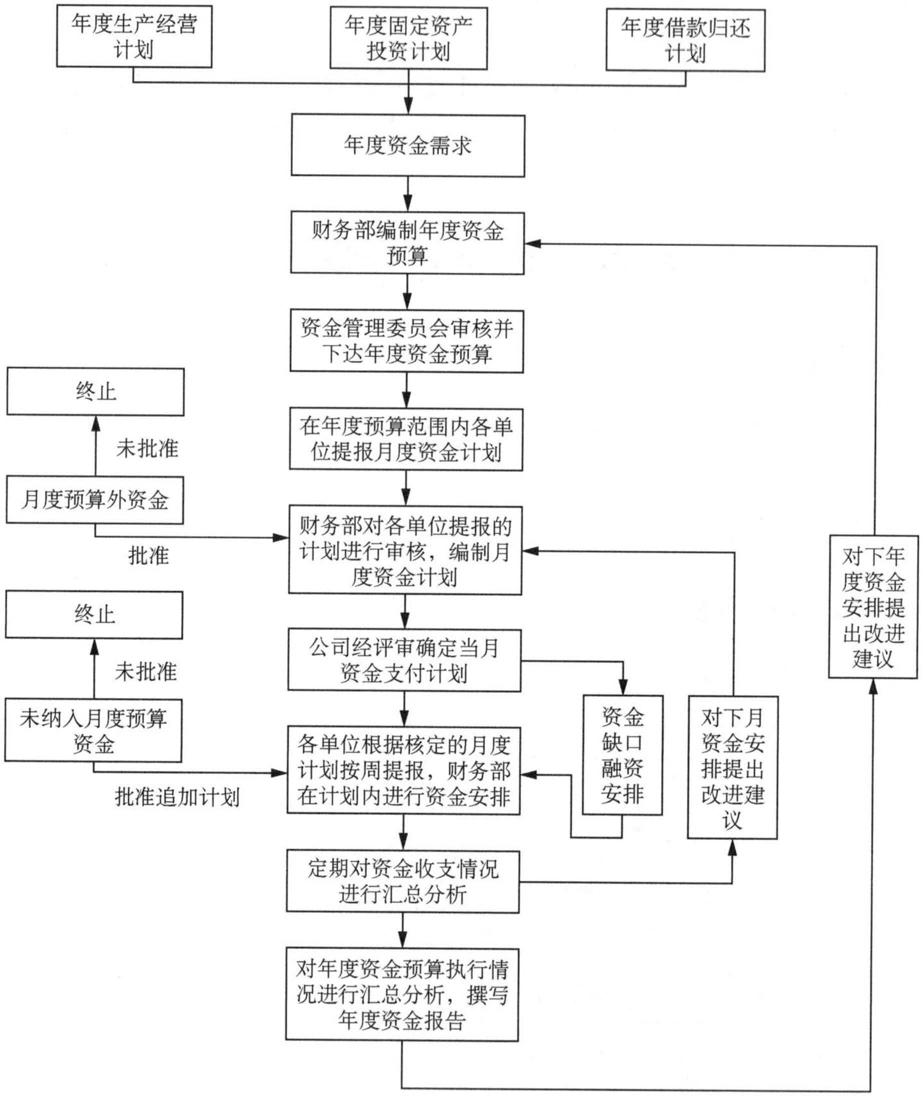

图1-2 资金管理岗位的业务流程

任务1.5 认知出纳与资金管理岗位的职业道德

【任务导入】

一名优秀的出纳和资金管理岗工作人员除了掌握扎实的专业知识和技能,还应遵守哪些职业道德?

【任务背景知识】

出纳与资金管理岗位作为企业经营管理的重要岗位,其岗位人员需具备的基本职业道德如表 1-1 所示。

表 1-1　　　　　　　　　　　出纳与资金管理岗位的职业道德

项目	具体要求
遵纪守法	遵守国家财经纪律和财务制度,熟悉出纳与资金管理政策和规定,严格执行出纳与资金管理制度
爱岗敬业	热爱出纳与资金管理工作,忠于职守,尽心尽力,尽职尽责
诚实守信	要求出纳与资金管理岗位人员做老实人,说老实话,办老实事,执业谨慎,信誉至上,不为利益所诱惑,不弄虚作假,不泄露秘密
廉洁自律	要求出纳与资金管理岗位人员公私分明,不贪不占,遵纪守法,清正廉洁
客观公正	要求出纳与资金管理岗位人员端正态度,依法办事,实事求是,不偏不倚,保持应有的独立性
坚持准则	严格执行准则制度,保证会计信息的真实完整。忠于职守,敢于斗争,自觉抵制财务造假行为,维护国家财经纪律和经济秩序
提高技能	始终秉持专业精神,勤于学习、锐意进取,不断适应新形势、新要求,与时俱进,开拓创新,持续提升专业能力

模 块 测 试

一、单项选择题

1. 某公司出纳人员小李将公司现金交存开户银行,应编制（　　）。
　　A. 现金收款凭证　　　　　　　　　B. 现金付款凭证
　　C. 银行收款凭证　　　　　　　　　D. 银行付款凭证
2. 下列各项中,出纳人员所登记的库存现金日记账所属的账簿类别是（　　）。
　　A. 卡片式账簿　　　　　　　　　　B. 序时账簿
　　C. 备查账簿　　　　　　　　　　　D. 分类账簿
3. 对于库存现金,出纳人员应（　　）清点核对一次。
　　A. 每日　　　　　　　　　　　　　B. 每十日
　　C. 每半个月　　　　　　　　　　　D. 每月
4. 下列各项中,不属于资金管理工作主要内容的是（　　）。
　　A. 融资管理　　　　　　　　　　　B. 投资管理
　　C. 资金流动性管理　　　　　　　　D. 保管库存现金
5. 西周时期设立的专门核算官方财物收支的官职是（　　）。
　　A. 司会　　　　　　　　　　　　　B. 司书
　　C. 司礼　　　　　　　　　　　　　D. 账房

6. 下列各项中,不属于资金流动性管理主要工作内容的是( )。
A. 保管空白票据 B. 进行现金流量分析
C. 制定现金管理方案 D. 编制资金使用计划

二、多项选择题

1. 下列各项中,属于出纳与资金管理岗位需要具备的9个意识的有( )。
A. 法律意识 B. 规章意识
C. 安全意识 D. 保密意识

2. 下列各项中,属于出纳与资金管理岗位职业道德的包括( )。
A. 遵纪守法 B. 客观公正
C. 爱岗敬业 D. 坚持准则

3. 下列各项中,属于出纳岗位职责的包括( )。
A. 办理现金收付 B. 登记库存现金及银行存款日记账
C. 办理银行结算 D. 保管有关印章、空白收据和空白支票

4. 下列各项中,属于资金管理岗位职责的包括( )。
A. 融资管理 B. 资金风险管理
C. 投资管理 D. 资金报表编制

5. 下列各项中,属于出纳与资金管理的意义和目的的包括( )。
A. 维持企业生产经营活动的正常运作 B. 提升企业的竞争力
C. 降低企业的管理成本 D. 提升企业资金使用效益

三、判断题

1. 出纳工作本身其实也是一种资金管理活动,出纳岗位是资金管理岗位的一个重要分支岗位。( )
2. 资金管理的工作重心在于加强管理,以提升资金使用的效率和效益。( )
3. 资金管理是对资金来源和资金使用进行计划、控制、监督、考核等各项工作的总称。( )

模块 2

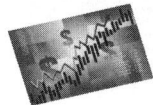

资金管理基本技能

【知识目标】
1. 掌握财务数字的书写规则
2. 掌握数字录入的指法和技巧
3. 掌握手工点钞法的操作要领和假币识别技巧
4. 掌握办公软件 Excel 在出纳工作中的应用
5. 掌握保险柜的使用方法
6. 掌握印章的保管和使用方法
7. 掌握办理资金工作交接的方法

【实践目标】
1. 能够按要求完成财务数字的书写
2. 能够按要求进行数字录入和汇总
3. 能够运用识别假币的技巧进行真假人民币的识别
4. 能够运用手工点钞法进行现金清点
5. 能够运用办公软件 Excel 处理资金管理工作中的相关表格
6. 会使用保险柜和正确使用印章
7. 能够按流程完成资金工作交接

【思政目标】
1. 培养学生严谨细致、求真务实的财经职业素质
2. 引导学生遵守廉洁自律、诚实守信、坚持准则的会计职业道德
3. 培养学生的主人翁精神

【知识点思维导图】

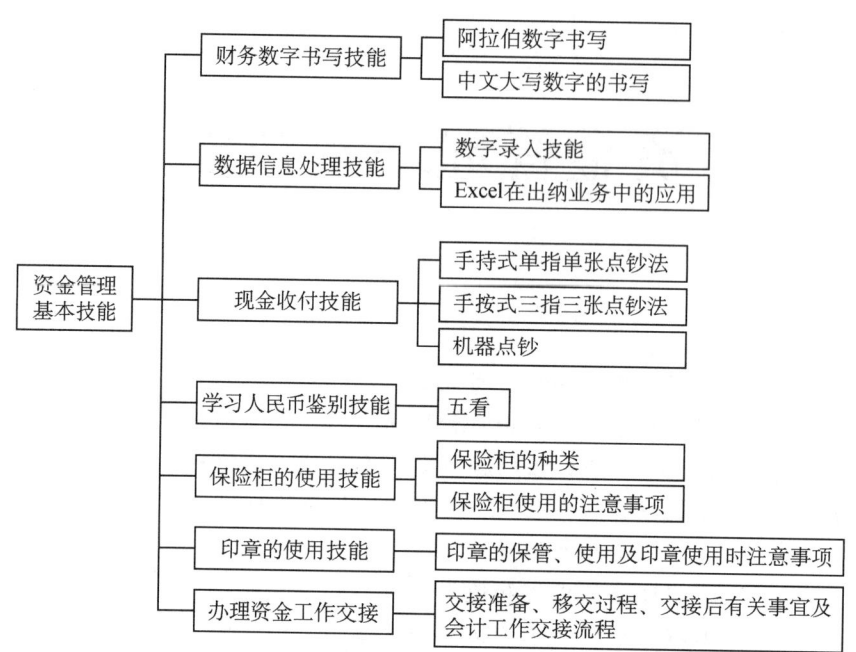

任务 2.1　财务数字书写技能

【任务导入】

实习生李华在天天电子科技有限公司的实习岗位是出纳岗。作为一名出纳人员,他应具备哪些岗位技能?

【任务背景知识】

财务数字的书写是财务工作人员的一项基本技能,数字的书写要规范化,书写错了必须按更正规则进行更正,不能随意涂改。在财务工作中,常用的数字有阿拉伯数字和中文大写数字两大类。

一、阿拉伯数字书写

阿拉伯数字有 1、2、3、4、5、6、7、8、9、0 这 10 个数字,是世界各国通用的数字。

(一) 数字书写规定

1. 书写要与数位相结合

书写时,每一个数字都要占一个位置,每一个位置表示一个单位。数字所在的位置表示的单位,称为"数位"。数位按照个、十、百、千、万的顺序,由小到大、从右到左排列;但人们写数和读数的习惯顺序,是由大到小、从左到右。我们书写阿拉伯数字时,应与数位结合。书写的顺序是由高位到低位、从左到右依次写出各位数字,如图2-1所示。

图2-1 数字的书写规范

2. 书写的基本要求

(1) 笔画顺序是自上而下,先左后右,要一个一个地写,不得连笔写,以免分辨不清。

(2) 每个数字必须紧靠底线书写,数字高度占表格高度的1/2,为订正写错的数字留有余地。

(3) 数字书写一律自右上方向左下方倾斜,大致与底线呈45°~60°角。

(4) "4"字的顶部不封口,两条斜线"竖成"平行线。

(5) "6"字要比一般数字向右上方长出1/4,"7"和"9"字要向左下方过底线并长出底线1/4。

(6) "0"字要封口,呈椭圆形,不要太小。

3. 采用"三位分节制"

使用分节号能够较容易辨认出数的数位,便于数字书写、阅读和计算。对于数的整数部分,我们应采用国际通用的"三位分节制"进行分隔,即从个位开始向左每三位数用分节号","分开,如82,050,564。对于带小数的数,我们应将小数点记在个位与十分位之间的下方,如1,047.56。

一般账表凭证的金额栏印有分位格,元位前每三位印的粗线代表分节号,元位与角位之间的粗线则代表小数点,我们记数时不要再另加分节号或小数点。

(二) 关于人民币符号的使用

"¥"是拼音"yuan"的缩写,¥既代表人民币的币制,又表示人民币"元"的单位,所以小写金额前填写"¥"后,数字之后就不用写"元"了。例如,¥8,300.05表示人民币捌仟叁佰元零伍分。书写时在"¥"与数字之间不能留空,以防金额数字被人涂改。

(三) 关于金额角、分的写法

在无金额分位格的凭证上,所有以元为单位的阿拉伯数字,除表示单价等情况外,一律写到角分;无角分的,角位和分位可写"00",或用符号"—"。例如,人民币伍拾元整应写成¥50.00或¥50.—;有角无分的,分位应写"0",不能用其他符号代替。例如,人民币叁拾柒元伍角应写成¥37.50。

二、中文大写数字的书写

我们在填写发票收付款、凭证等单据的金额时,除了要用阿拉伯数字书写,还要用中文大写数字,其目的是防止数字被篡改。中文大写数字的书写的有关规定如下。

1. 用正楷字或行书字书写

我们用汉字书写大写金额数字时,应一律用正楷字或行书字。壹、贰、叁、肆、伍、陆、柒、捌、玖、拾、佰、仟、万、亿、元、角、分、零、整(正)等易于辨认、不易被涂改,不能用一、二、三、四、五、六、七、八、九、十、园等字样代替。

2. "人民币"与数字之间不能留有空位

有固定格式的重要单证的大写金额栏一般都印有"人民币"字样,数字应紧接在"人民币"后面书写,中间不得留空。大写金额栏没有印好"人民币"字样的,我们应加填"人民币"三个字。

3. "整(正)"字的用法

汉字大写金额数字到"元"为止的,在"元"字之后,应写"正"或"整"字。汉字大写金额数字有"角、分"的,"角、分"字后面不写"正"或"整"字。

4. 有关"零"的写法

阿拉伯金额数字有"0"时,汉字大写金额应怎样书写?这要看"0"所在的位置,对于数字尾部的"0",不管是一个还是连续几个,汉字大写到非零数位后,用一个"正"或"整"字结尾,都不需用"零"来表示。现举例说明如下:

(1) 阿拉伯金额数字中间有"0"时,汉字大写金额要写"零"字,如"￥204.76",汉字大写金额应写成"人民币贰佰零肆元柒角陆分"。

(2) 阿拉伯金额数字中间连续有几个"0"时,汉字大写金额可以只写一个"零"字,如"￥7,008.13",汉字大写金额应写成"人民币柒仟零捌元壹角叁分"。

(3) 阿拉伯金额数字元位是"0",或者数字中间连续有几个"0",元位也是"0",但角位不是"0"时,汉字大写金额中可以只写一个"零"字,也可以不写"零",如"￥4,380.52",汉字大写金额应写成"人民币肆仟叁佰捌拾元零伍角贰分"或者写成"人民币肆仟叁佰捌拾元伍角贰分"。

(4) 阿拉伯数字角位是"0",而分位不是"0"的,汉字大写金额元字后面应写"零",如"￥245.03",汉字大写金额应写成"人民币贰佰肆拾伍元零叁分"。

5. 壹拾几的"壹"字不得遗漏

关于壹拾几的"壹"字,在书写汉字大写金额数字中不能遗漏。我们平时口语中所称的"拾几""拾几万"中的"拾"字仅代表数位,不是数字,例如,"￥315.76",汉字大写金额应写成"人民币叁佰壹拾伍元柒角陆分";又如,"￥150,000.00",应写成"人民币壹拾伍万元正"。

任务 2.2　数据信息处理技能

【任务导入】

为提高工作效率,出纳方芳应如何使用 Excel 这一工具来辅助工作,如何进行数据录入并登记银行存款日记账呢?

活动 2.2.1　数字录入技能

【任务背景知识】

当前会计的数据处理以电子计算机为主体。具体而言,就是财务工作人员利用会计软件替代手工完成或在手工条件下很难完成的会计工作过程。其中最基础的工作就是数据录入和处理。下面就让我们来学习最基本的数据信息处理技能。在学习数字录入技能时，我们通过坐姿、数字键区和指法三个方面介绍如何做好数据录入的准备工作。

一、了解正确坐姿

让我们来看看录入数据时的正确坐姿，见图2-2。

正确的坐姿不仅能减轻我们的疲劳程度，而且对提升录入速度起到重要作用。那么什么才是正确的坐姿呢？

（1）挺：要保持挺胸昂头，肩部放松，腰背不要弯曲。

（2）垂：小臂与手腕略向上倾斜，手腕平直，两肘微垂，轻轻贴于腋下，手指弯曲自然适度，轻放在键盘上。

（3）平：屏幕显示区域位于视线10°～20°角以下，近似平视；目光可适当向下，身体与屏幕的距离以看清字符为佳。

（4）松：手掌以手腕为轴略向上抬起，手指略弯曲，自然下垂，形成勺状。

（5）悬：打字时手腕要悬空，击完键后，手指要立即回到初始位置。如果敲击速度加快，没有时间把手指放回初始位置，应保持手指在初始位置附近。

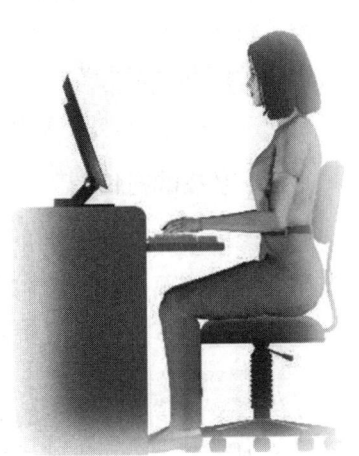

图2-2　正确坐姿

（6）击：击键的力度要适中。各指分工明确，各司其职。击键时主要靠手指和手腕灵活运动。敲击键盘要有节奏，不要靠整个手臂的运动来找键位。

（7）注意：在后面的翻打传票过程中，由于传票一般在比显示屏更靠近身体的桌面，需低头查看，身体与键盘距离要稍远一些，保持上身挺、目光平，上身可以整体稍前倾。

二、了解数字键区

数字键区，又称小键盘区或副键盘区，是键盘上专门用于向计算机输入大量数字的重要"区域"，主要用于数字集中录入，见图2-3。

该区的大部分按键具有双重功能：一是代表数字和小数点，二是代表某种编辑功能。利用该区左上角的Num Lock（数码锁定）键可在这两种功能之间进行转换。除此之外，数字键区上方还有Num Lock（数码锁定）、Caps Lock（大写锁定）和Scroll Lock（滚动锁定）三个指示灯，它们用来显示当前对应的锁定功能是否被启用。

图2-3　数字小键盘区

三、掌握盲打指法

数字键区是用来集中输入数据和进行数据统计的，我们应熟练掌握该区域的布局和指法，以盲打为目标设置对应的训练内容。

我们使用数字键区时一般只能用右手操作，每个手指都有分工。小键盘指法见图2-4。

指法规定右手的食指、中指、无名指和小指依次位于第三排的"4""5""6""Enter"基准键上。其中"5"键上有一个小突起,是用来定位的。当准备操作小键盘时,手指应轻轻地放在相应的基准键上,按完其他键后,应尽量回到基准键上。

要提高数字的录入速度,各手指负责的按键有严格的分工。"Num Lock""7""4""1"这4个键由右手食指负责;"/""8""5""2"这4个键由右手中指负责;"*""9""6""3"".""这5个键由右手无名指负责;"—""+""Enter"这3个键由右手小拇指负责;"0"键由右手大拇指负责。

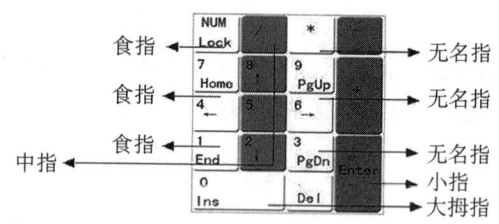

图 2-4　小键盘指法

四、掌握翻打传票

很多手工技能在信息化时代已被取代,但翻打传票在票据整理统计过程中是不可替代的工作。翻打传票,也称传票算,即运用计算器、数字小键盘等工具,对各种单据、发票和凭证进行汇总计算。常用的翻打传票的方法有以下两种。

1. 传票录

传票录是指对于给定的数据进行录入操作,即每次输入数据后敲击回车键确认,依此类推。这种输入主要在将纸质数据转化成信息化数据时使用。

【例 2-1】　先用 Microsoft Office Excel 制作表 2-1,再将右边数据录入表格。

表 2-1　工资表　　　　　金额单位:元

姓名	工龄	工资	补贴
小黄			
小红			
小蓝			
小绿			

	工龄	工资	补贴
小黄	21	1 134.32	65.24
小红	5	982.12	25.65
小蓝	14	1 043.56	104.45
小绿	4	929.29	313.53

在日常工作中,这种数据信息化工作有很多,像这个例子就属于传票录的应用范畴。我们发现,每个人(同一行)录入的数据可能有所不同,但是同一类(同一列)数据的类型和格式是相似的。所以,一般我们都采用竖排录入的方式来输入数据。每输入一个数据,便使用"回车"键来确认和切换输入单元格。

2. 传票算

传票算是对于同类票据的特定数据进行统计汇总时的操作,即每次输入数据后敲击"+"(或其他需求运算符),将各个数据汇总起来,最后计算出一个汇总数据。这项工作更贴近实际,要求更高,难度更大,应用更广。

在计算过程中,完成前面的数据输入后用"+"号确认,完成最后一个数据的输入后使用"回车"确认,以此得出最终结果。

【例 2-2】　请将表 2-2 中的数据按要求计算填写结果。

表 2-2　　　　　　　　　各分店一至三月份利润表　　　　　　　　单位:元

月份	一分店	二分店	三分店	四分店
一月利润	1 364 645.56	2 932 745.41	1 965 857.96	7 513 893.85
二月利润	925 546.91	5 639 239.06	4 743 793.97	3 792 801.26
三月利润	965 356.02	4 920 443.71	1 003 790.48	3 792 689.85
一季度合计	3 255 548.49	13 492 428.18	7 713 442.41	15 099 384.96

3. 传票录与传票算操作要点分析

通过前面两个例子的体验,我们能够发现这两种操作和所应用的两个例子的差别。

传票录操作中每次敲击的都是回车,容易操作,输入完成后,也容易核对,纠错更容易。传票算操作中以录入运算符为主,间隔使用回车键,我们在输入过程中要注意数据个数,一旦输入错误,在输入完成后不易察觉,用错确认键和错误输入会导致统计失误,需重新操作。在实际操作中,传票算比传票录要求的准确率更高,甚至苛刻到不能出错的程度。当数据来源是一套整理好的票据时,翻打传票不可避免地需要双手配合完成。

活动 2.2.2　Excel 在出纳业务中的应用

【任务背景知识】

一、Excel 的简介

Microsoft Excel 是一个电子表格处理软件,它功能强大,操作简单,使用范围广,提供了丰富的财务函数、数据库管理函数及数据分析工具。借助 Excel 这一软件,会计人员可以进行会计处理、财务分析、统计分析、线性预测,并制作各种数据分析表,编制各种分析模型。因此,Excel 处理各类业务的技能成为当今出纳人员必须掌握的技能。

二、常用的函数

(一) SUM 函数

SUM 函数是一个数学和三角函数,可将值相加。其可以将单个值、单元格引用或者区域相加,或者将三者的组合相加。

1. 语法

SUM(number1,[number2],…)

number1(必需参数)是要相加的第一个数字。该数字可以是数字,或是 Excel 中 A1 之类的单元格引用或 A2:A8 之类的单元格范围。

number2 是要相加的第二个数字。

2. 示例

如 SUM(3,2)等于 5;SUM(A2:C2)表示对 Excel 中的单元格 A2 到 C2 的数值进行求和。

(二) VLOOKUP 函数

VLOOKUP 函数是 Excel 中的一个纵向查找函数,该函数的功能是按列查找,最终返回该列所需查询序列所对应的值。

1. 语法

VLOOKUP(lookup_value,table_array,col_index_num,[range_lookup])

lookup_value 是指要查找的值(数值、引用或文本字符串)。

table_array 是指要查找的区域(数据表区域)。

col_index_num 是指返回数据在查找区域的第几列数(正整数)。

range_lookup 是指精确匹配/近似匹配(FALSE/TRUE)。

2. 示例

如 A 列是序号,B 列是姓名,C 列是身份证号,VLOOKUP(D1,B:C,2,0)表示对 D1 单元格中输入的姓名,在 B 列到 C 列的区域中的第 2 列,精确查找其身份证号。

【任务实施案例】

【例 2-3】 2023 年 6 月 1 日,出纳员方芳运用 Excel 软件设置银行存款日记账,用于后续进行银行存款日记账的登账。

一、银行存款日记账处理流程

银行存款日记账处理流程见图 2-5。

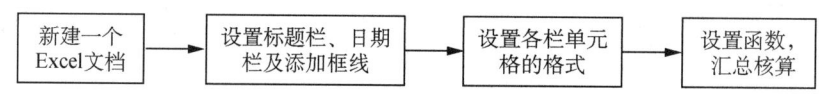

图 2-5 银行存款日记账处理流程

二、银行存款日记账处理实施步骤

1. 新建一个 Excel 文档

新建一个 Excel 文档,命名为"银行存款日记账",打开文档后,在下方同时插入几个表格,按月份命名,为后面月份记账做准备,见图 2-6。

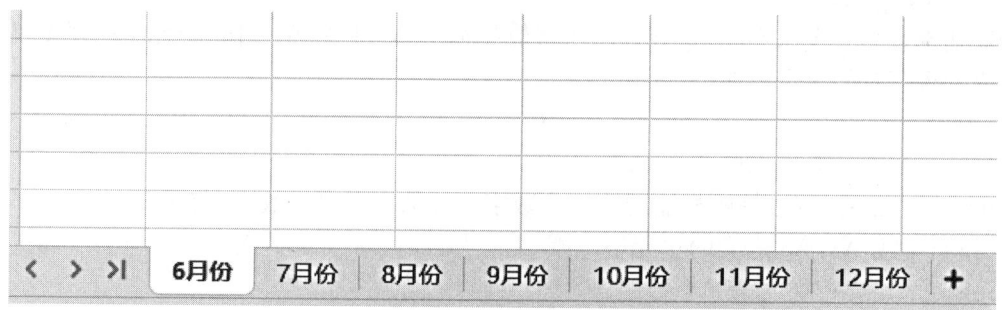

图 2-6 银行存款日记账

2. 设置标题栏、日期栏及添加框线

首先将表格首行中的前12个单元格合并，输入「银行存款日记账」作为标题；将表格第二行进行合并，输入「编制单位」「单位/元」；在表格第三行，依次输入「日期」「凭证字号」「摘要」「借方」「贷方」「借/贷」「余额」「√」等各科目栏小标题；选中一部分表格作为记账栏，选择「边框」下拉列表中的「所有框线」为表格添加框线，见图2-7。

图2-7 银行存款日记账

3. 设置各栏单元格的格式

对「借方」「贷方」「余额」栏的格式进行设置。

选中「借方」栏，然后单击鼠标右键，在弹出的快捷菜单中选择「设置单元格格式」命令，弹出「设置单元格格式」对话框，在「数字」选项卡下的「分类」列表框中选择「货币」选项，右侧的「小数位数」选择「2」；「货币符号(国家/地区)」可随意选择「有」或「无」，在本节示例中选择的是「无」；「负数」选择第一种只标红、无负号的类型，见图2-8。「贷方」「余额」栏同理，此处不再赘述。

4. 设置函数，汇总核算

对于「余额」栏，月初先设置「期初余额」来登记上个月留存下的余额。在登记好期初余额后，需对「余额」栏设置一个公式：选中「期初余额」行下一行的「余额」栏，在英文输入状态下输入「=K5+F6－H6」，这样在该行登记业务时，余额即可自动得出，见图2-9。在公式输入完成后，将鼠标指针移至该栏的右下角，当鼠标指针呈黑色实心十字形的时候单击并向下拖动至该表的本列末，后面的余额都将按照这个公式计算得出。

在前面的表格制作工作全部完成后，需对本月的日记账进行汇总核算。在表格的最后一

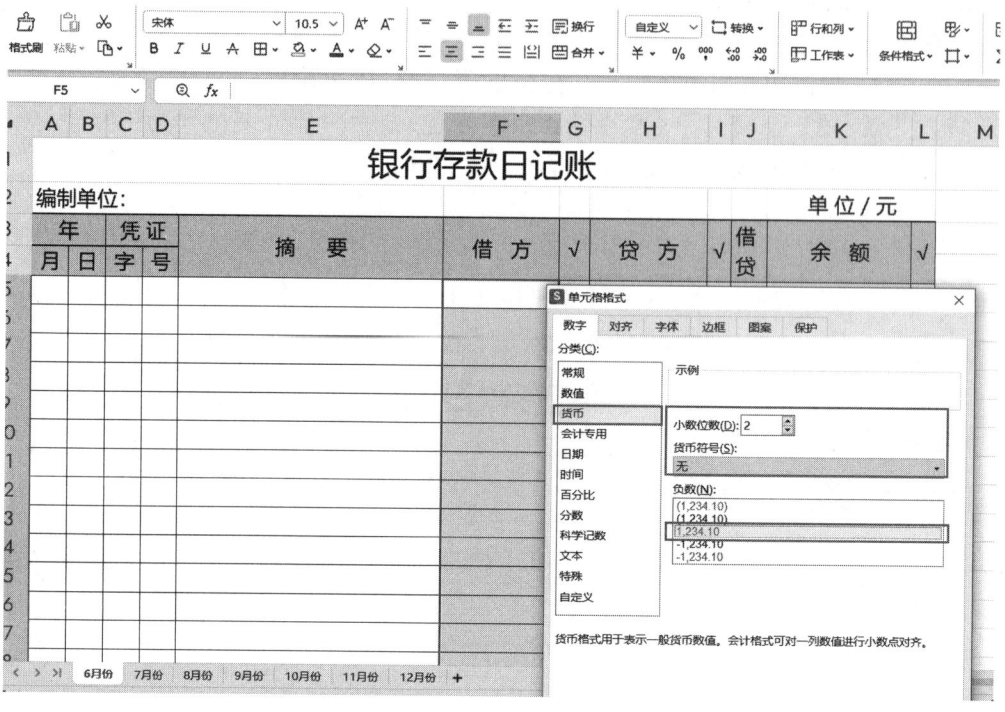

图 2-8　会计专用格式设置

图 2-9　银行存款日记账余额计算

行添加一行进行核算。在「摘要」栏中记「本月合计」，在对应该行的「借方」栏中输入公式「＝sum」，这时从头到尾选中本月借方，按 Enter 键即可得到总和，见图 2-10。「贷方」栏的总和同理，此处不再赘述。

以上为 Excel 用于银行存款日记账处理的处理过程。库存现金日记账与银行存款日记账的处理思路一致，可参考银行存款日记账的实施步骤，对库存现金日记账进行设置，此处不再赘述。

银行存款日记账

编制单位：　　　　　　　　　　　　　　　　　　　　　　　　单位/元

2023年		凭证		摘　要	借方	√	贷方	√	借贷	余　额	√
月	日	字	号								
6	1			期初余额					借	62,894,720.00	
6	18	银付	1	缴纳住房公积金			40,960.00	√	借	62,853,760.00	
6	18	银付	2	缴纳社会保险			106,240.00	√	借	62,747,520.00	
6	18	银付	3	缴纳工会经费			5,120.00	√	借	62,742,400.00	
				本月合计	—		152,320.00		借	62,742,400.00	

图 2-10　月末合计设置

【任务拓展】

2023年6月1日，出纳员方芳需运用Excel软件设置库存现金日记账，用于后续进行库存现金日记账的登账，请新建一个Excel，完成库存现金日记账的设置。

任务2.3　现金收付技能

【任务导入】

实习生李华收到公司客户交来的一笔现金1 866元，作为一名实习生，他清点现金时难免感到紧张。请问李华应该如何用正确的点钞方法进行现金清点，如何用点钞机进行复核？

【任务背景知识】

现金收付技能是出纳人员必备的技能。点钞方法主要有手工点钞和机器点钞两种。常见的手工点钞方法有：手持式单指单张点钞法、手按式三指三张点钞法等。下面让我们来学习常用的手工点钞方法。

一、手持式单指单张点钞法

手持式单指单张点钞法，是指用右手（或左手）拇指一次捻动一张钞票，对票币进行点数的方法。这种方法是点钞方法中最基本、最常用的方法。

（一）特点

（1）适用范围广：可用于收、付款和整点各种新旧、大小面额的钞票。

(2)持票面积小,易发现假币。使用该种点钞方法,由于持票面积小,清点钞票时能看到的票面大,逐张捻动时手感强,从而容易发现假币。

(3)劳动强度较大。使用这种方法时,点一张就要记一个数。

(二)操作要领

1. 持币

左手手心朝向自己,中指和无名指分开,票币正面朝下,左边二分之一处夹在中指和无名指之间,无名指和小指向内屈指,夹住票币。右手拇指轻轻向后推压票币正面,同时左手拇指在左侧向侧后压推票币,食指在后拦腰托住,使票币成反弓形,票币左侧为小扇面状,见图2-11。

点钞时,要注意姿势,身体坐直,两肩要平,两臂肘关节放在桌上。持币的左手手腕贴桌面,手心朝内,右手手腕抬起,两臂角度约为120°。眼睛离票面20 cm左右,做好点钞的准备。

2. 清点

钞票正面斜对点钞员,用右手拇指尖逐张向下捻动钞票的右上角,捻的幅度要小,不要抬得过高,以免影响速度。食指、中指在钞票背面托住以配合拇指捻动,无名指将捻起的钞票不断向怀里弹。在清点过程中,拇指可沾水清点,见图2-12。

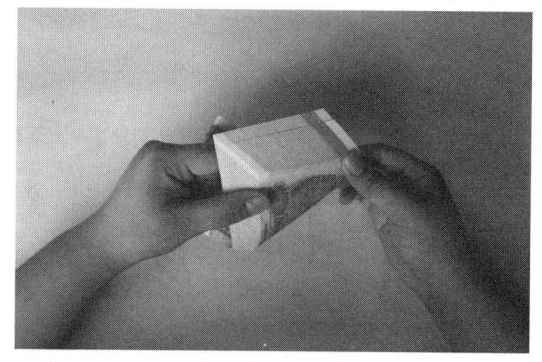
图2-11 持币

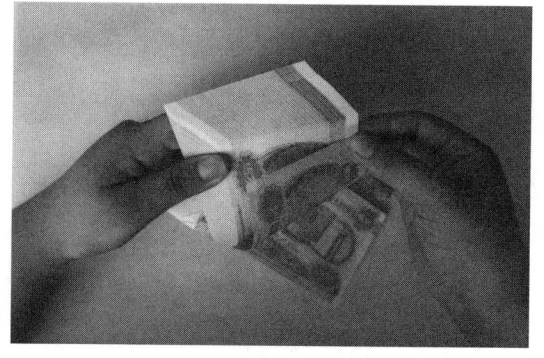
图2-12 清点

清点技术要领:

(1)点钞过程中,右手拇指对每一张的捻动位置相同,拇指接触票币的面积越小,速度越快。

(2)点钞时,票币的左下角要在一个点上,左手的中指、无名指夹紧票币。两指的第二指关节在同一平面上,以防票币随着捻动而散把。

(3)点钞时,票币左侧推出的小扇面应保持各张票币距离匀称。

> **温馨提示**
>
> 下拉幅度不超过1.5 cm;扇面开扇最宽不超过3 cm;3分捻力,7分弹力。

3. 记数

记数有两种基本方法。一种是自然记数法,即从1数到100;另一种是单记数法,即将一百记成十个"一、二、三、四、五……零"。

即：1、2、3、4……9(一)表示 10
　　1、2、3、4……9(二)表示 20
　　……
　　1、2、3、4……9(零)表示 100

采用这种记数法的优点是将十位数字变成一位数字,不仅准确,而且省力好记,可以提高清点速度。记数要求如下：

(1) 点钞时注意力要集中。
(2) 记数时嘴不能出声,不能有读数的口型。

> **温馨提示**
>
> 记数时,精神要高度集中,只能在心中默记,不能发出声音。

二、手按式三指三张点钞法

(一) 特点

(1) 一次可清点三张,其清点速度要比单指单张快。
(2) 点钞人见到的票面面积小,不易发现假币,劳动强度大。

(二) 操作要领

1. 按钞

把钞票斜放在桌上,钞票右下角稍伸出桌面。点钞人的身体与桌子呈三角形,点钞人右手肘部枕在桌面上,左手中指、无名指、小指按住钞票的左上角,见图 2-13。

2. 清点

右手拇指托起右下角的部分钞票,小指卷曲。三指点钞法下,点钞人以无名指先捻起第一张,随即按中指、食指顺序各捻起一张。点数时手指不要抬高,以免影响速度,见图 2-14、图 2-15、图 2-16 和图 2-17。

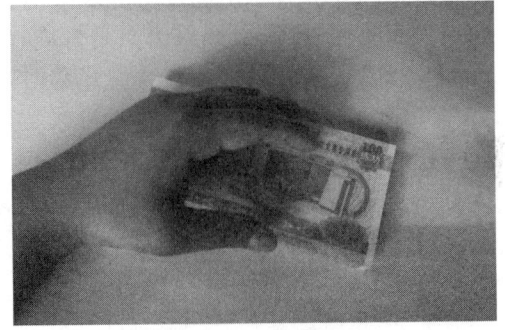

图 2-13　按钞

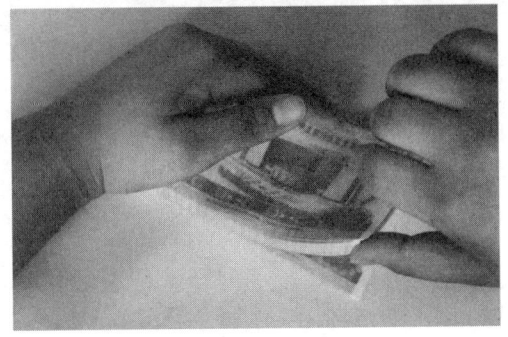

图 2-14　清点(一)

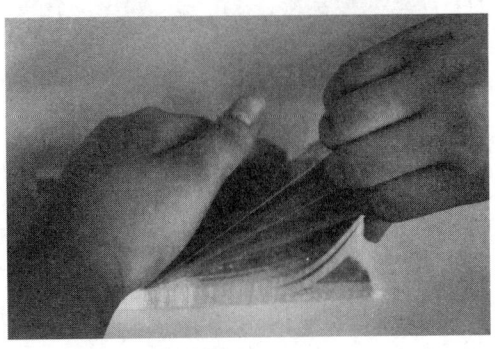

图 2-15　清点(二)

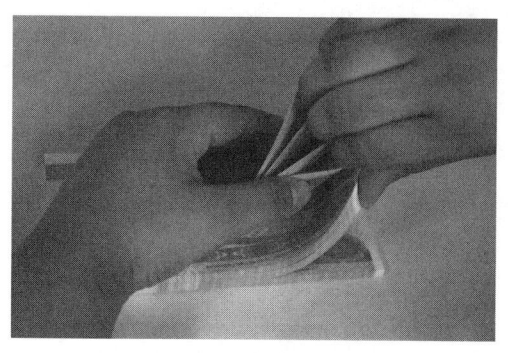

图 2-16 清点(三)

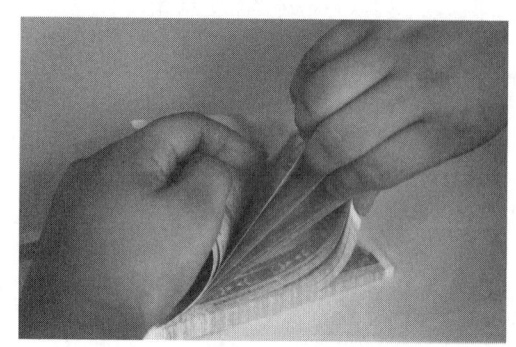

图 2-17 清点(四)

3. 记数

采用分组记数法。三张点钞法下每三张为一组,记一个数,数到 33 组后加上最后剩一张,即 100 张。

三、机器点钞

机器点钞就是使用机器清点票币的数额。机器点钞速度快,适用于现金收入较多的单位。使用机器整点票币,可以减轻工作人员的劳动强度。

常见点钞机有立式点钞机、卧式点钞机、封闭式(真空)点钞机等。使用卧式点钞机时票面在点钞带上摊开,便于查点票面是否一致。立式点钞机可按要求的数目进行清点,一次最多可数 200 张,可挑残券;发生卷叠重张券时,机器可报警,显示红灯并停机。封闭式(真空)点钞机工作时杂音小,由于是封闭型,其可以防止整点时灰尘飞散。图 2-18 所示的是立式点钞机。

(一) 点钞机操作要领

(1) 检查点钞机的运行状况,调试要求做到不松、不紧、不吃、不塞。

(2) 待清点的票币放桌面右侧,见图 2-19。

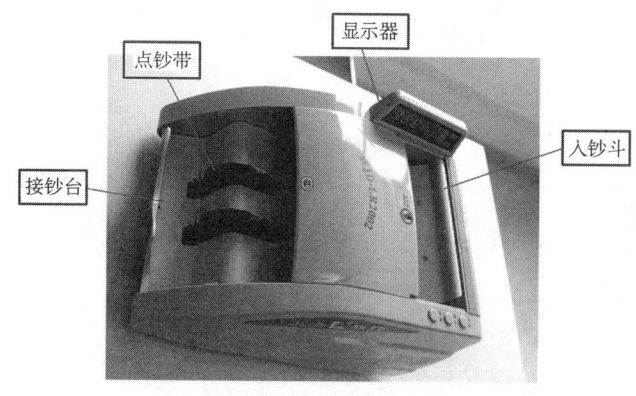

图 2-18 立式点钞机

图 2-19 机点准备

(3) 拆把。右手拇指在钞票上面,其余四指在钞票下面,捏住钞票右下角。左手将扎把纸条撕下,放在桌子左侧,使钞票形成前低后高的坡形,见图 2-20。

(4) 清点。将钞票轻轻放入钞斗内,使其自然下滑,见图 2-21。

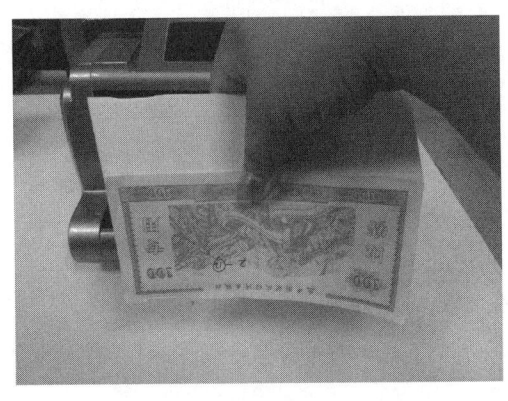
图 2-20 坡形

图 2-21 放入钞斗

（二）使用点钞机器的注意事项

第一，无论是哪种机器，我们在使用前首先要检查是否安装好安全地线，以保护机器的（集成）电路，防止操作人员触电。

第二，接上电源，打开机器开关，使机器运转。观察机器运转是否正常，荧光数码是否显示"00"或"000"。

第三，试验捻钞力是否合适；观察钞票是否通畅整齐，记数是否准确。

多功能防伪点钞机的使用流程见图 2-22。

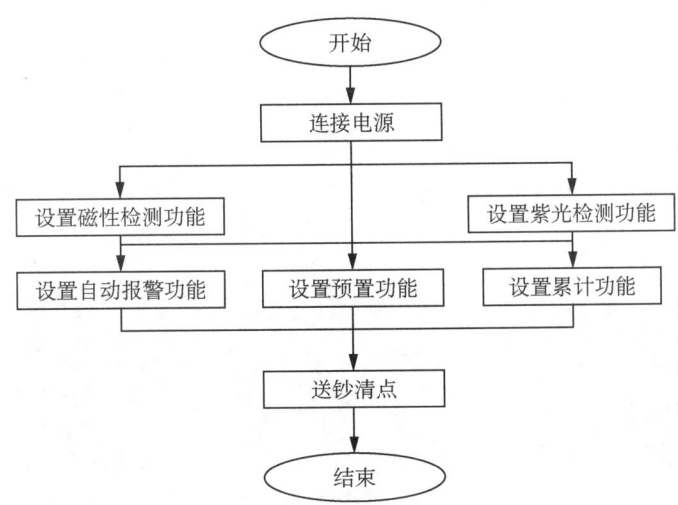

图 2-22 多功能防伪点钞机使用流程

【任务拓展】

手持式单指单张点钞法训练。清点完一把的时间为 40 秒钟；手按式三指三张点钞法训练。清点完一把的时间为 30 秒钟。

任务2.4 学习人民币鉴别技能

【任务导入】

实习生李华收到公司客户交来的一笔现金1 866元。他在点验现金时,怀疑其中一张100元人民币为假币。请问李华应该如何鉴别这张100元人民币是否为假币?

【任务背景知识】

2019年8月30日,2019年版第五套人民币正式发行。新版人民币包括50元、20元、10元和1元面值的纸币及1元、5角和1角面值的硬币,整体"颜值"和防伪技术都有所提升。

我们可以用"五看"新版纸币辨真伪。

一、看光彩光变面额数字

图2-23 2015年版100元纸币光彩光变面额数字

2015年版的100元纸币增加了一项新防伪技术,即正面票面中部增加光彩光变数字"100",较旧版多了金色,被称为"土豪金版"百元钞票。2019年版在现行第五套人民币纸币防伪技术的基础上,对50元、20元、10元纸币也增加了光彩光变技术,改变钞票观察角度时,面额数字颜色会出现变化,并可见一条亮光带上下滚动。光彩光变技术是国际印钞领域公认的先进防伪技术,公众易于识别,见图2-23和图2-24。

图2-24 50元、20元和10元纸币光彩光变面额数字

二、看光变镂空开窗安全线

2019年版50元纸币采用动感光变镂空开窗安全线,如果我们改变钞票观察角度,安全线颜色在红色和绿色之间变化,亮光带上下滚动;透光观察可见"50"。

2019年版20元、10元纸币采用光变镂空开窗安全线,与2015年版100元纸币类似,如果我们改变钞票观察角度,安全线颜色在红色和绿色之间变化;透光观察,20元纸币可见"20",10元纸币可见"10",见图2-25和图2-26。

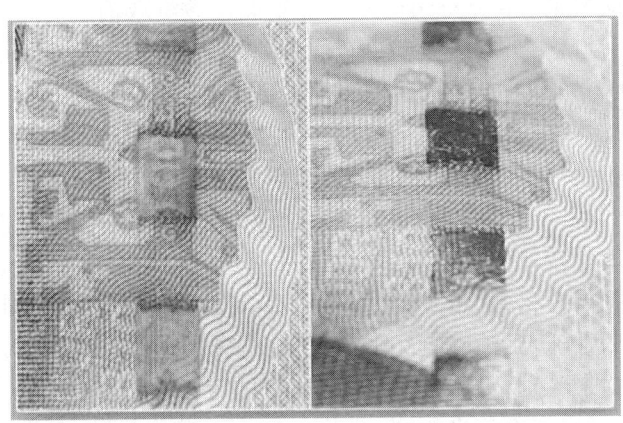

图2-25　100元纸币光变镂空开窗安全线

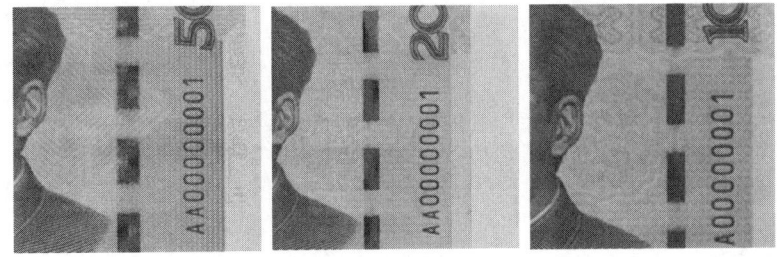

图2-26　50元、20元、10元纸币光变镂空开窗安全线

三、看水印

2019年版50元、20元、10元纸币明显提升了水印清晰度和层次效果。人像水印位于票面正面左侧的空白处,透光观察可见毛泽东头像。其人像水印清晰度明显提升,层次更加丰富。白水印位于票面正面横号码下方,透光观察可见水印面额数字。新版1元纸币也增加了白水印。

四、看胶印对印图案

票面正面左下角和背面右下角均有面额数字的局部图案。透光观察,正背面图案组成一个完整的面额数字,见图2-27。

五、看横竖双号码

2019年版第五套人民币调整了左侧横号码式样,增添了竖号码,可以有效防范变造纸币。左侧横号码的冠字和前两位数字为暗红色,后六位数字

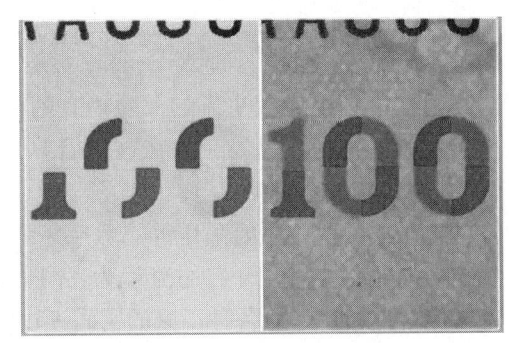

图2-27　胶印对印图案

为黑色。右侧竖号码冠字和数字均为蓝色。

此次新版人民币的防伪技术也做了一些减法,如 50 元、20 元、10 元纸币的全息磁性开窗安全线和凹印手感线取消了,50 元纸币的光变油墨面额数字取消了。

图 2-28　中国人民银行行名

识别真假币的方法还有手摸方式:可触摸人像、盲文点、中国人民银行行名等处,感受是否有凹凸感,见图 2-28。第五套人民币纸币各券别正面主景均为毛泽东头像,采用手工雕刻凹版印刷工艺,形象逼真、传神,凹凸感强,易于识别。此外,我们还可触摸纸币,判断纸币是否薄厚适中,挺括度较好。

人民币的纸张材质比较特殊,我们还可以通过听声音(即抖动钞票使其发出声响)来分辨真伪。人民币的纸张具有挺括、耐折、不易撕裂的特点。手持钞票用力抖动,手指轻弹或两手一张一弛轻轻对称拉动,能听到清脆响亮的声音。

除用以上人工方式来鉴别真假人民币外,我们可以利用验钞机来进行检测:一是检测纸张有无荧光反映,人民币纸张未经荧光漂白,在荧光灯下无荧光反映,纸张发暗。假币纸张多经过漂白,在荧光灯下有明显荧光反映,纸张发亮。二是人民币有一到两处荧光文字呈淡黄色,假币的荧光文字光泽色彩不正,呈惨白色。

任务 2.5　保险柜的使用技能

【任务导入】

实习生李华在仔细研究公司新购保险柜的说明书后,按说明设置了保险柜密码。为防止保险柜钥匙丢失,李华保留一把钥匙后,把另一把钥匙交给好友保管,并将剩余的钥匙锁入保险柜。请问李华的做法正确吗?

【任务背景知识】

出纳的基本工作任务是对企业的现金和保险柜进行管理。各单位都应配备专用保险柜,用来专门存放现金、各种有价证券、银行票据、印章及其他出纳票据。

一、保险柜的种类

目前市场上比较主流的保险柜有两种:一是使用电子密码锁的电子式保险柜,二是使用机械密码锁的机械式保险柜。在这里简单介绍一下这两种密码锁的区别和操作方法。

(一)电子密码锁

电子式保险柜主要采用静态数字密码与保险柜钥匙相结合的开启方式。开启的流程为:先插入钥匙,然后输入密码,再按确认键(各种厂家的密码锁设定可能不同,具体参照说明书),扭动手柄即可打开,见图 2-29。

电子式保险柜的使用流程见图 2-30。

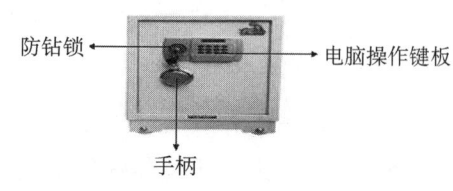

图 2-29　电子密码锁

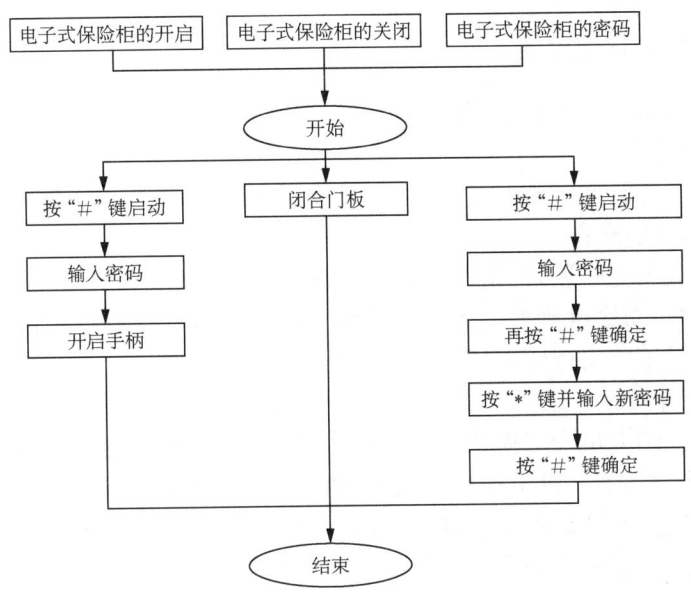

图 2-30 电子式保险柜使用流程

(二) 机械密码锁

机械密码锁的打开方式较电子密码锁复杂,需要先插入钥匙,顺时针旋转表盘(一般为 3~4 圈),直至听到两下金属撞击声,再额外向右转一周直至密码一数字对准指针,然后逆时针旋转一周后继续转到密码二数字处,最后顺时针旋转到密码三数字处后保持表盘不动,扭动钥匙后扭动手柄打开。密码是在购买保险柜时,在开启的情况下,在保险柜的门背面设定的,具体可参照不同保险柜的说明书。机械密码锁见图 2-31。

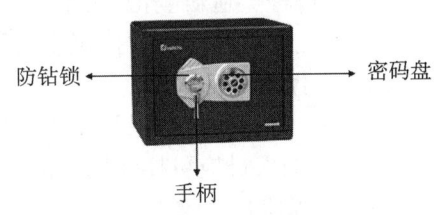

图 2-31 机械密码锁

机械式保险柜的使用流程见图 2-32。

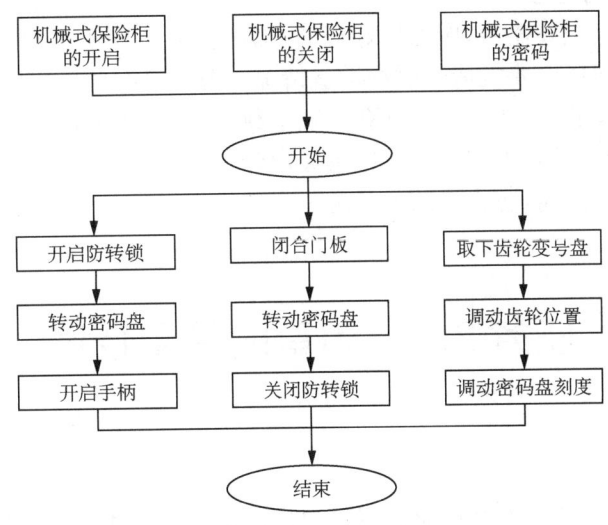

图 2-32 机械式保险柜使用流程

二、保险柜使用的注意事项

一般来说,使用保险柜应注意以下几点。

(一)保险柜的管理

保险柜一般由总会计师或财务处(科、股)长授权,由出纳人员负责管理使用。

(二)保险柜钥匙的配备

保险柜一般配备两把钥匙,一把由出纳人员保管,供出纳人员日常工作使用,另一把交由保卫部门封存,由单位总会计师或财务处(科、股)长负责保管,以备特殊情况下经有关领导批准后使用。出纳人员不能将保险柜钥匙交由他人代为保管。

(三)保险柜的开启

保险柜只能由出纳人员开启使用,非出纳人员不得开启保险柜。如果单位总会计师或财务处(科、股)长需要对出纳人员工作进行检查,如检查库存现金限额、核对实际库存现金数额,或者有其他特殊情况需要开启保险柜,应按规定的程序由总会计师或财务处(科、股)长开启,一般情况下不得任意开启由出纳人员掌管使用的保险柜。

(四)财物的保管

每日终了后,出纳人员应将其使用的空白支票(包括现金支票和转账支票)、银行收据、印章等放入保险柜内。保险柜内存放的现金应登记在库存现金日记账上,其他有价证券、存折、票据等应按种类造册登记,贵重物品应按种类设置备查簿登记其质量、重量、金额等,所有财物应与账簿记录核对相符。按规定,保险柜内不得存放私人财物。

(五)保险柜密码

出纳人员应对自己保管使用的保险柜密码严格保密,不得向他人泄露。如出纳人员调动岗位,新出纳人员应更换使用新的密码。

(六)保险柜的维护

保险柜应放置在隐蔽、干燥之处,注意通风、防湿、防潮、防虫和防鼠;保险柜外要经常擦干净,保险柜内财物应保持整洁卫生、存放整齐。如果保险柜发生故障,单位应到公安机关指定的维修点进行修理,以防泄密或失盗。

(七)保险柜被盗的处理

出纳人员发现保险柜被盗后,应保护好现场,迅速报告公安机关(或保卫部门),待公安机关(或保卫部门)勘查现场后才能清理财物被盗情况。节假日满两天以上或出纳人员离开两天以上没有派人代其工作的,应在保险柜锁孔处贴上封条,待出纳人员到位工作时揭封。如发现封条被撕掉或锁孔处被弄坏,出纳人员也应迅速向公安机关(或保卫部门)报告,以便公安机关(或保卫部门)及时查清情况,防止不法分子进一步作案。

任务 2.6 印章的使用技能

【任务导入】

实习生李华下班前,将今天办理业务用到的公司财务专用章、法定代表人章一起锁进了自己的抽屉。请问李华的做法正确吗？

【任务背景知识】

一个公司有很多印章，在实际出纳工作中，因丢失印章给单位带来经济损失的案例屡见不鲜。为此，出纳人员必须建立严格的管理办法，高度重视有关印章的保管工作。

一、印章的保管

出纳工作会用到的印章包括公章、财务专用章、发票专用章、合同专用章、法定代表人章、现金收讫章、现金付讫章、银行收讫章、银行付讫章、作废章等。为了规避风险，印章交由不同部门进行管理。通常情况下，公章、合同专用章由本单位的行政管理中心专人负责管理；法定代表人章由法定代表人或者授权代理人进行保管；财务专用章一般交由会计机构负责人或者会计主管人员保管；发票专用章交由会计保管，小企业也可以交给出纳人员保管；现金收讫章、现金付讫章、银行收讫章、银行付讫章、作废章等条章则由出纳人员统一保管。为了保证资金的绝对安全，财务专用章、法定代表人章等银行预留印章应由两人以上分开保管、监督使用，做到一人无法签发支票、汇票，一人无法提出现金。需要使用重要印章的时候，必须按照印章管理规定办理报批和登记手续，并由印章保管人员亲自用印。

二、印章的使用

（一）条章的使用

（1）现金收讫印章：现金收款时，出纳人员收到款项后，在收据上加盖现金收讫章。

（2）现金付讫印章：现金付款时，出纳人员应按审核后的记账凭证支付款项给相关人，若对方需要，加盖现金付讫章。

（3）银行收讫印章：企业有银行收入时，盖在银行收据上。

（4）银行付讫印章：企业对外付款时，盖在相关支付凭证上。

（5）作废章：表明作废，用于填写错误的支票、发票、收据等票据。

（二）银行预留印鉴的使用

各单位在银行开设账户时，需要在银行预留印鉴，也就是财务章（或者公章）和法定代表人（或其授权代理人）章（俗称"小印"）。印鉴要盖在一张卡片纸上，留在银行。当开户单位需要通过银行对外支付时，先填写对外支付申请，申请上必须加盖上述印鉴。银行经过核对，确认对外支付申请上的印鉴与预留印鉴一致，即可代该单位进行对外支付。单位的银行预留印鉴不得由同一人保管，在票据上加盖印章时，要清晰明确，同时注意以下几点：

（1）仔细查看印章边框是否清晰，确保没有缺口。

（2）观察印章内文字是否清楚，不能有模糊不清、重影等现象。

（3）印章颜色鲜明，如颜色较浅，应重新盖章。

三、印章使用时注意事项

（一）职责分离

按照相关规定，支票、印章一般应由会计主管人员或指定的专人保管，支票和印章必须由两个人分别保管。各种财务专用章的保管与现金的保管要求相同,负责保管的人员不得将印章随意存放或带出企业。严禁将支票、印章及法定代表人章一并交由出纳人员保管和使用。

(二)预留印鉴的更换

如果需要更换预留印鉴,出纳人员应填写"印鉴更换申请书",同时出具证明情况的公函一并交给开户银行,经银行同意后,在银行发给的新印鉴卡的背面加盖原预留银行印鉴,在正面加盖新启用的印鉴。

(三)预留印鉴的遗失

出纳人员遗失企业印鉴后,企业财务主管出具证明,经开户银行同意后,及时办理更换印鉴的手续。

(四)印鉴、印章的销毁

由于企业变动、更名或其他原因停止使用印鉴、印章,或印鉴、印章因破损而无法使用时,保管人员报企业领导批准,对印鉴、印章进行封存或销毁,并由行政部办理新章刻制事宜。

任务2.7 办理资金工作交接

【任务导入】

出纳方芳要外出参加为期半年的培训,会计主管要求实习生李华暂时全面接替方芳的出纳工作,请问李华该如何与方芳进行工作交接?

【任务背景知识】

《中华人民共和国会计法》(以下简称《会计法》)第三十九条规定"会计人员调动工作或离职,必须与接管人员办清交接手续"。一般会计人员办理交接手续由会计机构负责人(会计主管人员)监交;会计机构负责人(会计主管人员)办理交接手续,由单位负责人监交,必要时主管单位可以派人会同监交。出纳人员的交接也要按《会计法》规定进行,出纳人员在调动工作或者是离职时,要与接管人员办理交接手续,这是出纳人员对工作应尽的职责,也是分清移交人员和接管人员责任的重要措施。办好交接工作,可使出纳工作前后衔接,保证出纳工作的顺利进行,也可以防止账目不清、财务混乱,给不法分子可乘之机。

由此可见,办理资金工作的交接要强调两点:一是出纳人员调离工作岗位必须与接管人员办清手续,二是在交接过程中要有专人负责监交。出纳的交接一般分以下三个阶段进行。

一、交接准备

交接准备工作分为以下六个方面:

(1)将已经受理的经济业务处理完毕;

(2)将尚未登记账目的业务登记完毕,结出余额,并在最后一笔余额后加盖出纳人员名章;

(3)整理应该移交的各种资料,对未了事项和遗留问题写出书面说明材料;

(4)编制移交清册,将要办理移交的账簿、印鉴、现金、有价证券、支票簿、发票、文件、其他物品等内容列清;实行电算化的单位,移交人员还应在移交清册上列明会计软件及密码、数据盘磁带等内容;

(5)出纳账与库存现金和银行存款总账核对相符,库存现金日记账余额要与库存现金一致,银行存款日记账金额要与银行对账单一致;

(6)在库存现金日记账和银行存款日记账的扉页启用表上填写移交日期,并加盖名章。

二、移交过程

出纳人员离职前必须将本人经管的会计工作在规定的期限内全部向接替人员移交清楚。接替人员应认真按照移交清册逐项点收,具体要求如下。

(1)库存现金要根据日记账余额当面点交,不得短缺;接替人员发现不一致或"白条抵库"现象时,移交人员应在规定的期限内负责查清。

(2)有价证券要根据备查簿余额进行点收,若出现有价证券面额与发行价不一致,要按账面金额交接。

(3)出纳账和其他会计资料必须完整无缺,不得遗漏;如有短缺,须查明原因,并在移交清册上注明由移交人负责。

(4)银行存款账户要与银行对账单核对一致;出纳人员在办理交接前,须向银行申请打印对账单,如存在未达账项,还需编制银行存款余额调节表。

(5)接交人员按移交清册点收应由出纳人员保管的其他财产物资,如财务专用章、法定代表人章、收据、空白支票、科目印章、发票专用章等。

(6)实行电算化的单位,交接双方应在电子计算机上对有关数据进行实际操作,确认有关数据无误后,方可交接。

三、交接后有关事宜

(1)出纳工作交接完毕后,交接双方和监交人员要在移交清册上签名盖章,要在移交清册上注明单位名称、交接日期、交接双方和监交人的职务、姓名、移交清册页数及需要说明的问题和意见等。

(2)接交人员应继续使用移交前的账簿,不得擅自另立账簿,以保证会计记录前后衔接、内容完整。

(3)移交清册填制一式三份,交接双方各持一份,存档一份。

四、出纳工作交接流程

出纳工作交接流程见图2-33。

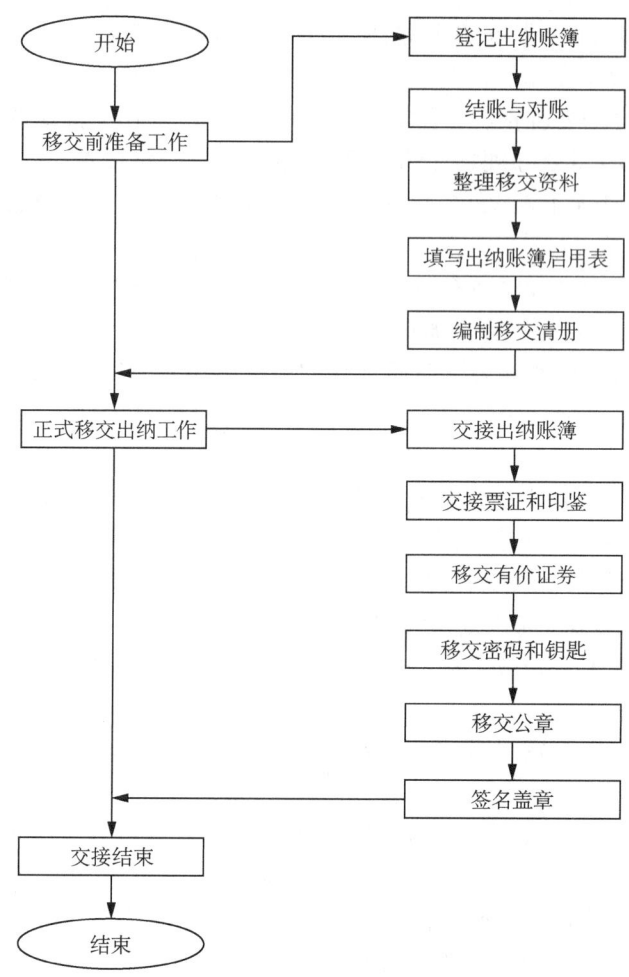

图 2-33　会计工作交接流程

模 块 测 试

一、单项选择题

1. 人民币是指（　　）依法发行的货币。
   A. 中国人民银行　　　　　　　　　　B. 财政部
   C. 国务院　　　　　　　　　　　　　D. 中国人民银行
2. 中国人民银行自（　　）起在全国陆续发行第五套人民币。
   A. 1999 年 10 月 1 日　　　　　　　　B. 2000 年 1 月 1 日
   C. 2000 年 5 月 1 日　　　　　　　　 D. 2002 年 1 月 1 日
3. 第五套人民币 5 元纸币水印中花卉图案是（　　）。
   A. 菊花　　　　B. 月季花　　　　C. 水仙花　　　　D. 荷花
4. 第五套人民币 5 元纸币的背面主景图案是（　　）。
   A. 桂林山水　　B. 泰山　　　　　C. 长江三峡　　　D. 布达拉宫

5. 第五套人民币10元纸币的背面主景图案是（　　）。
   A. 桂林山水　　　B. 泰山　　　C. 长江三峡　　　D. 布达拉宫
6. 第五套人民币50元纸币的背面主景图案是（　　）。
   A. 桂林山水　　　B. 泰山　　　C. 长江三峡　　　D. 布达拉宫
7. 2015年版的百元纸币增加了新防伪技术即光彩光变数字"100"，位于票面的（　　）位置。
   A. 左上角　　　B. 正面中间　　　C. 右上角　　　D. 背面
8. 第五套人民币2005版100元、50元和10元纸币上的"阴阳互补对印图案"是（　　）。
   A. 花卉　　　B. 古钱币　　　C. 文字　　　D. 人物头像
9. 第五套人民币2005版100元纸币的光变面额数字的颜色变化是由（　　）。
   A. 绿变金　　　B. 金变绿　　　C. 蓝变黄　　　D. 绿变蓝
10. 第五套人民币2005版各面额纸币上的隐形面额数字在票面的（　　）。
    A. 正面左下方　　B. 正面右下方　　C. 正面右上方　　D. 背面左上方

二、多项选择题

1. 2019年版20元、10元纸币取消（　　）和（　　）。
   A. 全息磁性开窗安全线　　　B. 安全线
   C. 凹印手感线　　　D. 白水印
2. 第五套人民币2005版，识别假币的方法有一看，看（　　）、（　　）、（　　）。
   A. 水印　　　B. 安全线
   C. 中国人民银行行名　　　D. 光变油墨
3. 《中国人民银行假币收缴、鉴定管理办法》所称货币指（　　）和（　　）。
   A. 人民币　　　B. 外币　　　C. 纸币　　　D. 硬币
4. 持有人对中国人民银行分支机构做出的有关鉴定假币的具体行政行为有异议，可在收到（　　）或（　　）之日起60个工作日内向其上一级机构申请行政复议，或依法提起行政诉讼。
   A. 假币收缴凭证　　　B. 货币真伪鉴定书
   C. 货币没收收据　　　D. 银行鉴定通知
5. 下列人民币中，不得流通的有（　　）。
   A. 不能兑换的残缺、污损的人民币　　　B. 停止流通的人民币
   C. 流通纪念币　　　D. 第五套人民币
6. 保险柜要配备两把钥匙，分别由（　　）和（　　）保管。
   A. 出纳人员
   B. 会计
   C. 人事部经理
   D. 保卫部门封存，由单位总会计师或财务处(科、股)长负责保管
7. 出纳人员遗失企业印鉴后，应由（　　）出具证明，经（　　）同意后，及时办理更换印鉴的手续。
   A. 会计　　　B. 财务主管　　　C. 人事部经理　　　D. 开户银行
8. 识别真假币的方法可以通过手摸，摸（　　）、（　　）、（　　）等处是否有凹凸感。
   A. 人像　　　B. 盲文点

C. 中国人民银行行名　　　　　　　D. 白水印

9. 保险柜一般由(　　)授权,由(　　)负责管理使用。
A. 总会计师或财务处(科、股)长　　B. 会计
C. 出纳人员　　　　　　　　　　　D. 人事部经理

10. 每日终了后,出纳人员应将其未使用的空白支票(　　)和(　　)锁进保险柜。
A. 现金支票　　B. 普通支票　　C. 划线支票　　D. 转账支票

三、在数码书写表(表 2-3)中规范书写 0 至 9 十个阿拉伯数字

表 2-3　　　　　　　　　　　　数码书写表

四、将下列小写金额转换成大写金额

1. ¥32,467.89
2. ¥64,870.02
3. ¥571,328
4. ¥4,932.60
5. ¥62,000.34
6. ¥5,008

五、将下列大写金额转换成小写金额

1. 人民币陆佰捌拾元整
2. 人民币捌仟叁佰零伍拾元柒角
3. 人民币伍仟零捌元陆角玖分
4. 人民币叁拾陆万玖仟元零贰角
5. 人民币捌万零捌佰零捌元零伍分
6. 人民币柒仟壹佰捌拾元壹角壹分

六、传票计算练习

用计算器计算销售数据并纵向相加,合计写在分店销售利润表(表 2-4)三季度合计栏中。

表 2-4　　　　　　　　　　　分店销售利润表　　　　　　　　　　　　单位:元

月份	一分店	二分店	三分店	四分店
一月利润	1 364 645.56	2 932 745.41	1 965 857.96	7 513 893.85
二月利润	925 546.91	5 639 239.06	4 743 793.97	3 792 801.26
三月利润	965 356.02	4 920 443.71	1 003 790.48	3 792 689.85
四月利润	435 625.65	3 554 320.16	1 706 575.75	3 554 320.16
五月利润	992 563.91	2 731 879.63	9 150 183.75	2 731 879.63
六月利润	1 535 629.59	1 302 677.06	8 617 168.99	1 302 677.06
七月利润	851 458.32	3 374 313.26	7 976 481.74	3 374 313.26
八月利润	429 524.05	7 141 373.32	6 135 169.53	7 141 373.32
九月利润	873 590.34	5 071 986.07	3 694 030.87	5 071 986.07
三季度合计				

七、用 Excel 软件编制一份库存现金日记账和银行存款日记账

模块 3

资金管理——现金收付款业务

【知识目标】
1. 了解现金结算的相关概念及基本的业务内容
2. 熟悉现金收付款业务处理流程
3. 了解现金清查的目的,熟悉业务流程
4. 熟悉各种现金收付款业务的业务凭证

【实践目标】
1. 能够判断现金收付款业务的原始凭证
2. 会开具、填制现金收付款业务的原始凭证
3. 能熟练完成现金收付款业务及会计处理
4. 能够熟练完成现金清查业务及会计处理

【思政目标】
1. 培养学生严谨细致、求真务实的财经职业素质
2. 引导学生遵守廉洁自律、诚实守信、坚持准则的会计职业道德
3. 培养学生的爱国情怀,使其具备自强不息、积极进取的精神

【知识点思维导图】

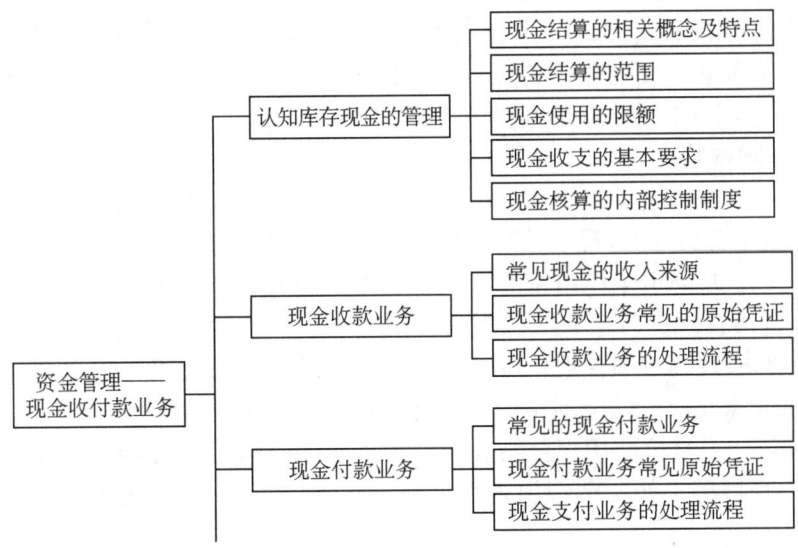

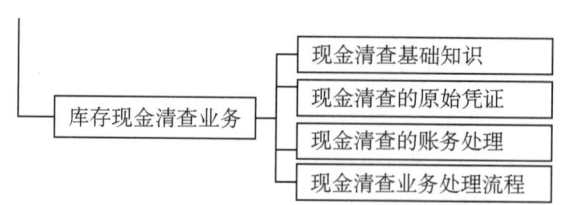

任务3.1 认知库存现金的管理

【任务导入】

2023年6月2日,南宁市天天电子科技有限公司向广西国文电子设备公司采购10个U盘作为职工福利,每个U盘含税单价80元,共计800元。天天电子科技有限公司收到国文电子设备公司开具的增值税普通发票,国文公司要求南宁市天天电子科技有限公司用现金支付。请问国文电子设备公司收款人员的收款方式是否符合相关现金管理规定?

【任务背景知识】

一、现金结算的相关概念及特点

(一)库存现金的概念

狭义的库存现金是指企业库存的人民币和外币。

广义的库存现金除了库存的人民币和外币,还包括银行存款和其他符合现金定义的票据。

日常工作中的库存现金一般是指狭义的库存现金。库存现金是企业流动性最强的资产,需加强管理。

(二)现金结算的概念

现金结算是指在商品交易、劳务供应等经济往来中直接使用现金进行应收、应付款结算的行为。现金结算在我国主要适用于单位与个人之间的款项收付,以及单位与单位之间转账结算现金结算起点金额以下的零星小额收付。

(三)现金管理的特点

(1)直接便利。在现金结算方式下,买卖双方当面钱货两清,无须通过中介。在劳务供应、信贷存放和资金调拨方面,现金结算也同样较为直接和便利,被社会大众广泛接受。

(2)不安全性。现金由于使用极为广泛和便利,因而成为不法分子觊觎的主要目标,现金很容易被偷盗、贪污、挪用。

(3)不易进行宏观调控和管理。由于现金结算大部分不通过银行进行,国家很难对其进行控制。大量的现金结算会使流通中的现钞过多,从而容易引发通货膨胀。

(4)费用较高。各单位使用现金结算虽然可以减少银行手续费,但现金清点、运送、保管现金和回收废旧现钞等工作所涉费用很大。基于此,国家实行现金管理,并限制现金结算的范围。

二、现金结算的范围

根据国务院颁布的《现金管理暂行条例》,开户单位可以在下列范围内使用现金:

(1) 职工工资、津贴。
(2) 个人劳务报酬。
(3) 根据国家规定颁发给个人的科学技术、文化艺术、体育等各种奖金。
(4) 各种劳保、福利费用及国家规定的对个人的其他支出。
(5) 向个人收购农副产品和其他物资的价款。
(6) 出差人员必须随身携带的差旅费。
(7) 结算起点以下的零星支出。
(8) 中国人民银行确定需要支付现金的其他支出。

上述结算起点定为1 000元,结算起点的调整由中国人民银行确定,报国务院备案;除了上述(5)(6)项,开户单位支付给个人的款项中超过库存现金限额的部分,应当以支票或者银行本票支付;确需全额支付现金的,经开户银行审核后,予以支付现金。

三、现金使用的限额

根据《现金管理暂行条例》规定,库存现金限额由开户银行根据开户单位3~5天的日常零星开支所需进行核定。边远地区和交通不便地区开户单位的库存现金限额,可以多于5天的日常零星开支所需,但不得超过15天的日常零星开支所需。

经核定的库存现金限额,开户单位必须严格遵守。需要增加或者减少库存现金限额的,开户单位应当向开户银行提出申请,由开户银行核定。

四、现金收支的基本要求

(1) 开户单位现金收入应当于当日送存开户银行。当日送存确有困难的,由开户银行确定送存时间。

(2) 开户单位支付现金,可以用本单位库存现金支付或者从开户银行提取,不得用本单位的现金收入直接支付(即坐支)。因特殊情况需要坐支现金的,应当事先报经开户银行审查批准,由开户银行核定坐支范围和限额。坐支单位应当定期向开户银行报送坐支金额和使用情况。

(3) 开户单位从开户银行提取现金,应当写明用途,由本单位财会部门负责人签字盖章,经开户银行审核后,予以支付现金。

(4) 因采购地点不固定,交通不便,生产或者市场急需,抢险救灾及其他特殊情况必须使用现金的,开户单位应当向开户银行提出申请,由本单位财会部门负责人签字盖章,经开户银行审核后,予以支付现金。

(5) 开户单位应当建立健全现金账目,逐笔记载现金支付业务。账目应当日清月结,确保账款相符。

(6) 开户单位不准用不符合财务制度的凭证顶替库存现金;不得与其他单位之间互相借

用现金；不准谎报用途套取现金；不准利用银行账户代其他单位和个人存入或支取现金；不准将单位收入的现金以个人名义存入；不准保留账外公款；不准发行变相货币；不准以任何票券代替人民币在市场上流通。

五、现金核算的内部控制制度

（一）钱账分管，岗位分离

企业应建立现金的岗位责任制，明确相关部门和岗位的职责与权限，确保办理现金业务的不相容岗位相互分离、制约和监督，具体应做到以下几点：

（1）现金收支业务的审批和执行应由不同人负责。
（2）现金收支业务的执行和记录应由不同人负责。
（3）现金的记录、保管和稽核应由不同人负责。
（4）登记库存现金日记账和登记现金总账应由不同人负责。
（5）出纳人员不得兼任会计档案的保管工作。
（6）出纳人员不得兼管收入、费用、债权、债务账目的登记工作。

（二）严格遵守库存现金日清月结制度

（1）清理、检查各种现金收付款原始凭证，做到账实相符、账证相符。
（2）登记和检查日记账，做到账账相符。
（3）定期、不定期相结合地进行现金盘点工作。

（三）建立健全库存现金开支审批制度

（1）明确本单位库存现金开支范围。
（2）明确各种报销凭证，规范库存现金收支业务的办理流程。
（3）确定相关审批权限。
（4）严格遵循内部控制中的不相容职务相分离的基本要求。

任务 3.2　现金收款业务

【任务导入】

2023 年 6 月 8 日，南宁市天天电子科技有限公司实习出纳人员李华收到 3 笔现金，一笔是零星的销售收入，一笔是往来款现金收入，还有一笔是从银行提取的现金。请问李华应怎么处理好相关单据？

【任务背景知识】

一、常见的现金收入来源

各单位在办理经济业务时，现金收入的主要来源如下：
（1）收取单位或个人的未达到转账结算起点（起点为 1 000 元）的销售款，以及符合现金结算范围的销售款。

（2）职工预借差旅费报销后退回的余款。

（3）向有关单位收取未达到转账结算起点的押金，各种赔款和罚款。

（4）从银行提取备用现金。

（5）其他应该收取的利用现金结算的款项。

二、现金收款业务常见的原始凭证及其审核

原始凭证又称为原始单据，是在经济业务发生或完成时取得或填制的，用以记录或证明经济业务的发生或完成情况，并作为记账依据的会计凭证。在收款业务中常见的原始凭证包括如下几种。

（一）发票

发票是指在购销商品、提供或者接受劳务及从事其他经营活动中，开具、收取的用于收付款的书面证明。它是单位确定经营收支行为发生的法定凭证，是会计核算的原始依据，也是税务稽查的重要依据。在单位的日常往来业务中，出纳最常接触的发票主要包括增值税专用发票和增值税普通发票。

1. 增值税专用发票

增值税专用发票是由国家税务总局监制设计印制的，只限于增值税一般纳税人领购使用的发票。其既是反映纳税人经济活动的重要会计凭证，又是兼记销货方纳税义务和购货方进项税额的合法证明，是增值税计算和管理中重要的、合法的专用发票。增值税专用发票为一式三联。增值税专用发票如图3-1所示。

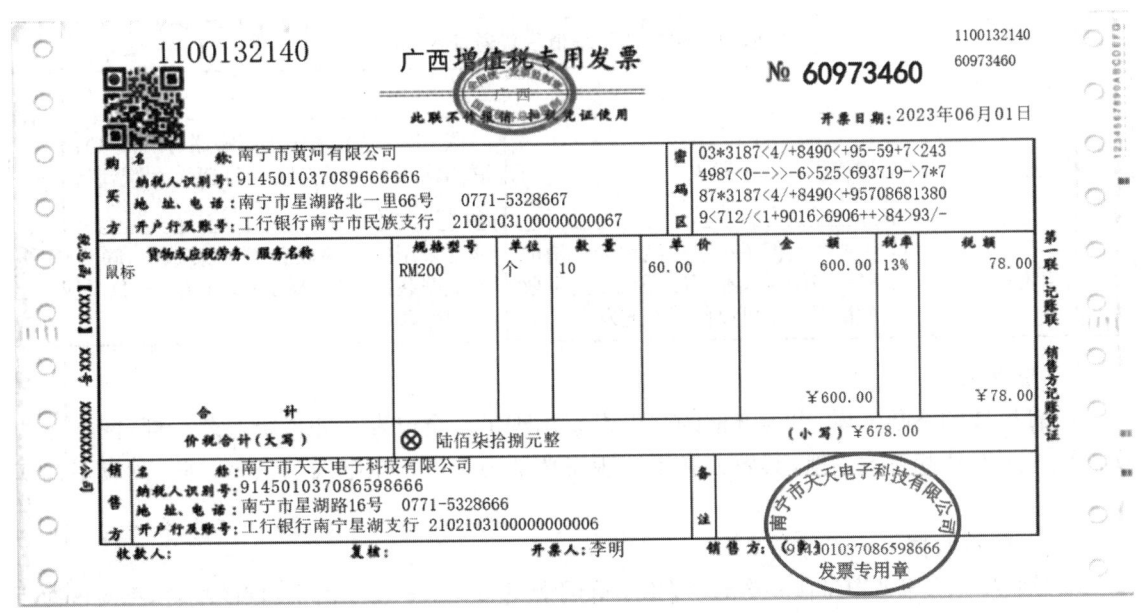

图3-1　增值税专用发票

2. 增值税普通发票

增值税普通发票主要由小规模纳税人使用。任何单位和个人在购销商品、提供或接受服

务及从事其他经营活动中,除增值税一般纳税人开具和收取的增值税专用发票之外,所开具和收取的各种收付款凭证均为普通发票,不可以用于税额抵扣。增值税普通发票基本联次为两联。增值税普通发票如图3-2所示。

图3-2 增值税普通发票

增值税专用发票和增值税普通发票的区别如表3-1所示。

表3-1 增值税专用发票和增值税普通发票的区别

发票类型	适用范围	联次
1. 增值税专用发票	增值税一般纳税人	三联,第一联为销售方记账联(图3-1);第二联为购买方的抵扣联;第三联为发票联,是购买方记账联
2. 增值税普通发票	主要为增值税小规模纳税人。增值税一般纳税人在不能开具专用发票的情况下也可以使用普通发票	通常采用的是两联普通发票:第一联为销售方记账联;第二联为发票联(图3-2),是购买方记账联

3. 全电发票

随着科技的不断发展,更为方便的全电发票出现了。全电发票和传统发票一样,同样分为增值税专用发票和普通发票,其效力和纸质版发票效力一致。全电发票只有一联,其发票样式见图3-3。

(二)收款收据

收款收据是企事业单位在经济活动中使用的原始凭证,一般在未使用发票的场合,都应该使用收据。收据与我们日常所说的"白条"不一样,它是重要的原始凭证。收款收据的样式见图3-4。

(三)原始凭证的审核

出纳人员对于原始凭证的审核,应主要从真实性、合法性、合理性、正确性、完整性和及时性六方面进行审核,见表3-2。

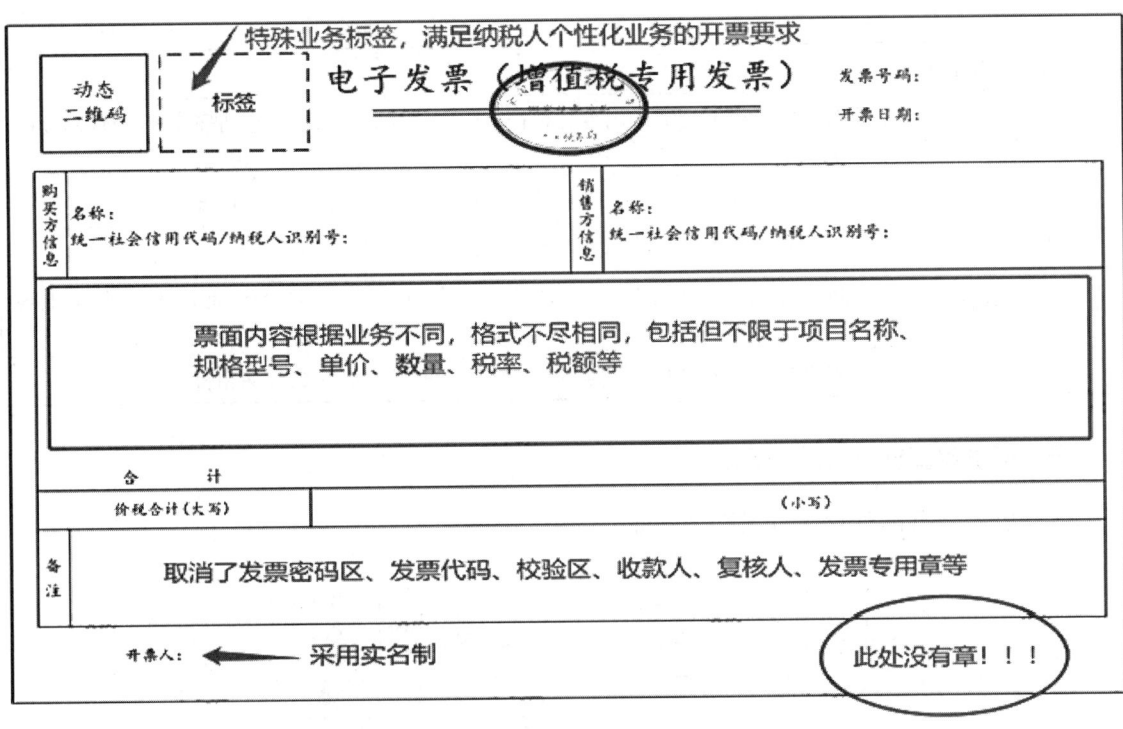

图 3-3 全电发票审核要点

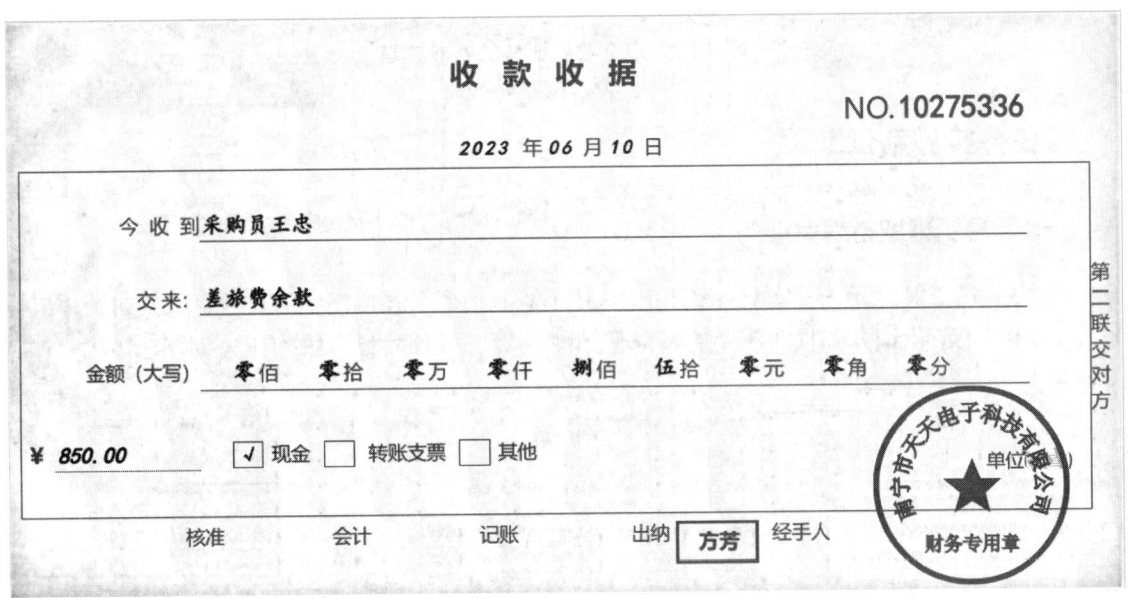

图 3-4 收款收据

表 3-2　　　　　　　　　　　原始凭证审核的内容

原始凭证的审核	审核内容
1. 真实性	审核原始凭证所记载的内容是否确有其事,是否已经发生,其内容是否真实、客观地反映了经济业务的本来面目,有无漏记或有意隐瞒的情况

（续表）

原始凭证的审核	审核内容
2. 合法性	审核原始凭证所记载的内容是否符合国家法律、法规的规定，是否符合会计制度的要求，有无违法乱纪的行为
3. 合理性	审核原始凭证所记录的经济业务是否符合企业生产经营活动的要求
4. 正确性	审核原始凭证上各项计算是否准确，大小写金额是否相符
5. 完整性	审核原始凭证上所记载的各项内容是否全面、完整，各项手续是否齐备，凭证上各要素填写是否齐全
6. 及时性	审查原始凭证的填制日期是否与经济业务的发生或完成日期相符

三、现金收款业务的处理流程

现金收款业务的处理流程见图 3-5。

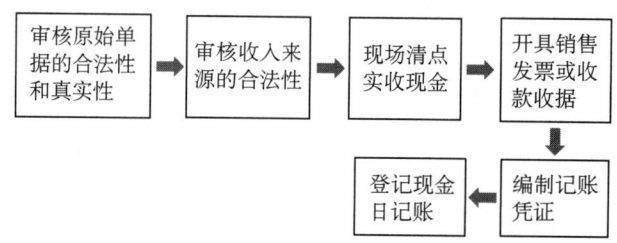

图 3-5　现金收款业务的处理流程

【任务实施案例】

一、零星销售取得现金业务

【例 3-1】　2023 年 6 月 1 日，南宁市天天电子科技有限公司向南宁市黄河有限公司销售鼠标 10 个，单价 60 元，出纳方芳收到零星销售的现金购货款和销售部门开具的销售单（图 3-6）。

销售单						
购货单位：南宁市黄河有限公司		地址和电话：南宁市星湖路北一里66号 071-5328866			单据编号：34567801	
纳税识别号：911101068039056666		开户行及账号：交通银行南宁市民族支行 140200840000000001			制单日期：2023年06月01日	
编码	产品名称	规格	单位	单价	数量	金额	备注
	鼠标	RM200	个	67.80	10.00	678.00	含税价
合计	人民币（大写）：陆佰柒拾捌元整				—	¥678.00	
	销售经理：田悦	经手人：李飞		会计：李明	签收人：		

图 3-6　销售单

(一) 零星销售取得现金业务的处理流程

零星销售取得现金业务的处理流程见图 3-7。

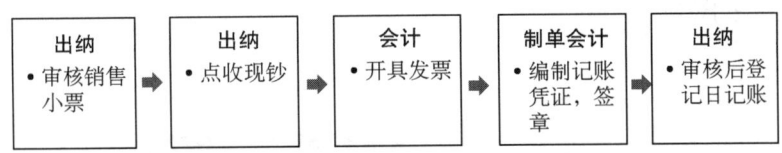

图 3-7 零星销售取得现金业务处理流程

本教材所用案例的企业基本信息如下:
企业名称:南宁市天天电子科技有限公司
地址:南宁市星湖路 16 号
法定代表人:王亮
注册资金:1 000 万元
企业类型:有限责任公司(增值税一般纳税人)
经营范围:计算机软硬件及辅助设备批发;计算机软硬件及辅助设备零售;特种设备销售;复印和胶印设备销售;通信设备销售等。
统一社会信用代码:914501037086598666
开户银行:中国工商银行南宁市星湖支行
会计部门人员:出纳—方芳;会计—李明、张山;会计主管—陈东

(二) 零星销售取得现金业务实施步骤

(1) 出纳人员首先审核收到的销售单上的客户基本信息、销售单价、金额等相关信息是否完整、准确,检查签章是否齐全。

(2) 出纳人员要当场清点现金是否与实际结算金额一致,检查货币的真伪性,做到收付两清,一笔一清。

(3) 会计根据审核无误的销售单,登录企业电子税务局开具全电发票。

全电发票一般按如下流程开具:

① 登录电子税务局,【我要办税】—【开票业务】,见图 3-8。

图 3-8 电子税务局页面(一)

② 选择【蓝字发票开具】，见图3-9。纳税人首次开票的，可以先进行【开票信息维护】。
③ 选择【立即开票】—【电子发票】，选择开票类型【增值税专用发票/普通发票】，并根据需要选择【特定业务】(图3-10)。

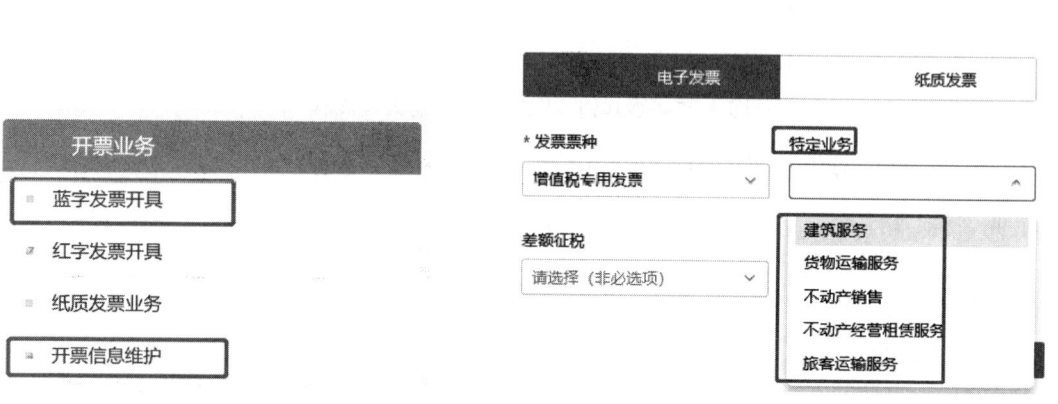

图3-9　电子税务局页面(二)　　　　图3-10　电子税务局页面(三)

④ 信息填写完毕后，确认无误，选择【发票开具】即可开票成功(图3-11)。

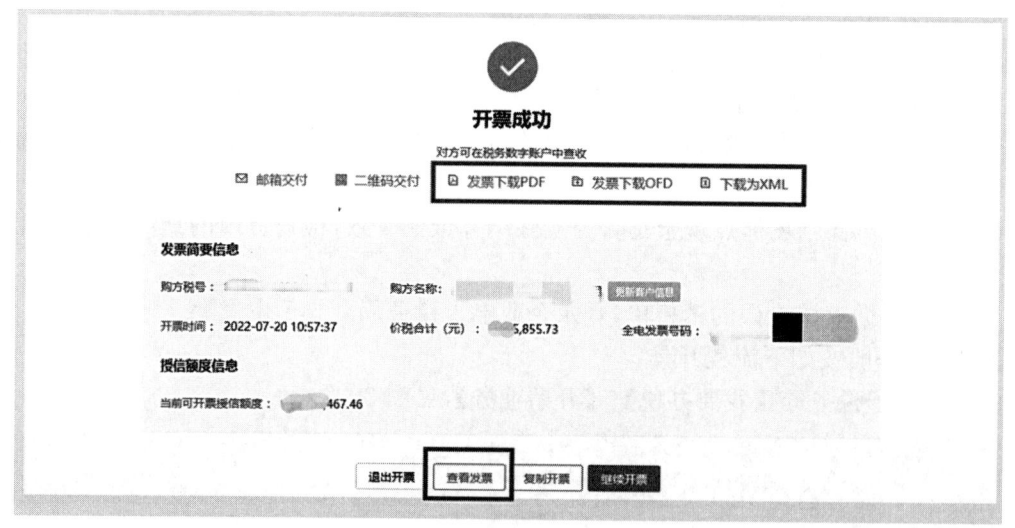

图3-11　电子税务局页面(四)

会计开具好的全电发票见图3-12。
⑤ 制单会计根据审核无误的增值税专用发票编制记账凭证(图3-13)。
⑥ 出纳人员根据审核无误的记账凭证登记库存现金日记账(图3-14)，并做到日清月结，账实相符，认真核对库存现金日记账余额与库存现金实有数额。

广西增值税电子专用发票

发票代码：1100142140
发票号码：30968731
开票日期：2023年06月01日
校验码：35121 56856 45865 45816

机器编号：158469325121

购买方	名　　称：南宁市黄河有限公司 纳税人识别号：914501037089666666 地　址、电　话：南宁市星湖路北一里66号　071-5328866 开户行及账号：交通银行南宁市民族支行　140200840000000001	密码区	03*3187<4/+8490<+95-59+7<243 4987<0-->>-6>525<645716->7*7 87*3187<4/+8490<+95705681780 9<712/<1+9016>6502++>82>93/-

项目名称	规格型号	单位	数量	单价	金额	税率	税额
鼠标	RM200	个	10	60	600.00	13%	78.00
合计					￥600.00		￥78.00

价税合计（大写）　⊗ 陆佰柒拾捌元整　　　　　（小写）￥678.00

| 销售方 | 名　　称：南宁市天天电子科技有限公司
纳税人识别号：914501037086598666
地　址、电　话：南宁市星湖路16号　0771-5328666
开户行及账号：工行银行南宁星湖支行　2102103100000000006 | 备注 | |

收款人：方芳　　复核：张山　　开票人：李明

图 3-12　电子专用发票

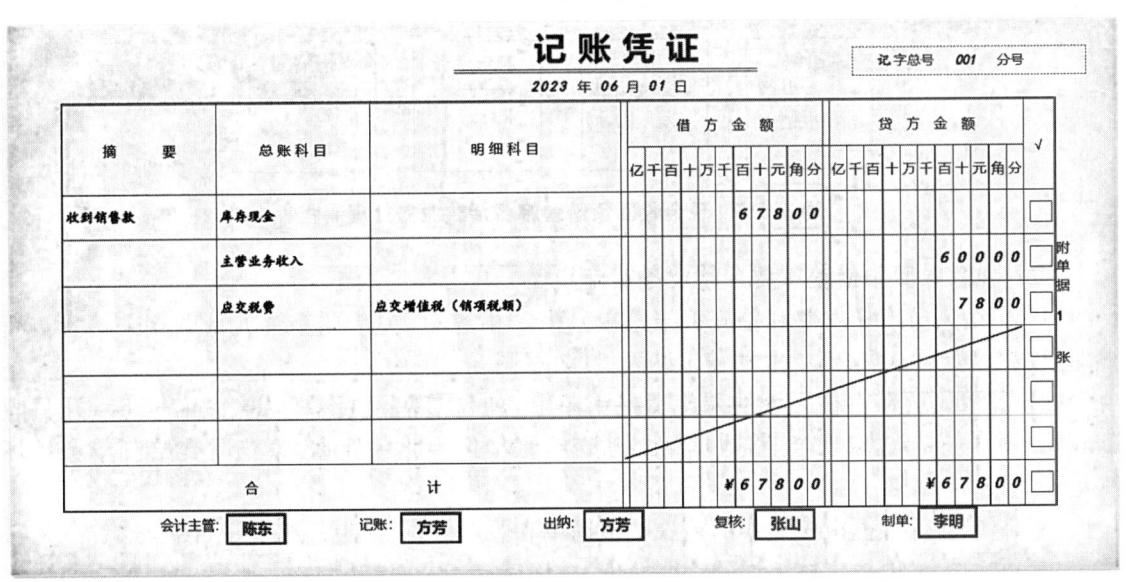

图 3-13　记账凭证

图 3-14 库存现金日记账

二、现金收回预借差旅费余款

【例 3-2】 2023 年 6 月,采购部张华出差回来,到财务部报销差旅费(张华出差时预借差旅费 5 000 元),张华带回来 5 张原始报销单据,其中南宁至上海往返机票 2 张共计 3 000 元;住宿费发票 1 张,金额为 1 000 元,增值税 60 元;伙食补贴每天 80 元,共 5 天,总计 400 元;市内交通费 2 张共 200 元,报销金额合计 4 660 元。

(一) 现金收回预借差旅费余款业务的处理流程

现金收回预借差旅费余额业务处理流程见图 3-15。

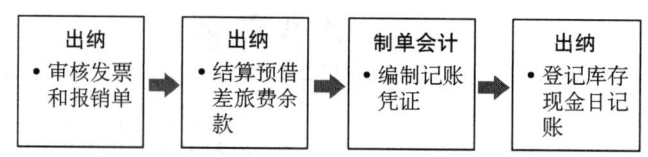

图 3-15 现金收回预借差旅费余款业务处理流程

(二) 现金收回预借差旅费余款业务实施步骤

(1) 出纳人员审核发票和差旅费报销单,并与"借款单"第二联结算凭证的相关信息进行核对,核对无误后,在报销单上加盖出纳人员印章(图 3-16)。

(2) 出纳人员在审核无误的差旅费报销单上,加盖"现金收讫"印章(图 3-16),开具收款收据(图 3-17)收取现金,将收据第二联交给张华作为收款凭证,第三联交给制单会计填制记账凭证。

(3) 制单会计根据审核无误的差旅费报销单和收款收据,编制记账凭证(图 3-18)。

(4) 出纳人员根据审核无误的记账凭证,登记库存现金日记账(略)。

差旅费报销单

2023 年 06 月 20 日

单据及附件共 5 张

所属部门				采购部	姓名	张华	出差事由	采购		
出发		到达		起止地点		交通费	住宿费	伙食费		其他
月	日	月	日							
06	16	06	16	南宁——上海		1500.00				
06	20	06	20	上海——上海		200.00	1060.00	400.00		
06	20	06	20	上海——南宁		1500.00	现金收讫			

合计	大写金额：人民币肆仟陆佰陆拾元整	¥4660.00	预支旅费	5000	退回金额	340
					补付金额	

总经理：王亮　　财务经理：陈东　　会计：李明　　出纳 方芳　　部门经理：周强　　报销人：张华

图 3-16　差旅费报销单

收 款 收 据

NO.10275337

2023 年 06 月 16 日

今 收 到 采购员张华

交 来 差旅费余款　　　　　现金收讫

金额（大写）　零佰　零拾　零万　零仟　叁佰　肆拾　零元　零角　零分

¥ 340.00　　☑ 现金　☐ 转账支票　☐ 其他

收款单位(盖章)

第三联交财务

核准　　会计　　记账　　出纳 方芳　　经手人 张华

图 3-17　收款收据

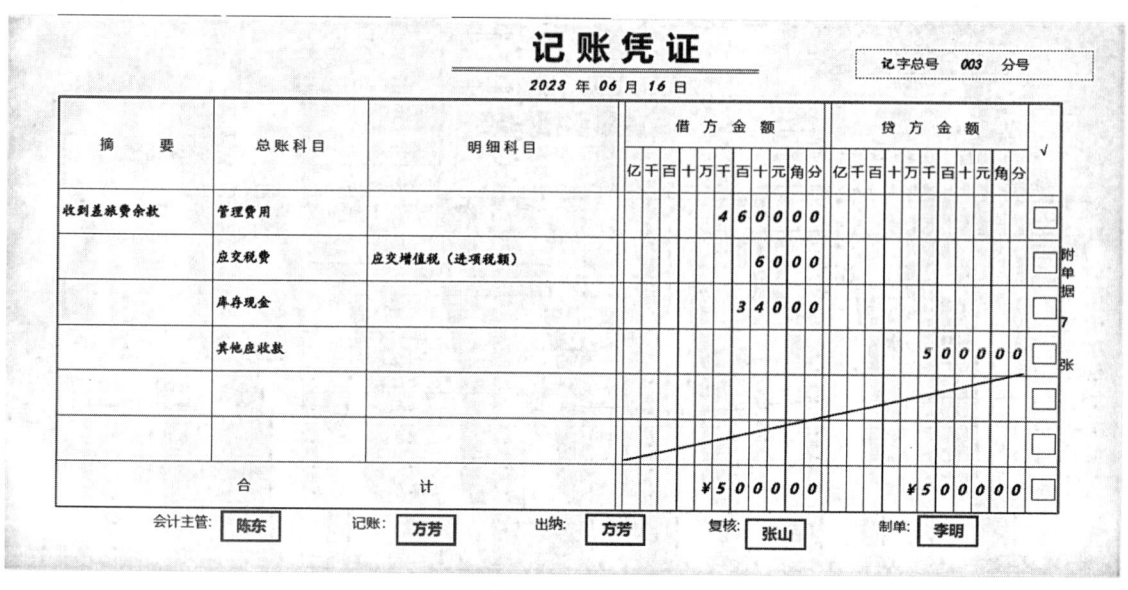

图 3-18　记账凭证

【任务拓展】

2023年7月1日，出纳方芳收到客户上交的当日购买本企业产品的现金购货款和销售部门开具的销售单(图 3-19)。

图 3-19　销售单

要求：(1) 请根据销售单填写增值税专用发票(图 3-20)。
(2) 请根据该业务填写记账凭证(图 3-21)。

广西增值税电子专用发票

发票代码:
发票号码:
开票日期:
校 验 码:

机器编号:

购买方	名　　称: 纳税人识别号: 地 址、电 话: 开户行及账号:				密码区	略	
项目名称	规格型号	单位	数　量	单　价	金　额	税率	税　额
合　　计							
价税合计（大写）	⊗				（小写）		
销售方	名　　称: 纳税人识别号: 地 址、电 话: 开户行及账号:				备注		

收 款 人:　　　　复 核:　　　　开 票 人:

图 3－20　电子专用发票

记账凭证

字总号　　分号

年　月　日

摘　要	总账科目	明细科目	借方金额											贷方金额											√
			亿	千	百	十	万	千	百	十	元	角	分	亿	千	百	十	万	千	百	十	元	角	分	
合		计																							

附单据　　张

会计主管:　　记账:　　出纳:　　复核:　　制单:

图 3－21　记账凭证

任务 3.3　现金付款业务

【任务导入】

2023 年 6 月 18 日，采购部张华要去外地出差，来财务部预借差旅费，实习出纳李华根据张华在财务部填写的借款申请书，直接将预借差旅费支付给他。请问李华的做法正确吗？

【任务背景知识】

一、常见的现金付款业务

在实际工作中，常见的现金付款业务一般有：
(1) 企业零星采购业务。
(2) 现金存款业务。
(3) 部门或员工预借差旅费及其他各种费用等。

二、现金付款业务常见原始凭证

（一）费用报销单

在实际业务中如果用现金支付费用，就需要使用费用报销审批单（图 3-22）。报销单据没有统一的格式，单位可根据本单位的实际需要进行设计。

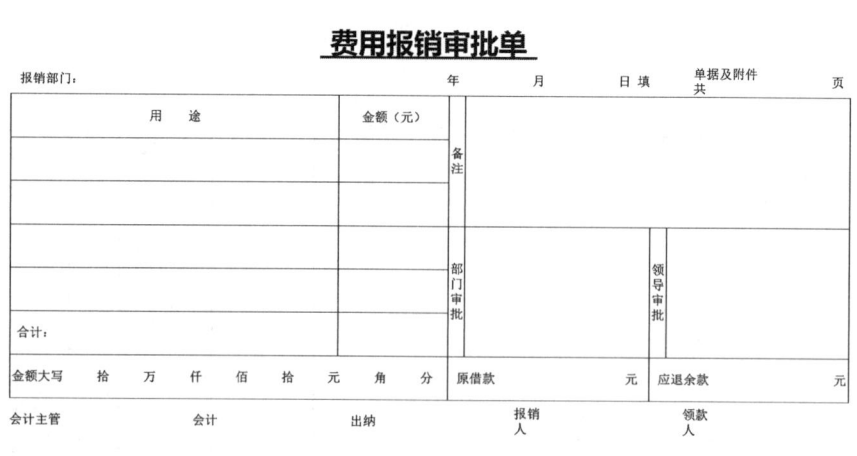

图 3-22　费用报销审批单

（二）存款凭证

在银行存入现金，必须填写银行存款凭证后才能去银行办理。不同银行的现金存款凭证的名称和格式不同，但是内容大同小异。以中国工商银行的现金存款凭条为例，空白的现金存款凭条见图 3-23。

ICBC 中国工商银行　　　　现金存款凭条

年　　月　　日

存款人	全称			
	账号		款项来源	
	开户行		交款人	

金额（人民币大写）	千	百	十	万	千	百	十	元	角	分

票面	张数	十	万	千	百	十	元	票面	张数	千	百	十	元	角	分	备注
壹佰元								伍角								
伍拾元								贰角								
贰拾元								壹角								
拾元								伍分								
伍元								贰分								
贰元								壹分								
壹元								其他								

第二联 客户核对联

190mm×100mm

图 3－23　现金存款凭条

小贴士

现金存款凭条和银行进账单在用途上是不同的：银行进账单是持票人或者收款人在收到支票、汇票等票据款项时存入其开户银行账户的凭证；而现金存款凭条是企业去银行账户上存入现金时填写的凭证。

（三）借款单

借款单一般用于以下方面：①本单位员工从单位借款自用，之后要归还；②根据单位的业务需要，在借款办完业务后持开具的发票回财务报销；③单位借款，到期以后归还。借款单格式见图 3－24。

借　款　单

资金性质　　　　　　年　　月　　日　　　　　　第　　　号

借款单位：	
借款理由：	
借款金额：人民币（大写）	¥
部门负责人意见：	

总经理　　财务经理　　会计　　出纳　　借款人

第一联 借款人留存

图 3－24　借款单

三、现金支付业务的处理流程

现金支付业务的处理流程见图3-25。

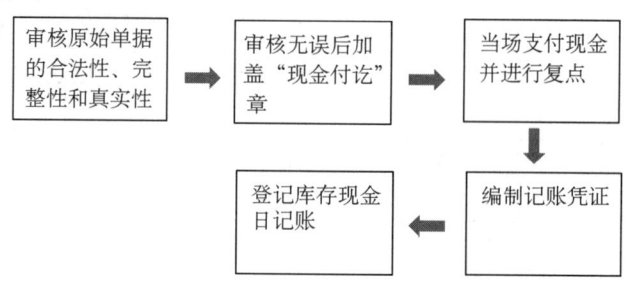

图3-25 现金支付业务的处理流程

【任务实施案例】

一、零星采购支付现金业务

【例3-3】 2023年6月19日总经理办公室张露采购一批办公用品,合计580元,已经取得普通发票,用现金支付。

(一)零星采购支付现金业务的处理流程

零星采购支付现金业务处理流程见图3-26。

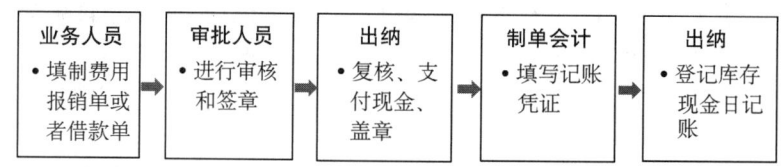

图3-26 零星采购支付现金业务处理流程

(二)业务实施步骤

(1)张露持购买办公用品取得的发票填写费用报销单。

(2)张露持费用报销审批单,依次按财务审核→部门审核→领导审批的顺序,找相关人员签字办理审批手续。

(3)出纳复核费用报销单及发票,将现金支付给报销人张露,并在费用报销单上加盖"现金付讫"章(图3-27)。

(4)出纳将费用报销单及发票传递给制单会计填制记账凭证(图3-28)。

(5)出纳根据审核会计审核无误的记账凭证,复核后登记库存现金日记账(略)。

二、现金存款业务

【例3-4】 2023年6月25日,出纳将超过库存现金限额的部分3 866元(其中:100元38张,50元1张,10元1张,5元1张,1元1张)送存开户银行。

(一)现金存款业务的处理流程

现金存款业务的处理流程见图3-29。

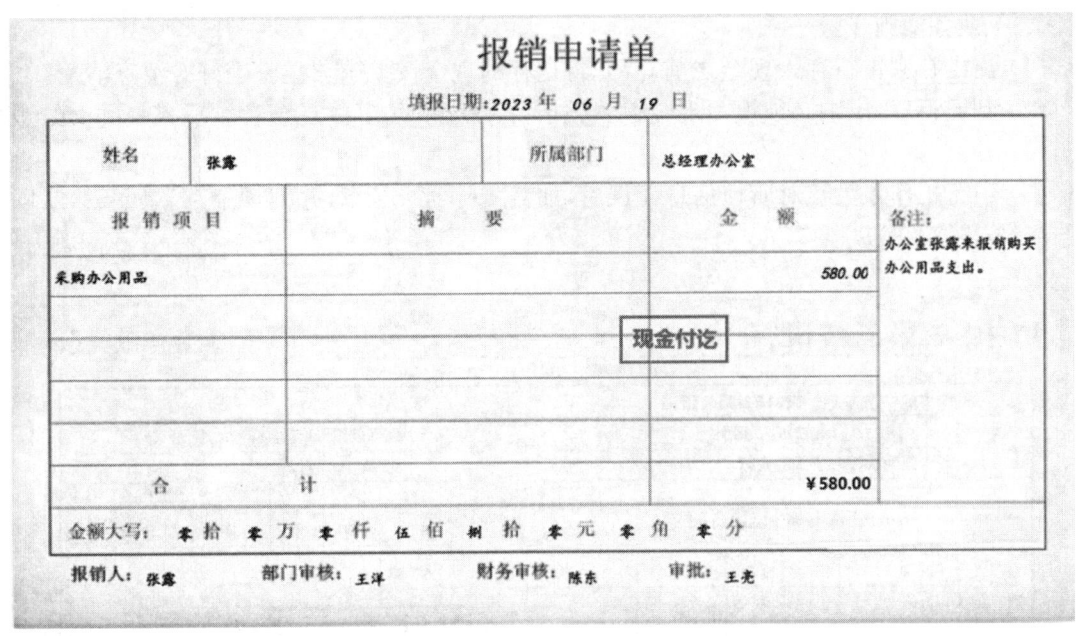

图3-27 报销申请单

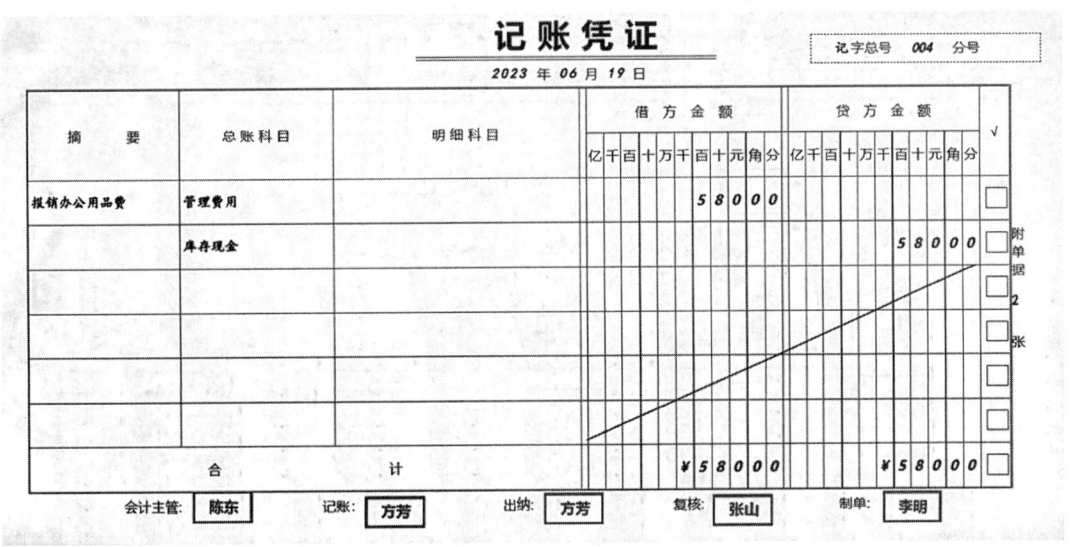

图3-28 记账凭证

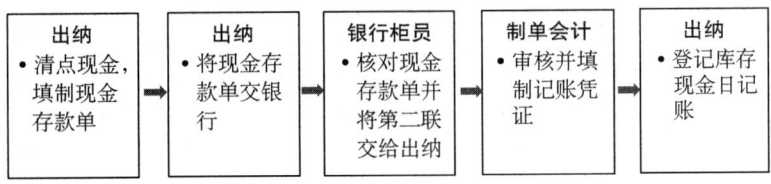

图3-29 现金存款业务处理流程

(二)业务实施步骤

(1) 出纳在去银行存入现金之前,要先将送存的现金按要求分类整理好并清点清楚。

(2) 到银行后,出纳必须填写现金存款凭条,将现金和填好的现金存款凭条一并交给银行柜员。

(3) 银行工作人员核对所填信息无误后,加盖"现金收讫"章,并把现金存款凭条第二联交还给出纳(图3-30)。

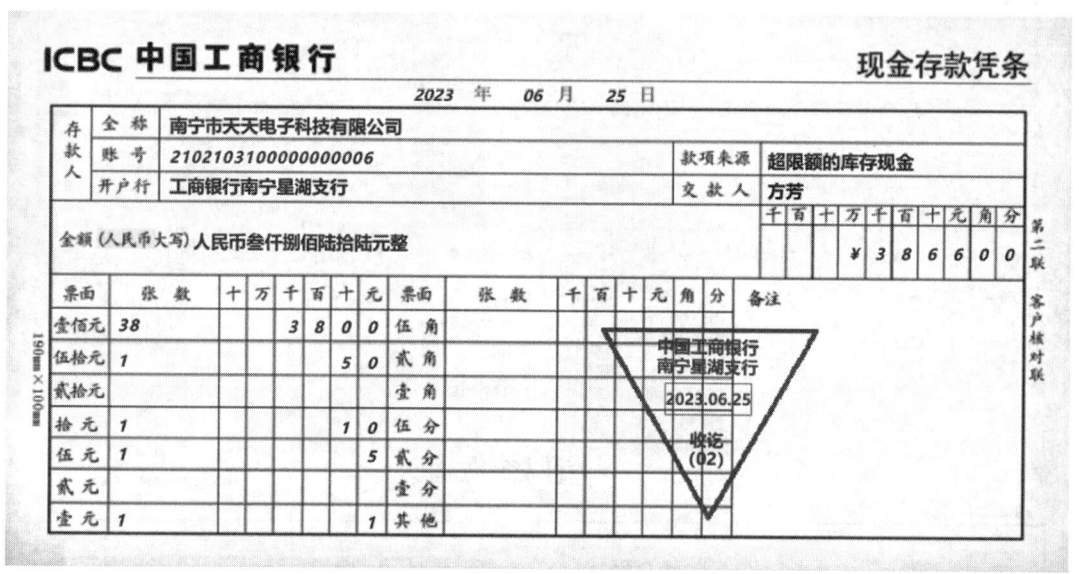

图3-30 现金存款凭条

(4) 会计主管审核出纳交回的现金存款凭条后交给制单会计填写记账凭证(图3-31)。

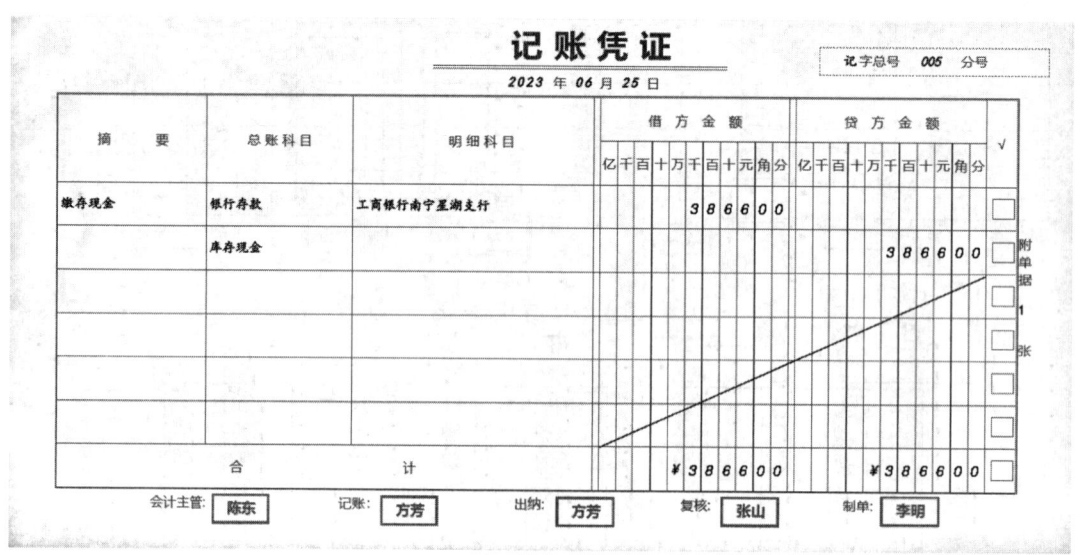

图3-31 记账凭证

（5）出纳根据审核会计审核无误的记账凭证，复核后登记库存现金日记账和银行存款日记账（略）。

【任务拓展】

2023年7月5日，销售部王宁报销用餐费180元，现金支付。

要求：(1) 请以王宁的身份填写费用报销审批单（图3-32）。

(2) 出纳付款，完成相关签章，请根据费用报销审批单填制记账凭证（图3-33）。

费用报销审批单

报销部门：　　　　　　　年　　月　　日填　　单据及附件共　　页

用　途	金额（元）	备注		
			部门审批	领导审批
合计：				

金额大写　　拾　万　仟　佰　拾　元　角　分　　原借款　　　　　元　　应退余款　　　　　元

会计主管　　　　　会计　　　　　　出纳　　　　　报销人　　　　　领款人

图3-32　费用报销审批单

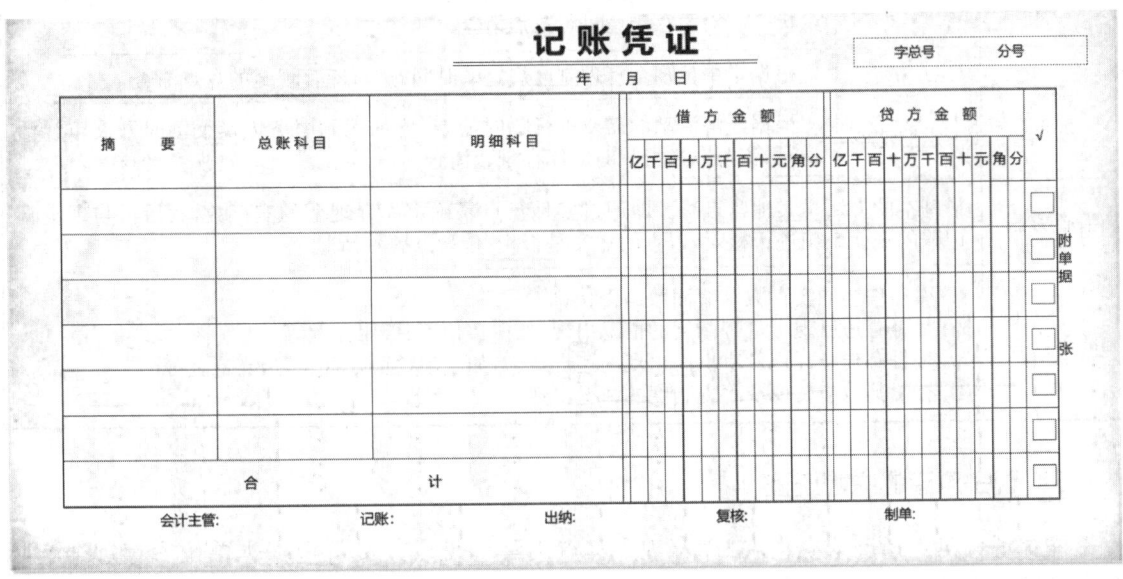

图3-33　记账凭证

任务3.4 库存现金清查业务

【任务导入】

南宁市天天电子科技有限公司的出纳方芳每天下班前都对保险柜中的库存现金进行清查盘点。有一天采购部的张华下班前见到方芳在清点现金,就笑话方芳做事太谨慎,没必要天天盘点现金,偶尔清点就可以了。请问张华和方芳谁是对的?

【任务背景知识】

为确保现金的安全及现金管理的有序进行,企业除实行钱账分管制度外,企业的出纳员应定期和不定期地根据现金日记账结出的库存现金余额,与库存现金实有数进行核对,做到账实相符。库存现金的清查是出纳人员非常重要的一项工作。

一、现金清查基础知识

现金清查是指通过实地盘点的方法,在清查时确定库存现金的实存数,再与当日现金日记账的账面余额进行核对,以查明盈亏情况。现金清查的相关知识见表3-3。

表3-3　　　　　　　　　　　　　现金清查的相关知识

清查种类	日常清查	出纳人员应根据现金管理相关规定,做到"日清月结"。其每日终了,应根据现金日记账结出的库存现金余额,与库存现金实有数核对,做到账实相符
	专项清查	为加强出纳工作监督,及时发现现金差错或丢失,防止贪污、盗窃、挪用公款等不法行为发生,各单位应组成专门的财产清查小组,由专门的清查人员和出纳人员一起对库存现金进行盘点清查
清查时间	定期清查	应根据本单位现金管理制度规定的时间,进行库存现金的盘点清查
	不定期清查	应根据经济活动的需要进行临时清查,比如遇到财务人员变动时开展审计活动时,都可以进行临时的库存现金清查
清查方法		最基本的方法是实地盘点法。即通过实地盘点来确定库存现金的实存数,然后再与现金日记账的账面余额进行核对,以查明账实是否相符,盘点盈亏情况
清查内容		1. 库存现金的实存数与账面数是否相符 2. 是否有违反现金管理制度的情况出现,如白条顶库、挪用公款等 3. 是否有未经开户行审批而出现的违规行为,如超限额留存现金、坐支现金等 4. 有无其他违反现金管理制度的情况出现

二、现金清查的原始凭证

库存现金盘点情况应登记在"库存现金盘点表"上,盘点人员可根据本单位库存现金实际盘点的结果在图3-34上进行填写。

库存现金盘点表

年 月 日　　　　　　单位：

票面额	张数	金额	票面额	张数	金额
壹佰元			伍 角		
伍拾元			贰 角		
贰拾元			壹 角		
拾 元			伍 分		
伍 元			贰 分		
贰 元			壹 分		
壹 元			合 计		

库存现金日记账账面余额：

差额：

处理意见：

审批人（签章）：　　　　监盘人（签章）：　　　　盘点人（签章）：

图 3-34　库存现金盘点表

三、现金清查的账务处理

现金清查的账务处理见表 3-4。

表 3-4　　　　　　　　　　现金清查的账务处理

清查结果		会计分录
1. 盘盈：即现金长款，也就是实际的库存现金比账面的库存现金余额多	查明原因前	借：库存现金 　贷：待处理财产损溢——待处理流动资产损溢
	查明原因后	借：待处理财产损溢——待处理流动资产损溢 　贷：其他应付款（应付给有关人员或单位的款项） 　　　营业外收入（无法查明原因的款项）
2. 盘亏：即现金短款，也就是实际的库存现金比账面的库存现金余额少	查明原因前	借：待处理财产损溢——待处理流动资产损溢 　贷：库存现金
	查明原因后	借：管理费用（无法查明原因的款项） 　　其他应收款（有赔款部分） 　贷：待处理财产损溢——待处理流动资产损溢

四、现金清查业务处理流程

现金清查业务处理流程见图 3-35。

```
┌─────────┐   ┌─────────┐   ┌─────────┐   ┌─────────┐   ┌─────────┐
│ 出纳    │   │ 盘点人员 │   │ 盘点人员 │   │ 制单会计 │   │ 出纳    │
│ •登记库存│→ │ •盘点时出│→ │ •编制库存│→ │ •根据盘点│→ │ •登记库存│
│  现金日记│   │  纳在场, │   │  现金盘点│   │  结果填制│   │  现金日记│
│  账,结清 │   │  监盘人员│   │  表      │   │  记账凭证│   │  账      │
│  账面余额│   │  监督    │   │          │   │          │   │          │
└─────────┘   └─────────┘   └─────────┘   └─────────┘   └─────────┘
```

图 3-35　现金清查业务处理流程

【任务实施案例】

【例 3-5】　2023 年 6 月 30 日,会计李明进行现金盘点,会计主管陈东和出纳方芳均在场。盘点的结果为 100 元 30 张,50 元 15 张,10 元 6 张,5 元 6 张,1 元 10 张,5 角 12 张,共计金额 3 856 元。当日库存现金日记账账面上的余额为 3 800 元。

(1) 在盘点前,出纳人员应先将有关现金业务的记账凭证全部登记库存现金日记账,结出余额。

(2) 盘点时,出纳人员必须在场,清点人员李明应逐张清点现金,清查人员在旁监督。盘点过程中,除查明账实是否相符外,同时还应查明有无违反现金管理规定,如有无以"白条"抵冲现金、库存现金是否超过核定的限额、有无坐支现金等。

(3) 盘点结束根据盘点结果编制"库存现金盘点表"(图 3-36)。

库存现金盘点表

2023 年 06 月 30 日　　　　　　　　　　　　　　　　单位:元

票面额	张数	金额	票面额	张数	金额
壹佰元	30	3000	伍角	12	6
伍拾元	15	750	贰角		
贰拾元			壹角		
拾元	6	60	伍分		
伍元	6	30	贰分		
贰元			壹分		
壹元	10	10	合计		¥3856.00
库存现金日记账账面余额:					¥3800.00
差额:					56.00

处理意见:
盘盈库存现金 56 元,原因待查。

审批人(签章):　陈东　　　监盘人(签章):　方芳　　　盘点人(签章):　李明

图 3-36　库存现金盘点表

(4) 制单会计根据审核无误的现金盘点表填制记账凭证(图3-37)。

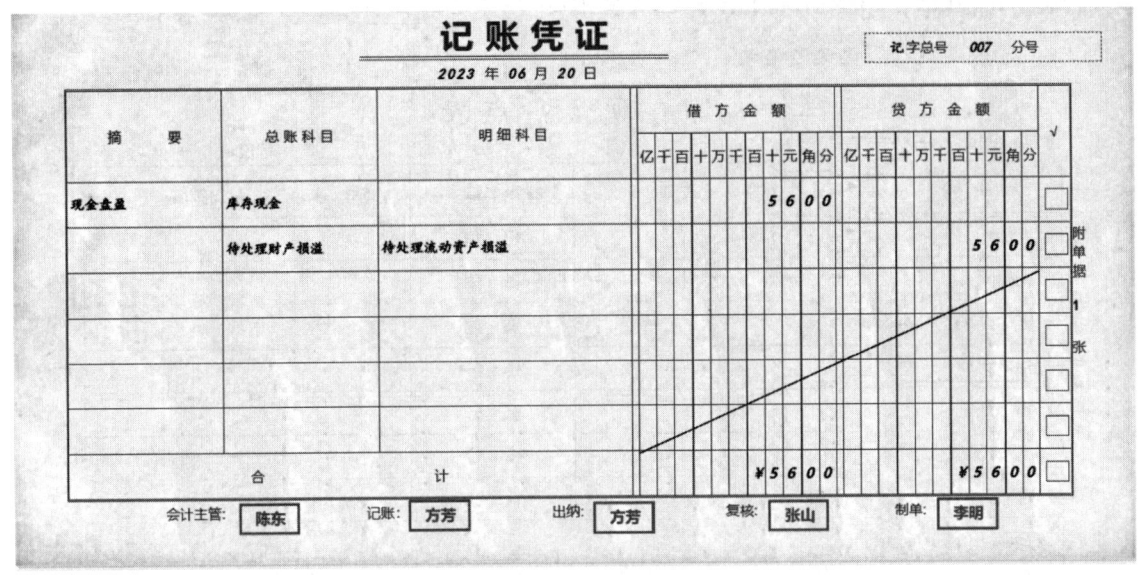

图3-37 记账凭证

(5) 根据盘点结果,若长款无法查明原因,制单会计进行相关会计的账务处理(图3-38)。

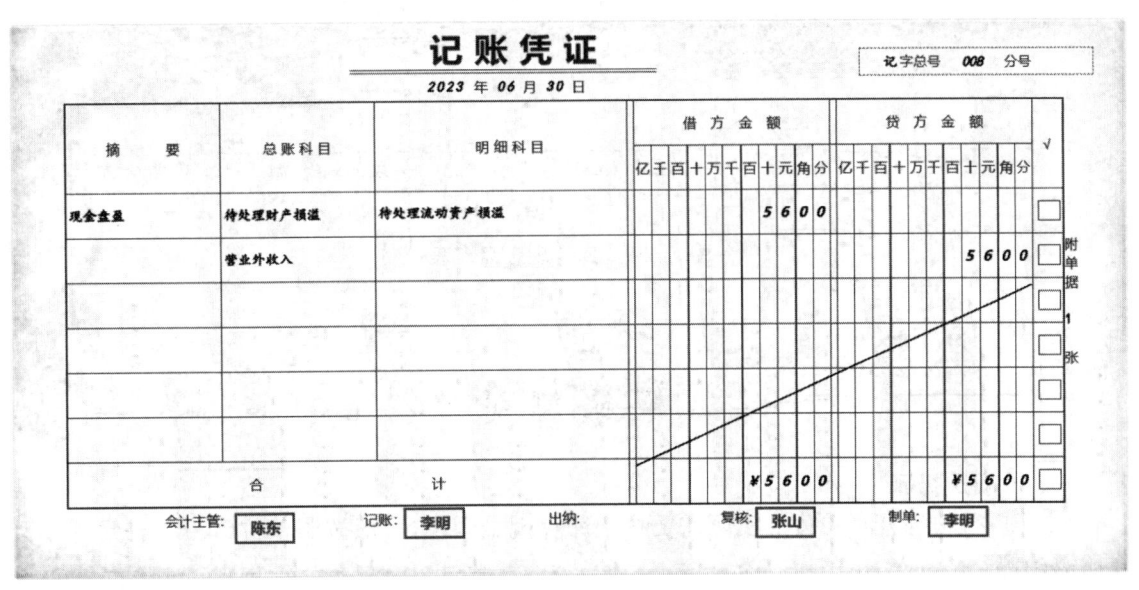

图3-38 记账凭证

(6) 出纳根据审核无误的第007号记账凭证,复核后登记库存现金日记账(略)。

【任务拓展】

2023年7月31日,在会计主管陈东的参与下,由张山、方芳监盘,会计李明采用实地盘点法对库存现金进行盘点。盘点的结果为100元30张,50元15张,10元8张,5元6张,1元

17 张,5 角 8 张,共计金额 3 881 元。当日库存现金日记账账面上的余额显示为 3 900 元,这项业务应该如何处理? 请填写库存现金盘点表(图 3-39)。

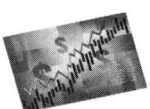

图 3-39 库存现金盘点表

模 块 测 试

一、单项选择题

1. 开户行根据开户单位的实际需要核定库存现金限额,一般按照单位(　　)日常零星开支所需确定。

　　A. 1 至 3 天　　　　　　　　　　B. 3 至 5 天
　　C. 1 至 5 天　　　　　　　　　　D. 不超过 20 天

2. 出纳收到客户交来的现金货款,请问下列各项中处理方法正确的是(　　)。

　　A. 先收取款项,然后开具证明
　　B. 先确认款项的来源,然后开具证明
　　C. 先确认款项的来源,然后收取款项
　　D. 先确认款项的来源,然后收取款项,最后再开具证明

3. 现金是由（　　）经管的。
   A. 出纳　　　　　　　　　　B. 会计主管人员
   C. 总会计师　　　　　　　　D. 单位负责人
4. 企业流动性最强的资产是（　　）。
   A. 货币资金　　B. 应收账款　　C. 应收票据　　D. 短期借款
5. 下列说法不正确的是（　　）。
   A. 现金是流动性最强的一种货币资金
   B. 企业收入现金应于当日送存银行
   C. 结算起点以下的零星支出可以使用现金
   D. 企业可用现金收入直接用于现金支出
6. 库存现金的限额由（　　）核定。
   A. 企业　　　　B. 银行　　　　C. 企业与银行　　D. 不用核定
7. 为保证现金安全，大额的库存现金送存银行一般由（　　）人一起送存。
   A. 1　　　　　B. 2　　　　　C. 3　　　　　D. 4
8. 下列项目中，不允许使用现金的是（　　）。
   A. 支付职工工资　　　　　　B. 向农民收购农副产品
   C. 购买机器设备　　　　　　D. 职工预借差旅费
9. 现金支出的原始单据由（　　）审批。
   A. 经办人　　　B. 主管领导　　C. 会计　　　　D. 出纳员
10. 现金支出的原始单据由（　　）复核。
    A. 经办人　　　B. 会计　　　　C. 出纳员　　　D. 主管领导
11. "现金付讫"借记应由（　　）加盖在有关现金付款的原始凭证上。
    A. 经办人　　　B. 会计　　　　C. 主管领导　　D. 出纳员
12. 行政部门报销差旅费，应借记（　　）科目。
    A. "生产成本"　B. "制造费用"　C. "管理费用"　D. "销售费用"
13. 车间职工报销差旅费，应借记（　　）科目。
    A. "生产成本"　B. "制造费用"　C. "管理费用"　D. "销售费用"
14. 职工借支差旅费，应借记（　　）科目。
    A. "应收账款"　B. "制造费用"　C. "管理费用"　D. "其他应收款"
15. 对库存现金进行清查后编制记账凭证的依据是（　　）。
    A. 现金日记账　　　　　　　B. 库存现金盘点报告单
    C. 银行存款日记账　　　　　D. 银行对账单
16. 库存现金的长款无法查明原因应记入（　　）科目。
    A. "财务费用"　　　　　　　B. "其他应收款"
    C. "管理费用"　　　　　　　D. "营业外收入"
17. 发生库存现金短缺，应由责任人赔偿的，应通过（　　）科目进行核算。
    A. "其他应付款"　　　　　　B. "其他应收款"
    C. "管理费用"　　　　　　　D. "营业外支出"
18. 甲公司的销售人员预借一笔费用，但是在填写借款单的时候将金额写错了，他该如何处理(   )。

A. 直接在上面涂改

B. 在上面写上"作废"两个字,交给出纳保管,然后重新申请

C. 直接销毁处理,然后重新申请

D. 拿给领导签字后,继续使用

19. 下列各项中,不符合现金管理内部控制制度的是(   )。

A. 出纳员登记现金日记账　　　　B. 出纳员负责稽核

C. 出纳员每日盘点现金　　　　　D. 出纳员管理现金

20. 根据《现金管理暂行条例》的要求,结算起点为(   )。

A. 1 000元以下　　B. 1 000元　　C. 2 000元以下　　D. 2 000元

21. 下列做法不符合现金管理制度规定的是(   )。

A. 企业不能坐支

B. 不准用单位收入的现金以个人名义存入银行

C. 不准保留账外公款

D. 企业大额现金可以存入保险柜

22. 出纳人员在办理收款或付款后,要在(   )上加盖"收讫"或"付讫"戳记,避免重收或重付。

A. 原始凭证　　B. 记账凭证　　C. 付款凭证　　D. 收款凭证

二、多项选择题

1. 根据内部控制制度的要求,出纳人员不得经办的业务有(   )。

A. 现金收付业务　　　　　　　　B. 收入、费用类账目的登记

C. 债权、债务类账目的登记　　　D. 各项业务的稽核

2. 按照现金保管制度的要求,出纳人员应该(   )。

A. 超过库存现金限额以外的现金应在下班前送存银行

B. 限额内的库存现金当日核对清楚后,一律放入保险柜内,不得放在办公桌内过夜

C. 单位的库存现金不准以个人名义存入银行

D. 库存的纸币和铸币实行分类保管

3. 根据《现金管理暂行条例》规定可以使用现金的有(   )。

A. 颁发给个人的科学技术奖金　　B. 发给员工的福利费

C. 向个人收购农副产品的价款　　D. 10 000元以下的零星支出

4. 下列各项中,可用现金支付的包括(   )。

A. 购买办公用品500元　　　　　B. 业务员预借差旅费4 000元

C. 向农民收购农产品3 000元　　D. 向技术员发放奖金6 000元

5. 下列各项中,费用报销单的签字人员有(   )。

A. 经办人　　B. 出纳员　　C. 部门经理　　D. 库管员

6. 以下凭证可以作为现金收付款原始凭证的有(   )。

A. 现金支票存根　　　　　　　　B. 未经批准的职工借款单

C. 银行缴款单回执联　　　　　　D. 现金购买办公用品发票

7. 备用金的管理办法有(   )。

A. 定额管理　　　B. 5 天　　　C. 15 天　　　D. 非定额管理

8. 职工报销费用时,出纳员应审核的内容有(　　)等。
   A. 费用发生的时间　　　　　　　B. 金额
   C. 经办人签章　　　　　　　　　D. 主管领导的签章

9. 据以登记库存现金日记账的记账凭证包括(　　)。
   A. 现金收款凭证　　　　　　　　B. 现金付款凭证
   C. 银行存款付款凭证　　　　　　D. 转账凭证

10. 在对库存现金盘亏进行转销时,应查明原因,可能记入(　　)科目。
    A. "其他应付款"　　　　　　　　B. "其他应收款"
    C. "管理费用"　　　　　　　　　D. "营业外支出"

11. 对发生库存现金长款,待查明原因后,可能记入(　　)科目。
    A. "库存现金"　　　　　　　　　B. "其他应付款"
    C. "管理费用"　　　　　　　　　D. "营业外收入"

12. 关于库存现金收支的规定,表述正确的有(　　)。
    A. 开户单位收入的现金当日送存银行确有困难的,由开户银行确定送存时间
    B. 开户单位可以直接从当日收入中支取现金用于支付款项
    C. 开户单位支付现金,不得从本单位的现金收入中直接支付
    D. 坐支是指企业将本单位的现金收入直接用于现金支出

13. 库存现金的管理一般涉及(　　)三个方面。
    A. 使用范围　　　B. 使用权限　　　C. 限额　　　D. 收支控制

14. 不受结算起点 1 000 元的限制的现金支付有(　　)。
    A. 职工工资、各种工资性津贴
    B. 出差人员必须随身携带的差旅费
    C. 收购单位向个人收购农副产品和其他物资支付的价款
    D. 支付给个人的各种奖金

15. 采购员李建交来一张借款单,出纳应审核(　　)项目。
    A. 查看借款单的审批手续是否完整　　　B. 查看大小写金额是否相符
    C. 查看其有无借款未还记录　　　　　　D. 审核其是否盖有银行预留印鉴

三、判断题

1. 按《现金管理暂行条例》及其实施细则的规定,不准利用银行账户代其他单位和个人收支现金。(　　)

2. 出差人员预借差旅费,1 000 元以下的可以预付给现金,超过部分应携带现金支票。(　　)

3. 对现金进行日清月结是出纳员办理现金出纳工作的基本原则和要求,也是避免出现长、短款的重要措施。(　　)

4. 严禁未经授权的机构或人员办理货币资金业务或直接接触货币资金。(　　)

5. 企业与经营无关发生的现金收入可以不用入账,或将现金单独存入保险柜中保管。(　　)

6. 出纳人员应该在每日营业结束后,结出库存现金日记账的收支和结余,清点库存量现

金实有数，相互核对。 （ ）

7. 企业职工采购办公用品支出，可以仅凭支出凭证报销领款。 （ ）

8. 企业在无法取得发票时，可以用费用报销单作为支付现金的原始凭证。 （ ）

9. 在清查库存现金时，出纳人员可以不在场。 （ ）

10. 在清查库存现金时，发现白条只要能说清情况，不算违纪。 （ ）

11. 在清查库存现金时，如发现账面余额数小于实际盘存数，称为盘亏。 （ ）

12. 对发生库存现金短缺，待查明原因后属于应由保险公司赔偿的部分，借记“其他应付款——应收保险赔款”科目。 （ ）

13. 对发生库存现金长款，待查明原因后属于无法查明原因的现金溢余，经批准后，贷记“营业外收入——现金溢余”科目。 （ ）

14. 发生库存现金长款，无法查明原因的，应当通过“管理费用”科目进行核销。 （ ）

15. 企业当日收入现金 1 000 元，可以将其中的 600 元直接支付当日的零星支出。 （ ）

16. 企事业单位在需要库存现金开支时，既可以从本单位的库存现金中支付，也可以从本单位的库存现金收入中直接支付。 （ ）

17. 开户单位如果需要增加或减少库存现金限额，应向开户银行提出申请，由开户银行来核定。 （ ）

18. 企业不得保留账外公款，不得私设“小金库”。 （ ）

四、业务题

2023 年 7 月 16 日，销售部李林出差回来，到财务部报销差旅费（李林出差时预借差旅费 5 000 元）。李林带回 5 张原始报销单据，其中南宁至杭州往返机票 2 张，共计 2 800 元；住宿费发票 1 张，金额为 600 元，增值税 36 元；伙食补贴每天 80 元，共 3 天，总计 240 元；市内交通费 2 张共 200 元，报销金额合计 3 876 元。

要求：(1) 请根据上述业务，帮李林填写差旅费报销单（图 3－40）。

差旅费报销单

年 月 日 单据及附件共 张

所属部门					姓名		出差事由	
出发		到达		起止地点	交通费	住宿费	伙食费	其他
月	日	月	日					
合计	大写金额：			¥	预支旅费		退回金额	
							补付金额	

总经理： 财务经理： 会计： 出纳： 部门经理： 报销人：

图 3－40 差旅费报销单

(2) 出纳收款，完成相关单据处理和签章(假设该借款单完全符合公司规定，并已经完成相关人员审批签字)，请根据相应的单据填制收款收据和记账凭证(图 3－41 和图 3－42)。

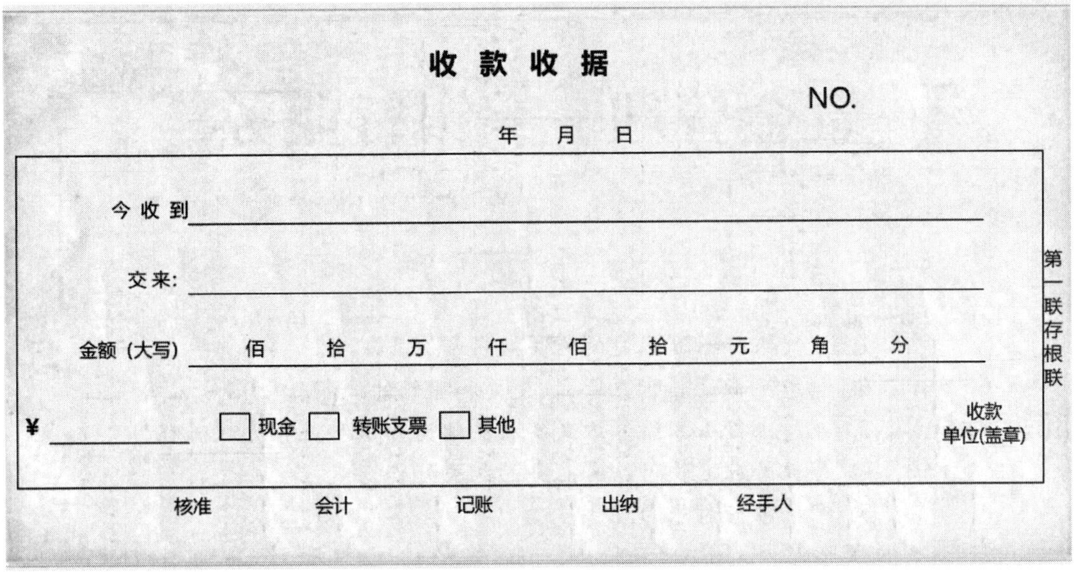

收 款 收 据

NO.

年　月　日

今 收 到 ____________________

交 来: ____________________

金额 (大写)　佰　拾　万　仟　佰　拾　元　角　分

¥ ________　□现金　□转账支票　□其他　　收款单位(盖章)

第一联存根联

核准　会计　记账　出纳　经手人

图 3－41　收款收据

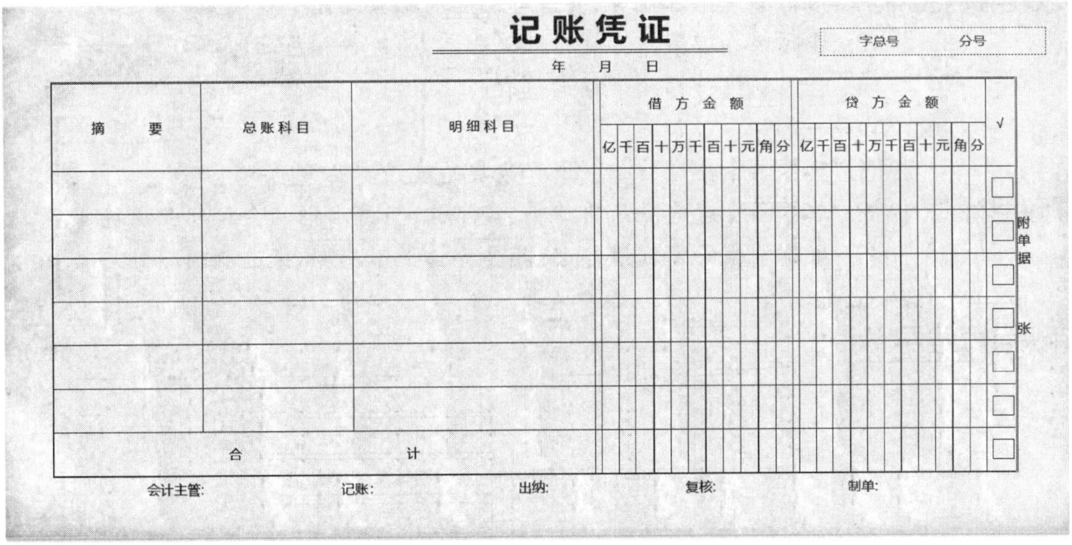

记 账 凭 证

字总号　　分号

年　月　日

摘　要	总账科目	明细科目	借方金额 亿	千	百	十	万	千	百	十	元	角	分	贷方金额 亿	千	百	十	万	千	百	十	元	角	分	√
合　计																									

附单据　张

会计主管:　记账:　出纳:　复核:　制单:

图 3－42　记账凭证

模块 4

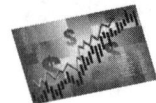

资金管理——银行业务

【知识目标】
1. 认知银行结算账户的相关概念和分类
2. 熟悉银行结算账户开立、变更和撤销的流程
3. 熟悉银行基本结算方式的相关理论知识和业务办理流程
4. 掌握第三方收付结算业务的相关知识
5. 掌握银行对账的方法

【实践目标】
1. 会填写银行结算账户的各种申请书和办理相关手续
2. 会填写银行基本结算业务涉及的有关凭证,能熟练地根据业务流程到银行办理结算业务,并进行相应的账务处理
3. 能熟练办理第三方收付结算业务,并进行相应的账务处理
4. 会编制银行存款余额调节表

【思政目标】
1. 培养学生严谨、细致、求真务实的财经职业素质
2. 培养学生遵守廉洁自律、诚实守信、坚持准则的会计职业道德
3. 培养学生的爱国情怀,使其具备自强不息、积极进取的精神

【知识点思维导图】

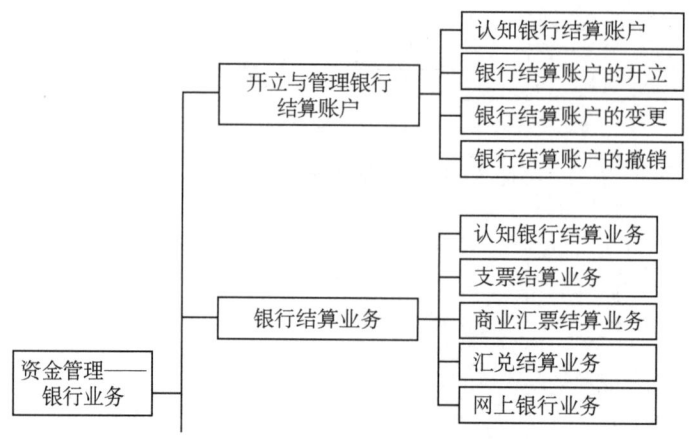

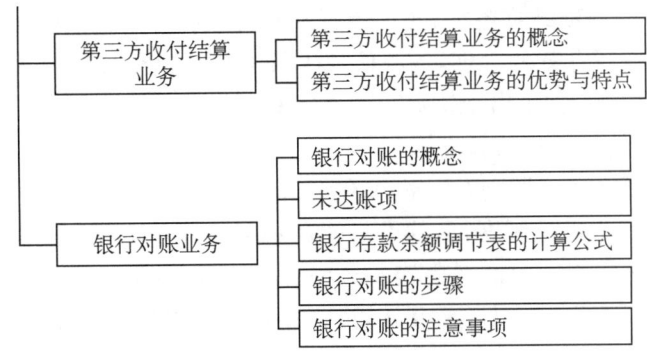

任务 4.1　开立与管理银行结算账户

【任务导入】

实习生李华刚来到公司担任实习出纳员,他没有实际接触过企业银行结算的相关业务。对如何开立银行账户、如何办理银行账户的变更与撤销、如何办理银行结算业务、如何与开户银行对账等业务,李华都还不是很了解,不知道自己能否胜任出纳工作,心里感到忐忑不安。出纳方芳告诉李华要多学习、多观察,常跟自己跑银行,慢慢就可以熟练地处理银行的相关业务了。

活动 4.1.1　认知银行结算账户

【任务背景知识】

企业要进行结算,首先需要在银行安个家,即企事业单位需要在银行开立账户,把与本单位有关的资金存进去,在使用资金的时候通过银行花出去。单位在银行安的这个家,从单位的角度来看,既可保证资金的存放安全,又能产生一些存款利息。从银行的角度来看,其既可增加资金来源,又能依照法律和行政规章实施监管,可谓一举两得。

机关、团体、企事业单位,以及个体工商户都可以在银行开立存款账户。出纳员应当了解和参与银行账户的开立过程,以便与银行打交道。

一、银行存款的管理

(一) 银行存款的管理要求

银行存款是企业货币资金的重要组成部分,各单位应当建立健全银行存款的管理制度,加强对银行存款的管理,具体管理办法如下:

(1) 根据国家相关规定,凡是独立核算的单位都必须在当地银行开设账户,办理各项款项的收付;在经营过程中所发生的一切货币收支业务,除按核定库存现金限额保留的现金款项外,都必须通过银行办理结算。

(2) 各单位须依据资金的不同性质、用途,分别在银行开设各类账户,并严格遵守国家与银行管理制度的各项结算要求和《现金管理暂行条例》,接受银行监督。

(3)加强银行存款的管理,各单位应于月末与开户银行对账,编制银行存款余额调节表逐月与银行核对余额,防止出现错账。

(二)银行结算账户的管理原则

(1)一个基本账户原则。存款人在银行开立基本存款账户,实行由中国人民银行当地分支机构核发开户许可证制度,存款人只能在一家银行开立一个基本存款账户。

(2)自愿选择原则。根据存款人自主支配原则,存款人可以自主选择银行开户,银行也可以自愿选择存款人;一经双方相互认可后,存款人应遵循银行结算的规定,而银行应保证存款人对资金的所有权和自主支配权不受侵犯。

(3)存款保密原则。银行必须依法为存款人保密,除国家法律规定的国务院授权中国人民银行总行的监督项目外,银行不代任何单位和个人查询、冻结存款人账户内的存款,以维护存款人资金的自主支配权。

(4)守法原则。银行不得利用存款人账户进行违法活动。

二、银行结算账户的种类

银行结算账户是指单位或个人在银行开立的办理各项资金收付结算业务的人民币活期存款账户。银行结算账户按存款人不同可以分为单位银行结算账户与个人银行结算账户。

(一)单位银行结算账户

单位银行结算账户是指存款人以单位名称开立的银行结算账户。单位银行结算账户按用途可分为基本存款账户、一般存款账户、专用存款账户与临时存款账户,具体见表4-1。

表 4-1 单位银行结算账户的分类

分类	概念	特征
基本存款账户	是独立核算单位在银行开立的主要账户,是存款人办理日常转账结算和现金收付业务时开立的银行账户	1. 存款人日常经营活动的资金收付、工资、奖金及现金的支取都通过此账户办理 2. 存款人只能在一家银行开立一个基本存款账户 3. 其他银行结算账户的开立必须以基本存款账户的开立为前提
一般存款账户	是存款人因借款或其他结算需要,在基本存款账户开户银行以外的银行营业机构开立的银行结算账户	1. 可以办理现金缴存,但不得办理现金支取 2. 开立数量没有限制
专用存款账户	是存款人按照法律、行政法规和规章的规定,对其特定用途资金进行专项管理和使用而开立的银行结算账户	该账户用于办理各项专用资金的收付,支取现金应该按照有关具体规定办理
临时存款账户	是存款人因临时需要并在规定期限内使用而开立的银行结算账户	1. 有效期最长不得超过2年 2. 注册验资的临时存款账户在验资期间只收不付,注册验资资金的汇缴人应与出资人的名称一致 3. 有下列情况的,存款人可以申请开立临时存款账户: (1)设立临时机构 (2)异地临时经营活动 (3)注册验资

(二) 个人银行结算账户

个人银行结算账户是指存款人凭个人身份证件以自然人名称开立的银行结算账户。个人因使用借记卡、信用卡在银行或邮政储蓄机构开立的银行结算账户,纳入个人银行结算账户管理。

银行结算账户分类见图4-1。

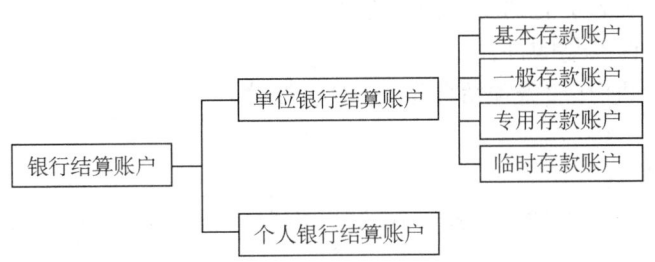

图4-1 银行结算账户分类

活动4.1.2 银行结算账户的开立

一、开立银行结算账户需提交的材料

不同的银行结算账户在开立时,需要提交给银行审批的证件和资料各不相同,企业需要根据申请银行结算账户的种类准备各项资料,具体见表4-2。

表4-2　　　　　　　　　　开立银行结算账户需提交的材料

账户种类	证明材料
基本存款账户	1. 企业营业执照(正本)或登记证书、批文原件和复印件 2. 法定代表人身份证原件和复印件 3. 单位行政公章、财务专用章、法定代表人或财务负责人印章(银行预留印鉴用)
一般存款账户	1. 开立基本存款账户需提供的材料 2. 基本存款账户开户许可证 3. 因借款需要而开立的,应该出具借款合同
专用存款账户	1. 开立基本存款账户需提供的材料 2. 基本存款账户开户许可证 3. 专项资金管理的批文或证明文件
临时存款账户	1. 临时机构:驻地主管部门同意设立临时机构的批文 2. 异地建筑施工及安装单位:营业执照(正本)、基本存款账户开户许可证、施工及安装地建设主管部门核发的许可证或建筑施工及安装合同 3. 异地临时经营单位:营业执照(正本);基本存款账户开户许可证、临时经营地工商行政管理部门的批文等 4. 注册验资:工商行政管理部门核发的企业名称、预先核准通知书或有关部门的批文等

二、基本存款账户的开立流程

以南宁市天天电子科技有限公司向银行申请开立基本存款账户为例,需要提交以下审批材料,按流程办理基本户开户。

(一) 准备相关证明材料
(1) 企业法人营业执照原件和复印件,可扫描本页中的二维码查看。
(2) 税务登记证正本原件。
(3) 组织机构代码证正本原件。
(4) 企业法定代表人王亮的身份证原件和复印件。
(5) 经办人身份证及复印件。
(6) 印鉴卡一式两份(加盖预留印鉴,一般包括公章、财务专用章、法定代表人章、财务主管名章)。

营业执照

(二) 填写开户申请书
企业经办人员需要正确填写一式三联的"开立单位银行结算账户申请书",可扫描本页中的二维码查看。

(三) 开户银行审核证明文件
如果开户申请书等符合开立条件的,银行将存款人的相关资料报送中国人民银行当地分支行核准后办理开户手续。

开立单位银行结算账户申请书

(四) 中国人民银行审核
中国人民银行当地的分支行对报送的开户资料进行审核,符合开户条件的,审核批准后打印银行开户许可证,由开户银行交给企业。

(五) 领取开户许可证
开户许可证可扫描本页中的二维码查看。

开户许可证

(六) 开立账户
经审核同意,并颁发银行开户许可证的单位就可以在银行开立基本存款账户,进行日常转账结算和现金收付等业务。

开户银行需在印鉴卡(可扫描本页中的二维码查看)上打印申请人开立基本存款账户的账号,并加盖"基本存款户"印章后,转交给申请人留存。印鉴卡的作用是验证印章的真伪。

印鉴卡正面

(七) 开户银行通知单位

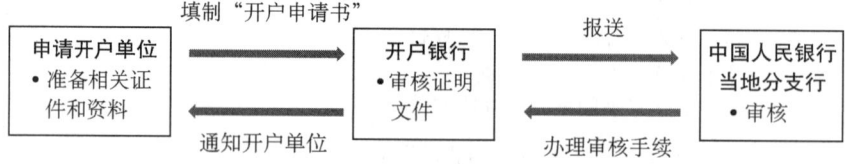

图4-2 基本存款账户开立流程

三、其他银行结算账户开立的业务处理流程

单位申请开立基本存款账户、一般存款账户、临时存款账户及预算单位申请开立专用存款户的业务处理流程见图4-3。

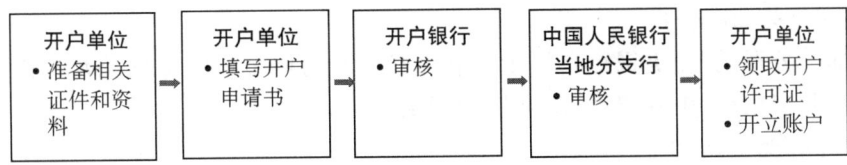

图 4-3 银行结算账户开立的业务处理流程

 想一想

因借款需要,南宁市天天电子科技有限公司准备在交通银行桂雅路支行开立一般存款账户,出纳人员方芳填写一份开户申请书(基本存款户的开户许可证号:123456789)。出纳方芳应如何填写一份开户申请书?

活动 4.1.3　银行结算账户的变更

一、银行结算账户的变更要求

(1) 存款人更改名称,但不改变开户银行及账号的,应于 5 个工作日内向开户银行提出银行结算账户的变更申请,并出具有关部门的证明文件。

(2) 单位的法定代表人或主要负责人、住址及其他开户资料发生变更时,应于 5 个工作日内书面通知开户银行并提供有关证明。

(3) 银行接到存款人的变更通知后,应及时办理变更手续,并于 2 个工作日内向中国人民银行报告。

二、变更银行账户的业务处理流程

变更银行账户的业务处理流程见图 4-4。

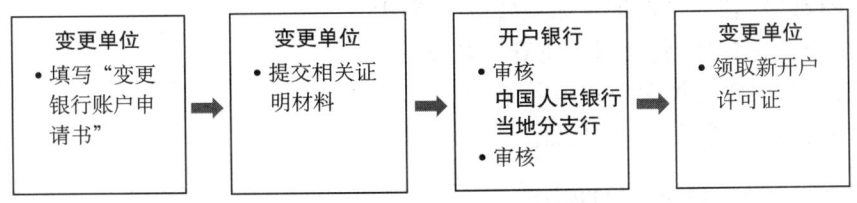

图 4-4　变更银行账户的业务处理流程

三、变更银行账户业务处理步骤

(一) 填写变更银行账户申请

企业变更银行账户内容,填写一式三份"变更银行账户申请书"(可扫描本页中的二维码查看),并加盖单位公章。

变更银行账户申请书

（二）提交相关证明资料

企业将加盖公章的"变更银行结算账户申请书",连同相关证明文件及开户许可证在5个工作日内提交开户银行,由开户银行办理变更手续。

（三）银行审核

银行在收到存款人变更银行结算账户内容的申请后,应对存款人提交的变更申请资料进行审查,于2个工作日内将存款人的"变更银行结算账户申请书"、开户许可证及有关证明文件报送中国人民银行当地分支行。其中,基本存款账户、预算单位专用存款账户、异地临时存款账户存款人符合变更条件的,由中国人民银行当地分支行核准其变更申请,收回原开户许可证,颁布新开户许可证。

活动 4.1.4　银行结算账户的撤销

一、撤销银行结算账户的情形

有下列情形之一的,存款人应向开户银行提出撤销银行结算账户的申请：
（1）被撤并、解散、宣告破产或关闭的；
（2）注销、被吊销营业执照的；
（3）因迁址需要变更开户银行的；
（4）其他原因需要撤销银行结算账户的。

存款人撤销银行结算账户,必须与开户银行核对银行结算账户存款余额,交回各种重要空白票据及结算凭证和开户登记证,并填写"撤销银行结算账户申请书",银行核对无误后方可办理销户手续。存款人未按规定交回各种重要空白票据及结算凭证的,应出具有关证明,造成损失的,由其自行承担。

二、办理撤销银行账户业务一般应携带的资料

（1）法定代表人身份证原件。
（2）法定代表人授权委托书。
（3）被授权的代理人身份证及加盖公章的复印件。
（4）单位公章、财务印鉴和财务主管人名章。
（5）办理开户时银行回单及预留印鉴卡。
（6）支票、付款申请书等空白凭证。

三、撤销银行账户的业务处理流程

撤销银行账户的业务处理流程具体见图4-5。

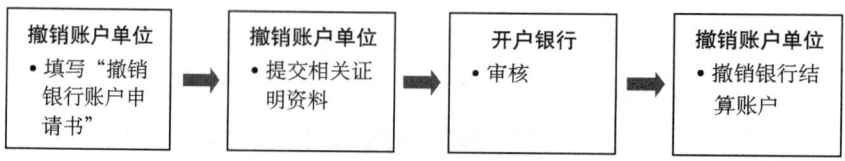

图4-5　撤销银行账户的业务处理流程

四、撤销银行账户业务处理步骤

(一)填写撤销银行账户申请书

单位因各种原因撤销银行账户时,应到原开户银行办理账户撤销手续,填写"撤销银行账户申请书"(可扫描本页中的二维码查看)。存款人未清偿其开户银行债务的,不得申请撤销账户。

撤销银行账户申请书

(二)提交有关证明资料

存款人撤销银行结算账户,必须与银行核对存款余额。交回各种重要的空白票据、结算凭证,撤销基本存款账户还需要交回开户许可证。

(三)银行受理

银行在收到存款人撤销银行结算账户的申请后,对于符合销户条件的,应当在2个工作日内办理撤销手续。同时应于撤销之日起2个工作日内,向中国人民银行当地分支行报告。

任务4.2 银行结算业务

【任务导入】

公司提取备用金需要签发现金支票,购买办公用品需要签发转账支票,购买材料可以签发商业汇票进行结算。实习生李华面对众多的银行票据业务感到很茫然,无从下手,于是出纳方芳手把手教她如何处理各种银行结算业务。

 ## 活动4.2.1 认知银行结算业务

【任务背景知识】

一、银行结算的含义

银行结算是指不使用现金,通过银行将款项从付款单位(或个人)的银行账户直接划转到收款单位(或个人)的银行账户的货币资金结算方式。

二、银行结算的范围

按照银行结算办法的规定,除规定可以使用现金结算的情况外,所有企事业单位和机关、团体、部队等相互之间发生的商品交易、劳务供应、资金调拨、信用往来等,均应按照银行结算办法的规定,通过银行实行转账结算。

三、银行结算的内容

银行结算的内容包括商品交易货款支付的地点、时间和条件,商品所有权转移的条件,结算凭证及其传递的程序和方法等。

四、银行结算的基本原则

银行转账结算的收付程序较为复杂,为保证银行结算的顺利进行,付款单位、收款单位、付款银行和收款银行应当严格遵循银行结算的基本原则,包括以下三个方面。

(1)恪守信用,履约付款。
(2)谁的钱进谁的账,由谁支配。
(3)银行不垫款。

五、银行结算方式

现行的银行结算方式主要包括支票、商业汇票、银行汇票、银行本票、汇兑、委托收款、异地托收承付结算、信用卡结算等。

随着时代的发展、科技的进步及网上银行的普遍使用,目前实际工作中常用的结算方式主要包括支票、商业汇票、汇兑、网上银行和第三方支付。本教材将重点介绍这几种结算方式的业务处理流程。

活动 4.2.2 支票结算业务

【任务背景知识】

一、支票结算的基本知识

(一)支票的概念

(1)支票是出票人签发的、委托办理支票存款业务的银行或其他金融机构在见票时无条件支付确定金额给收款人或者持票人的票据。

(2)支票的结算适用于单位、个体经济户和个人在同一票据交换区域的商品交换、劳务供应及款项的结算。同时支票结算具有灵活、便捷、快速、安全等优点,所以同城收付款多采用此方法。2007年7月8日,中国人民银行宣布,支票可以实现全国范围内互通使用。

(二)支票的种类

支票按支付票款的方式不同,可分为现金支票、转账支票、普通支票和划线支票。

1. 现金支票

现金支票是专门制作的用于支取现金的一种票据,可以由存款人签发用于到银行为本单位提取现金,也可以签发给其他单位和个人用来办理结算,或者委托银行代为支付现金给收款人。现金支票只能用于支取现金。

现金支票有正反两面：正面又分为左右两部分，左部分为存根联，右部分为正联（也称支票联）；反面的现金支票有两栏，左边栏是附加信息，右边栏是收款人签章。现金支票格式可扫描本页中的二维码查看。

现金支票正面

现金支票反面

2. 转账支票

转账支票上印有"转账"字样，是出票人签发的，委托办理支票存款业务的银行在见票时无条件支付确定的金额给收款人或持票人的票据。转账支票只能用于转账，不能支取现金。

转账支票有正反两面：正面又分为左右两部分，左部分为存根联，右部分为正联（也称支票联）；反面的转账支票有两栏，左边栏是附加信息，右边栏是背书人签章。转账支票的格式可扫描本页中的二维码查看。

转账支票正面

转账支票反面

3. 普通支票

普通支票上既没有印"转账"字样，也没有印"现金"字样。所以普通支票既可以用于转账，也可以用于支取现金。普通支票格式可扫描本页中的二维码查看。

4. 划线支票

在普通支票的左上角划了两条平行线的支票，称为划线支票。划线支票只能用于转账，不可支取现金。划线支票格式可扫描本页中的二维码查看。

普通支票

划线支票

（三）支票结算的基本规定

（1）签发支票的基本规定。企业出纳人员签发支票时，支票必须包括以下六个要项，否则银行不予受理：①表明"支票"的字样；②无条件支付的委托；③确定的金额；④付款人名称；⑤出票日期；⑥出票人签章。

我国《票据法》规定，支票欠缺记载上列事项之一的，支票无效。

（2）支票一律记名。签发的支票必须注明收款人的名称，只允许收款人或签发人向银行办理转账或提取现金。在中国人民银行总行批准的地区,转账支票可以背书转让。

(3)支票的有效期为10天。有效期从签发的次日算起10日内,到期日如遇到节假日可顺延。超过提示付款期限的,付款人可以不予付款。

(4)签发支票应使用墨汁、碳素墨水或蓝黑墨水笔填写。

(5)签发人必须在银行账户余额内,按照规定向收款人签发支票。不准签发空头支票或印章与预留银行印鉴不符的支票,否则银行除退票外,还要按票面金额处以5%但不低于1 000元的罚款,另收2%的赔偿金给收款人。

(6)已签发的现金支票遗失,可以向银行申请挂失。挂失前已经支付的,银行不予受理。已签发的转账支票遗失,银行不受理挂失,可请求收款人协助防范。

(7)支票正面不能有涂改痕迹,否则本支票作废。

二、银行进账单

(一)银行进账单的概念

银行进账单是持票人将票据款项存入其开户银行账户的凭证,也是开户银行将票据款项记入持票人或者收款人账户的凭证。进账单的样式可扫描本页中的二维码查看。

(二)银行进账单的使用情况

实务中,银行进账单一般是作为银行的一张辅助单据,帮助收款人、付款人完善相关信息。

如果企业开出转账支票,没有银行进账单来帮忙辅助完善信息,那么转账支票的款项是没办法进行转账的。同理,如收到转账支票,办理入账,也是需要银行进账单来辅助完善相关信息的。例如,南宁市天天电子科技有限公司出纳办理转账支票(图4-6)收款入账时,一般先在转账支票背面盖上银行预留印鉴(图4-7),然后填写进账单(图4-8)。

图4-6 转账支票

图 4-7 预留印鉴

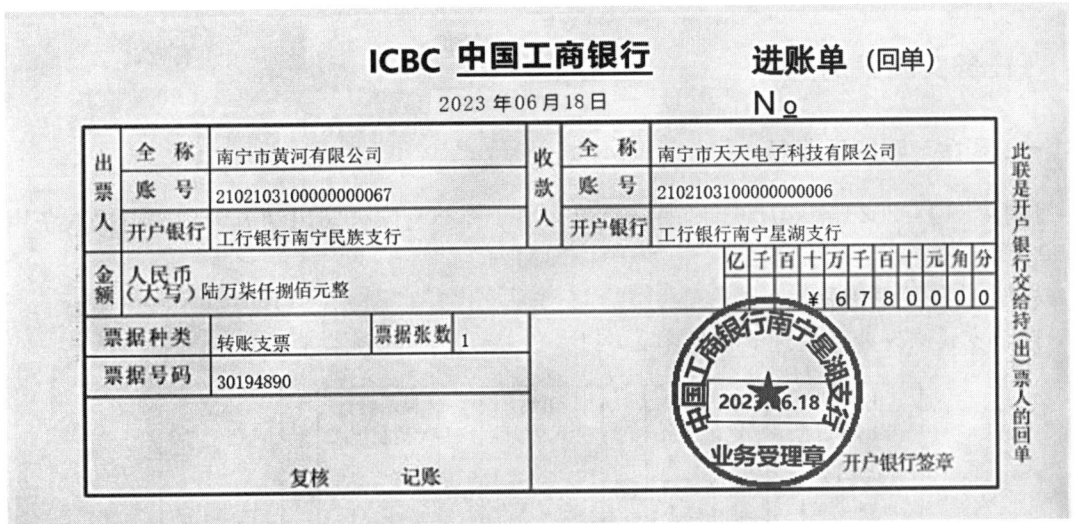

图 4-8 进账单

三、支票的结算程序

(一) 现金支票结算程序

现金支票结算程序见图 4-9。

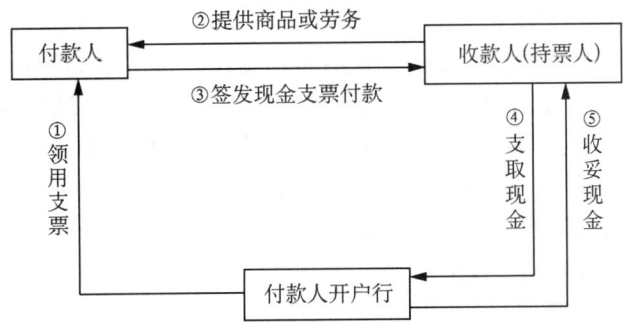

图 4-9 现金支票结算程序

（二）转账支票结算程序

转账支票结算程序见图 4-10。

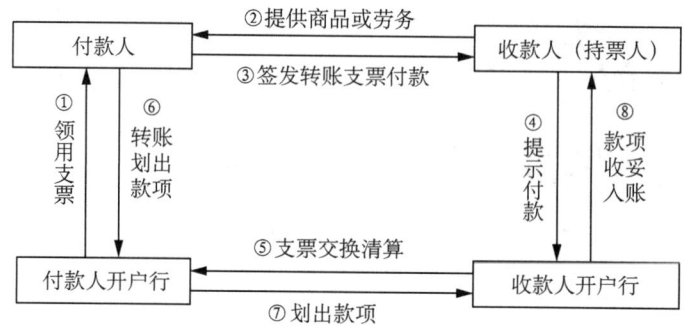

图 4-10　转账支票结算程序

【任务实施案例】

一、现金支票取现业务

【例 4-1】　2023 年 6 月 6 日，南宁市天天电子科技有限公司出纳方芳到银行提取备用金 5 000 元。

（一）业务处理流程

现金支票取现业务处理流程见图 4-11。

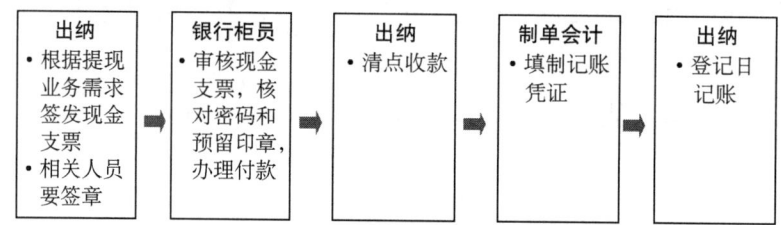

图 4-11　现金支票取现业务处理流程

（二）业务实施步骤

（1）出纳员提出申请并填写现金支票使用登记簿。

（2）根据［例 4-1］，出纳填写现金支票，见图 4-12。

① 现金支票正面填写要求：

a. 出票日期：填写开票当天的日期。日期必须使用中文大写，以防止篡改日期。在填写时，月份为 1 月、2 月和 10 月的，日为 1 日至 9 日、10 日、20 日、30 日的，应在其前加写"零"；日为 11 日至 19 日的，应在其前加写"壹"。如 2 月 16 日，应写成"零贰月壹拾陆日"；10 月 20 日，应写成"零壹拾月零贰拾日"。使用小写填写的，银行不予受理。大写日期未按要求规范填写的，银行可以受理，但由此造成损失的，由出票单位自行承担。

b. 收款人：填写收款单位名称的全称。

c. 付款行名称：填写付款单位开户银行的名称。

d. 出票人账号：填写付款单位在开户银行的账号。

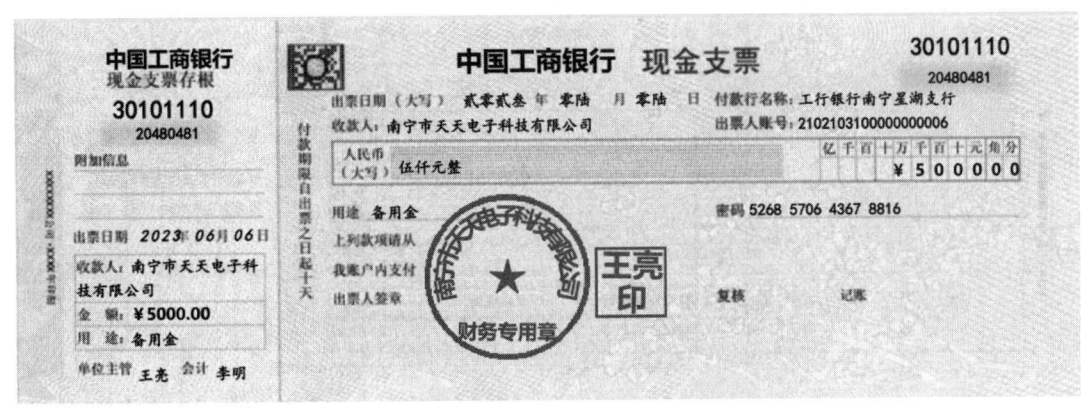

图4-12 现金支票

  e. 金额：大写按要求规范填写，小写金额必须与大写金额一致，并在小写金额最高位前一格填写人民币符号"￥"。
  f. 用途：填写所提现金的用途，如支付工资、提取等。
  g. 小写金额正下方的空格栏：填写支付密码器生成的支付密码。
  h. 出票人签章：应加盖银行预留印章。
  ② 现金支票存根联填写要求：相关内容均与正联所填相同。

> **温馨提示**
>
>   支票的签发还可以通过支票打印机来完成。出纳人员可配备"自动支票打印机"来完成支票打印填制工作，操作简单、方便。签发支票时，只需在键盘上输入所需年、月、日和金额的阿拉伯数字，打印机液晶屏即会显示符合支票填制要求的大写内容，便于出纳人员进行核对。支票打印机采用特制油墨，字迹清晰，可防篡改，具有准确、快捷、规范填制票据的特点。

  (3) 出纳把现金支票存根联撕下留存企业，将正联带到银行办理取款。
  (4) 出纳员当面清点现金无误收款。
  (5) 制单会计根据现金支票的"存根联"，编制记账凭证（图4-13），并交会计主管审核。
  (6) 出纳根据审核无误的记账凭证，复核后登记库存现金日记账（略）和银行存款日记账（图4-14）。

二、转账支票收款业务

  【例4-2】 2023年6月8日，南宁市天天电子科技有限公司出纳员收到南宁黄河有限公司开出的转账支票（图4-15）一张，金额为67 800元，用于支付前欠货款，出纳员到银行办理进账手续。

(一) 业务处理流程

  转账支票收款业务处理流程见图4-16。

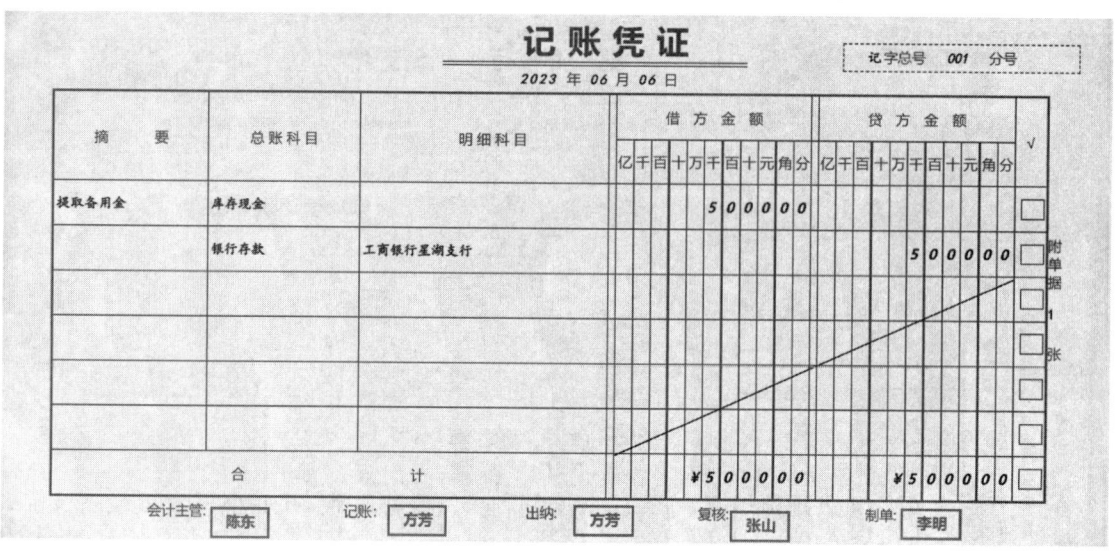

图 4-13　记账凭证

图 4-14　银行存款日记账

图 4-15　转账支票

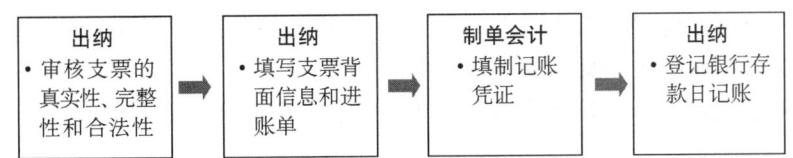

图 4-16 转账支票收款业务处理流程

(二)业务实施步骤

(1) 出纳员收到转账支票,应先审核支票上的内容是否准确、大小写金额是否一致、签章是否齐全、有无更改等。

(2) 收款人应在支票规定的付款期限 10 日内,填写转账支票背面(图 4-17),并持票到开户银行办理收款进账手续,逾期银行不予受理。

图 4-17 转账支票背面

(3) 出纳审核转账支票无误后,填写一式三联的进账单,将支票连同进账单一起交给开户银行办理进账。经银行审核无误后,在进账单的回单(图 4-18)上加盖银行印章,退回收款

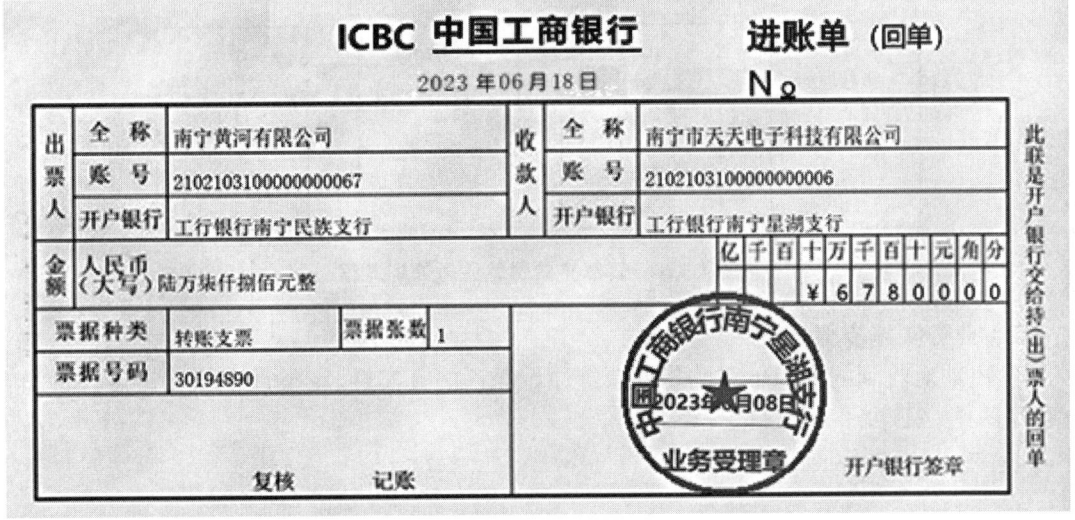

图 4-18 进账单(回单)

人,表示该项业务银行已经受理,但是此时收款任务并未完成。需要注意的是,该回单联不做进账、提货的证明,不作账务处理依据,仅供查询使用。

(4)制单会计根据开户行退回的第三联"收账通知"联编制记账凭证(图4-19)。

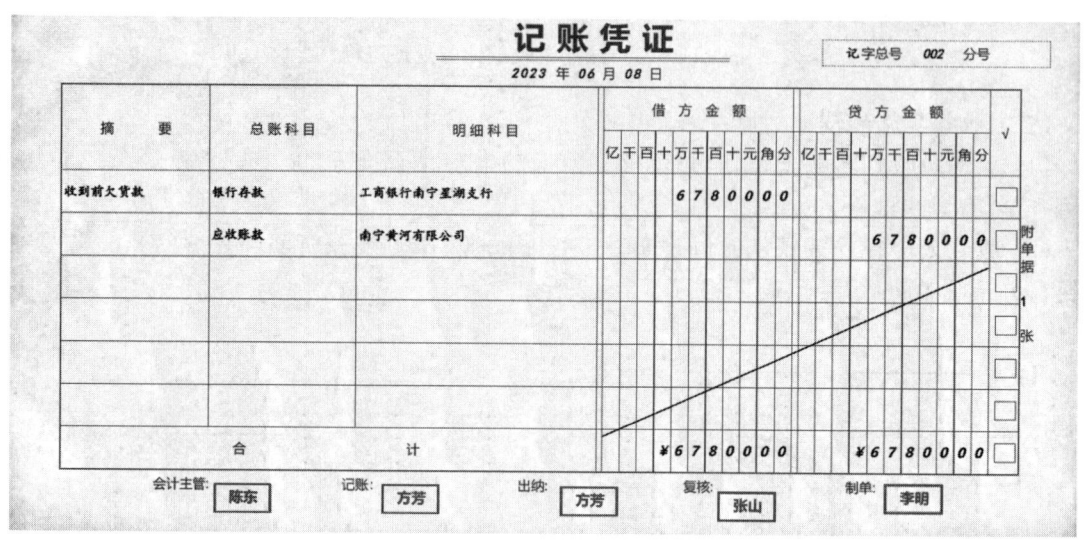

图4-19 记账凭证

(5)出纳员根据审核无误的记账凭证,序时登记银行存款日记账(略)。

三、转账支票付款业务

【例4-3】 2023年6月19日,南宁市天天电子科技有限公司签发转账支票,支付南宁大宇贸易公司联想笔记本电脑货款50 000元,增值税税额6 500元。

(一)业务处理流程

转账支票付款业务处理流程见图4-20。

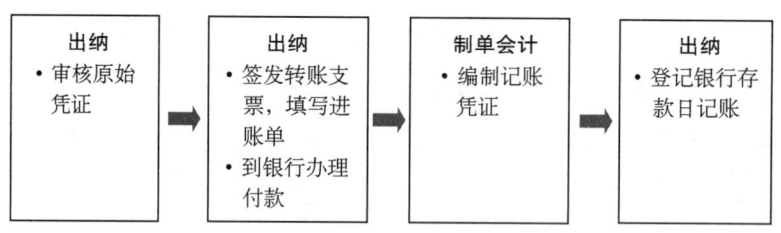

图4-20 转账支票付款业务处理流程

(二)业务实施步骤

(1)出纳对收到的入库单和购货发票等原始凭证的真实性、完整性审核无误后,签发转账支票,见图4-21和图4-22。

入 库 单

2023 年 06 月 19 日　　　　　单号 002019

交来单位及部门	南宁大宇贸易公司		验收仓库	第1仓库		入库日期	2023.06.19		
编号	名称及规格		单位	数量		实际价格		财务联
				交库	实收	单价	金额	
2023-1	联想笔记本电脑		台	10	10	5000.00	50000.00	
	合　　计		-	10	10		50000.00	

部门经理：林帆　　　会计：李明　　　经办人：陈怀坤　　　制单人：陈露露

图 4-21　入库单

图 4-22　电子专用发票

（2）出纳完整填写转账支票的正反面，经会计主管审核无误后加盖预留银行印鉴。同时填写一式三联进账单，见图4-23和图4-24。

图4-23 转账支票

图4-24 进账单

（3）出纳员将转账支票正联和进账单提交开户银行办理付款，从银行取回已经盖章的进账单回单联（图4-25）。

（4）制单会计审核转账支票的"存根联"（图4-26）、卖方开具的发票联、仓库转来的入库单和进账单回单，编制记账凭证（图4-27）。

（5）出纳员根据审核无误的记账凭证，序时登记银行存款日记账（略）。

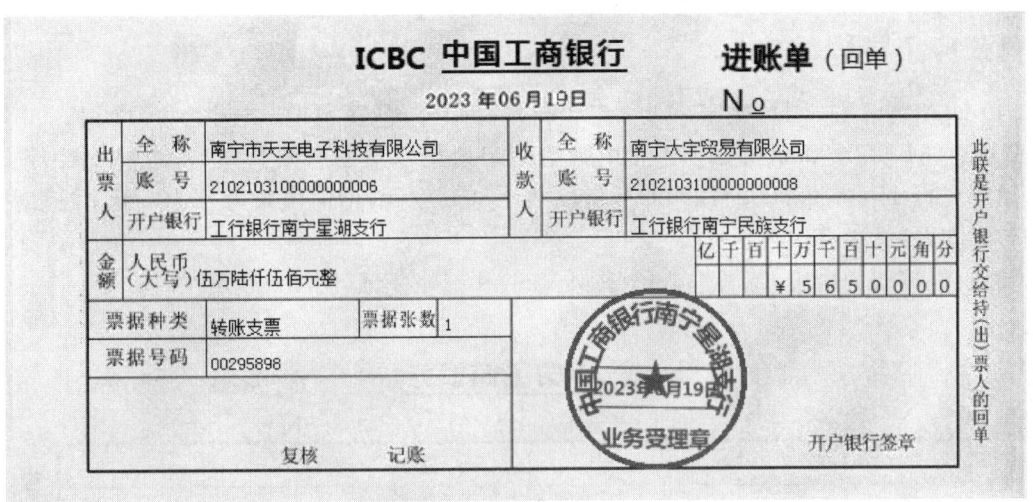

图 4-25　进账单

图 4-26　存根联

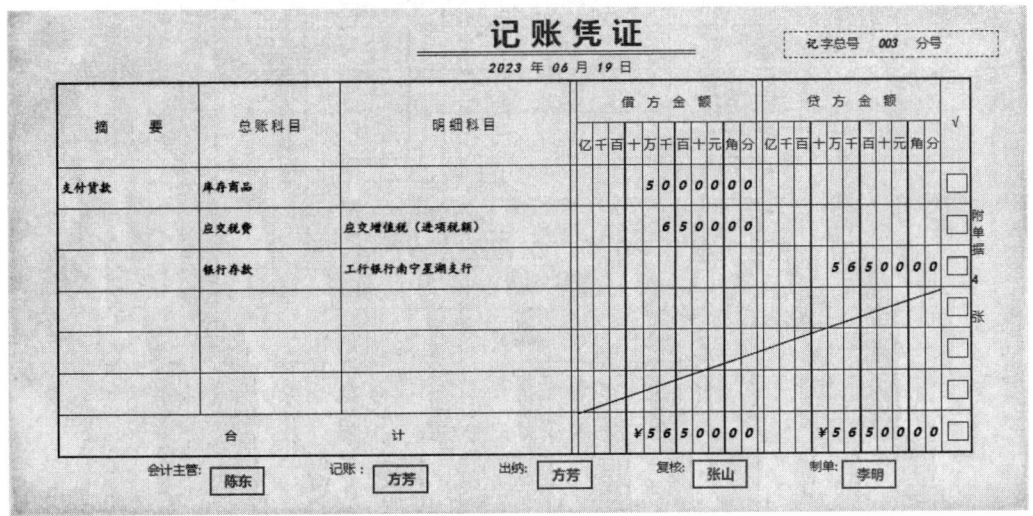

图 4-27　记账凭证

【任务拓展】

(1) 2023 年 7 月 2 日，南宁市天天电子科技有限公司(基本户：中国工商银行南宁市星湖支行 2102103100000000006)销售一批电脑给南宁市华盛贸易有限公司(基本户：中国银行南宁市星湖支行 4563510100888122689)，货款共计 80 000 元，增值税额为 10 400 元，收到对方开具的转账支票，已送存银行。

要求：根据业务内容，练习进账单(图 4 - 28)和记账凭证(图 4 - 29)的填制。

ICBC 中国工商银行　　进账单（收账通知）

年　月　日　　No

出票人	全　称		收款人	全　称	
	账　号			账　号	
	开户银行			开户银行	
金额	人民币（大写）				亿 千 百 十 万 千 百 十 元 角 分
票据种类		票据张数			
票据号码					
复核　记账			开户银行签章		

此联是收款人开户银行交给收款人的收账通知

图 4 - 28　进账单

记账凭证

字总号　　分号

年　月　日

摘　要	总账科目	明细科目	借方金额（亿 千 百 十 万 千 百 十 元 角 分）	贷方金额（亿 千 百 十 万 千 百 十 元 角 分）	√
合　计					

附单据　张

会计主管：　记账：　出纳：　复核：　制单：

图 4 - 29　记账凭证

(2) 2023 年 7 月 06 日，南宁市天天电子科技有限公司(基本户：中国工商银行南宁市星湖支行 2102103100000000006)签发转账支票一张，用于支付广西电视台(基本户：中国工商银行南宁市民族大道支行 00102200200000889）的广告费 10 000 元，并填写一份进账单，连同转账支票一起提交开户行办理转账。

要求：根据业务内容，练习转账支票（图 4-30）和进账单（图 4-31）的填制。

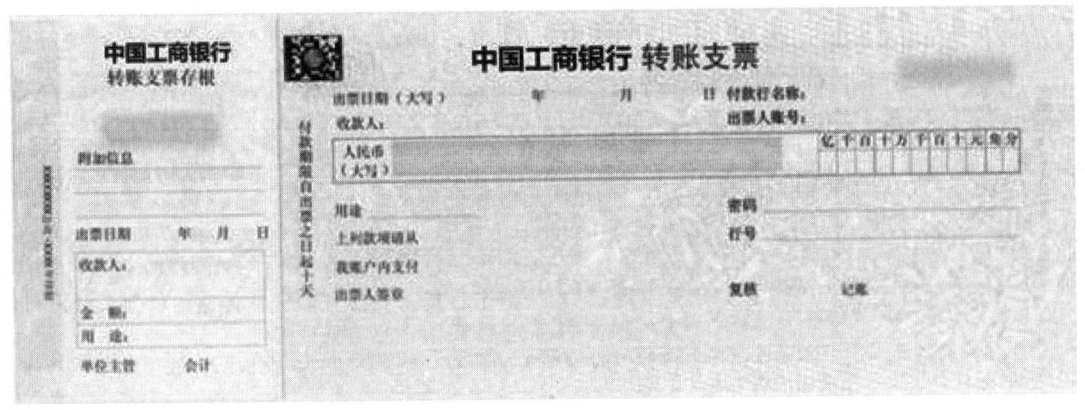

图 4-30　转账支票

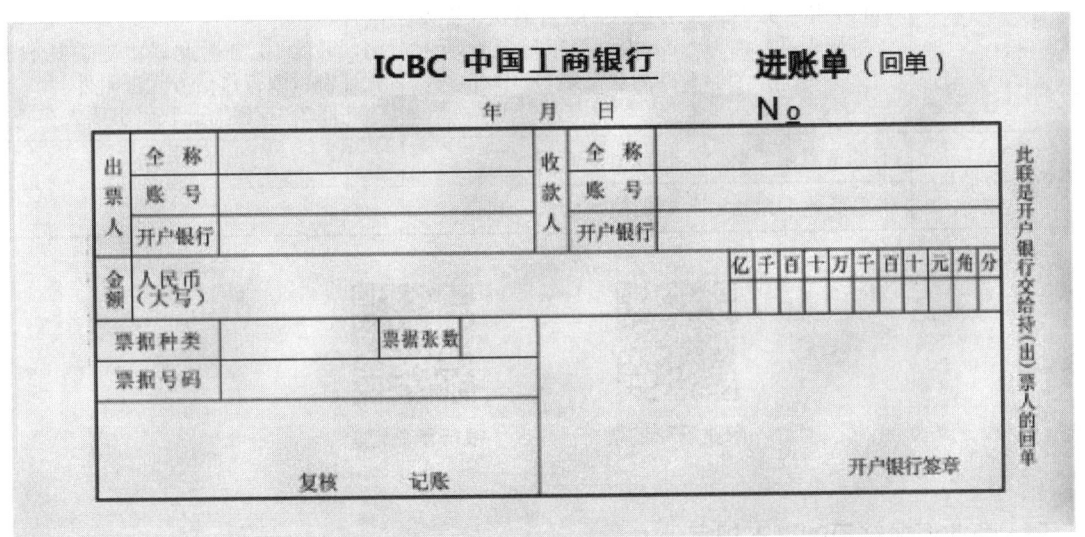

图 4-31　进账单

活动 4.2.3　商业汇票结算业务

【任务背景知识】

一、商业汇票概念

商业汇票是指由出票人签发的，委托付款人在指定日期无条件支付确定金额给收款人或者持票人的票据。

商业汇票结算方式适用于同城或异地在银行开立账户的法人及其他组织之间进行结算。它是一种先发货后收款或延期付款的商业交易结算。

二、商业汇票的种类

商业汇票的种类见表 4-3。

表 4-3　　　　　　　　　　　商业汇票的种类

分类标准	种类	概念	联次
承兑人	商业承兑汇票（可扫描本页中的二维码查看）	商业承兑汇票是由收款人签发，经付款人承兑，或由付款人签发并承兑的一种票据，在指定日期无条件支付确定金额给收款人或持票人的票据	一式三联： 第一联为"卡片"，此联由承兑人留存 第二联为"汇票"，此联由收款人开户行随托收凭证传递给付款人开户行作借方凭证附件 第三联为"存根"，此联由签发人存查
承兑人	银行承兑汇票（可扫描本页中的二维码查看）	银行承兑汇票是由在承兑银行开立存款账户的存款人（即付款人）签发的，由承兑银行负责承兑的商业汇票	一式三联： 第一联为"卡片"，此联承兑银行留存备查，到期支付票款时作为借方凭证附件 第二联为"汇票"，此联由随委托收款凭证寄付款行作借方凭证附件 第三联为"存根"，此联由出票人存查
票据是否带息	不带息商业汇票	到期值＝面值	
票据是否带息	带息商业汇票	到期值＝面值＋利息	

商业承兑汇票　　　　银行承兑汇票

三、商业汇票结算的基本规定

（1）签发商业汇票必须记载下列事项：
① 表明"商业承兑汇票"或"银行承兑汇票"的字样；
② 无条件支付的委托；
③ 确定的金额；
④ 付款人名称；
⑤ 收款人名称；
⑥ 出票日期；
⑦ 出票人签章。

欠缺记载上列事项之一的，商业汇票无效。电子商业汇票比纸质商业汇票多"票据到期日、出票人名称"两项。

(2) 使用商业汇票的单位必须是在银行开立存款账户的企业法人。

(3) 签发商业汇票应以商品交易为基础,禁止签发、承兑、贴现无商品交易的商业汇票。

(4) 商业汇票一律记名,允许背书转让。

(5) 纸质商业汇票承兑期限,最长不得超过 6 个月。商业汇票的提示付款期限自汇票到期日起 10 日内。电子商业汇票的承兑期限,自出票日起最长不得超过 1 年。

(6) 商业汇票到期后,一律通过银行办理转账结算,银行不支付现金。

四、商业汇票的结算程序

(一) 商业承兑汇票的结算程序

商业承兑汇票的结算程序见图 4-32。

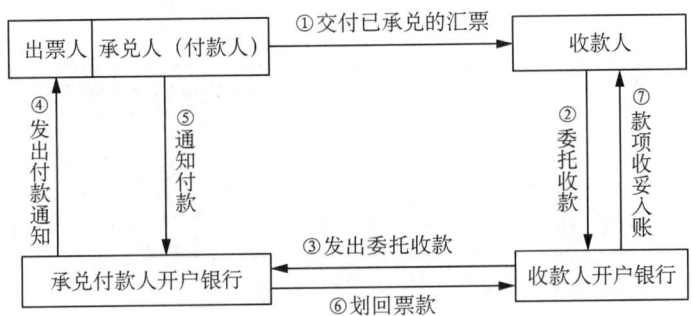

图 4-32 商业承兑汇票的结算程序

(二) 银行承兑汇票的结算程序

银行承兑汇票的结算程序见图 4-33。

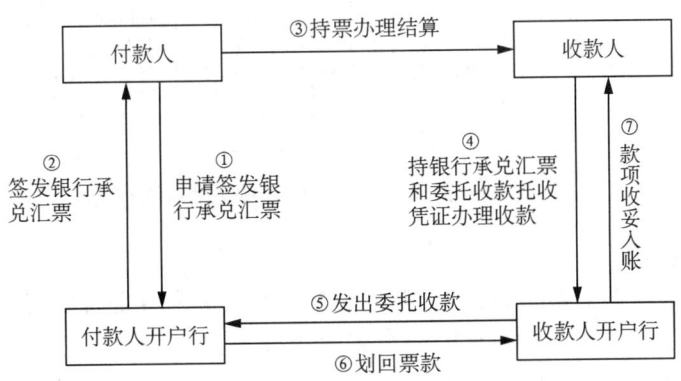

图 4-33 银行承兑汇票的结算程序

【任务实施案例】

一、商业承兑汇票的收款业务

【例 4-4】 2023 年 6 月 20 日,南宁市天天电子科技有限公司收到南宁市晨星有限公司签发并承兑的一张商业承兑汇票(图4-34)到期,票面金额为113 000元,出纳员填写托收凭证,委托开户银行办理托收手续。

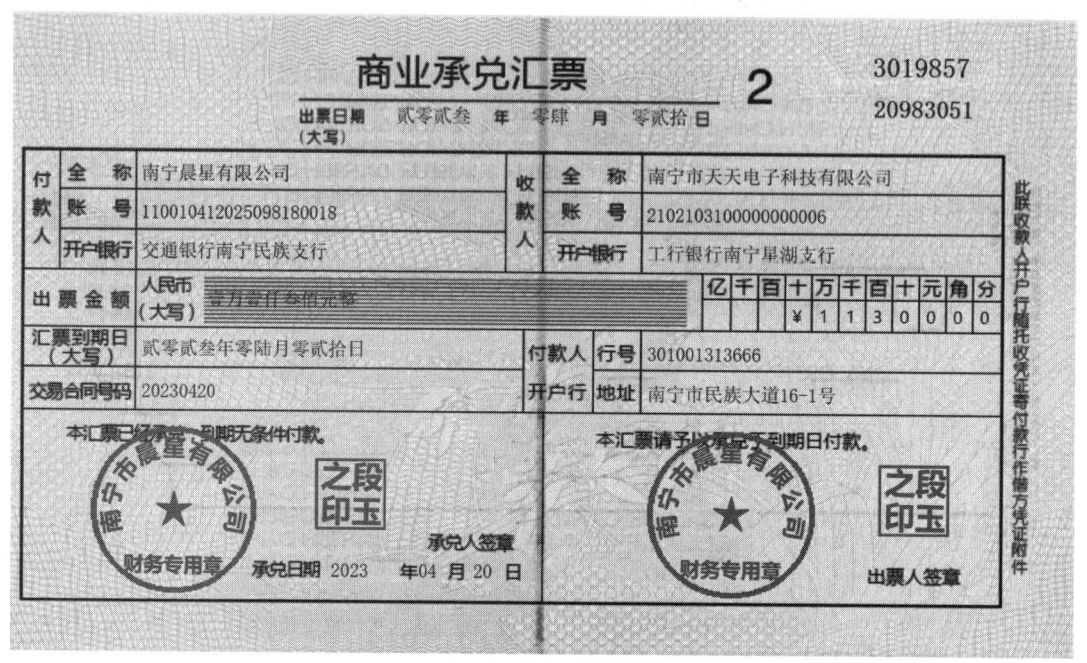

图4-34　商业承兑汇票

(一)业务处理流程

商业承兑汇票收款业务处理程序见图4-35。

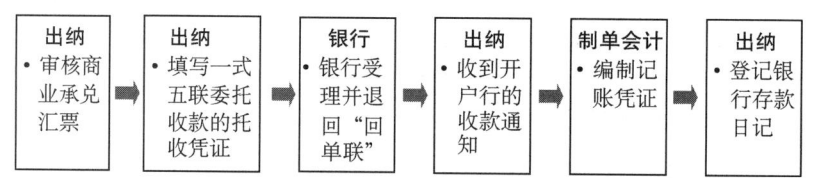

图4-35　商业承兑汇票收款业务处理流程

(二)业务实施步骤

(1)出纳员收到商业汇票时,要注意审核汇票上的相关内容是否填写齐全;汇票上的印鉴是否齐全;汇票是否超过有效承兑期限;签章是否正确等。

(2)出纳员根据审核无误的商业承兑汇票填写一式五联委托收款的托收凭证(图4-36)。

(3)出纳员将托收凭证送交开户银行,银行审查受理后,将托收凭证第一联回单加盖银行业务受理章后退回给收款人出纳员。

(4)款项到账后,南宁市天天电子科技有限公司出纳员收到开户银行收账通知。

(5)制单会计根据开户银行转来委托收款的托收凭证第四联收账通知编制记账凭证(图4-37)。

(6)出纳员根据审核无误的记账凭证,序时登记银行存款日记账(略)。

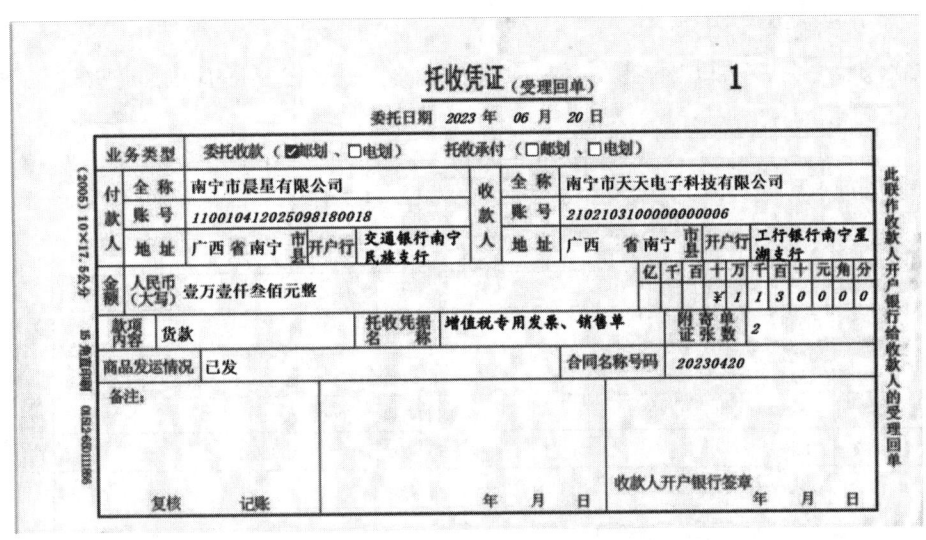

图 4-36 托收凭证

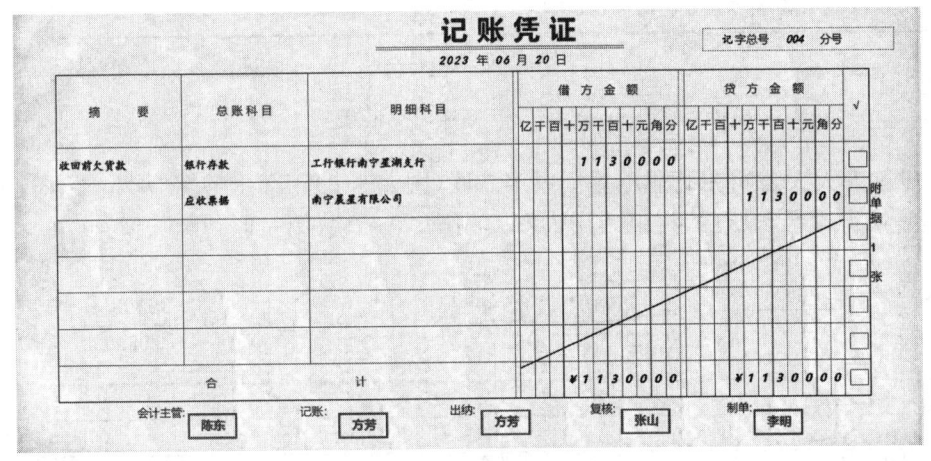

图 4-37 记账凭证

二、商业承兑汇票的付款业务

【例 4-5】 2023 年 5 月 25 日,南宁市天天电子科技有限公司(以下简称"天天公司")向南宁大宇贸易公司采购联想电脑显示屏 30 台,合同约定到货后 1 个月付款,天天公司开出一张商业承兑汇票,票面金额为 101 700 元。6 月 25 日该汇票到期,出纳员核对无误委托开户银行办理付款手续。

(一) 业务处理流程

商业承兑汇票付款业务处理流程见图 4-38。

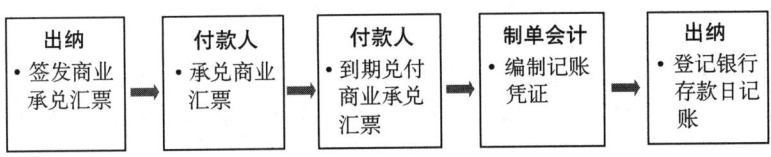

图 4-38 商业承兑汇票付款业务处理流程

(二)业务实施步骤

(1) 2023年5月25日出纳签发商业承兑汇票,商业承兑汇票的填写同支票,见图4-39。

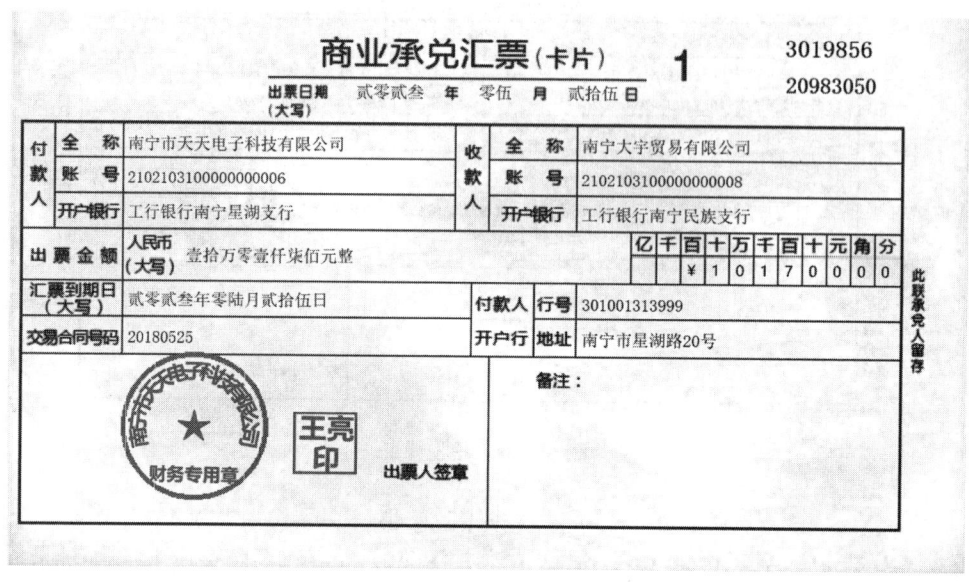

图4-39 商业承兑汇票

(2) 付款人天天公司在商业承兑汇票第二联(图4-40)正面上签署"承兑"字样,填写承兑日期并加盖银行预留印鉴后,将汇票交收款人收执,第一联、第三联付款人留存。

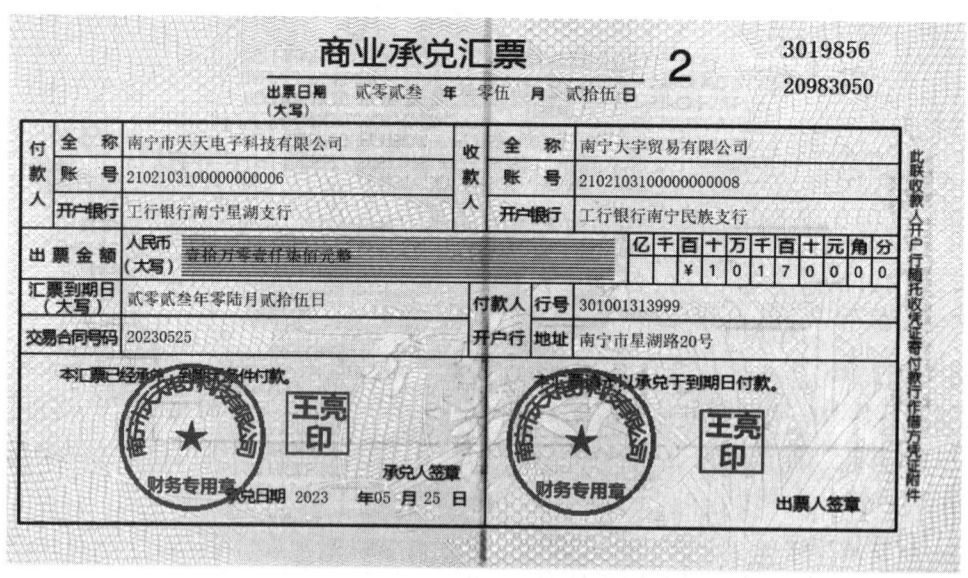

图4-40 商业承兑汇票

(3) 2023年6月25日付款人天天公司收到开户银行转来委托收款的托收凭证第五联(付款通知,见图4-41)及所附商业承兑汇票,经与商业承兑汇票第一联核对无误后,于当日通知银行付款。

(4) 制单会计根据托收凭证第五联编制记账凭证(图4-42)。

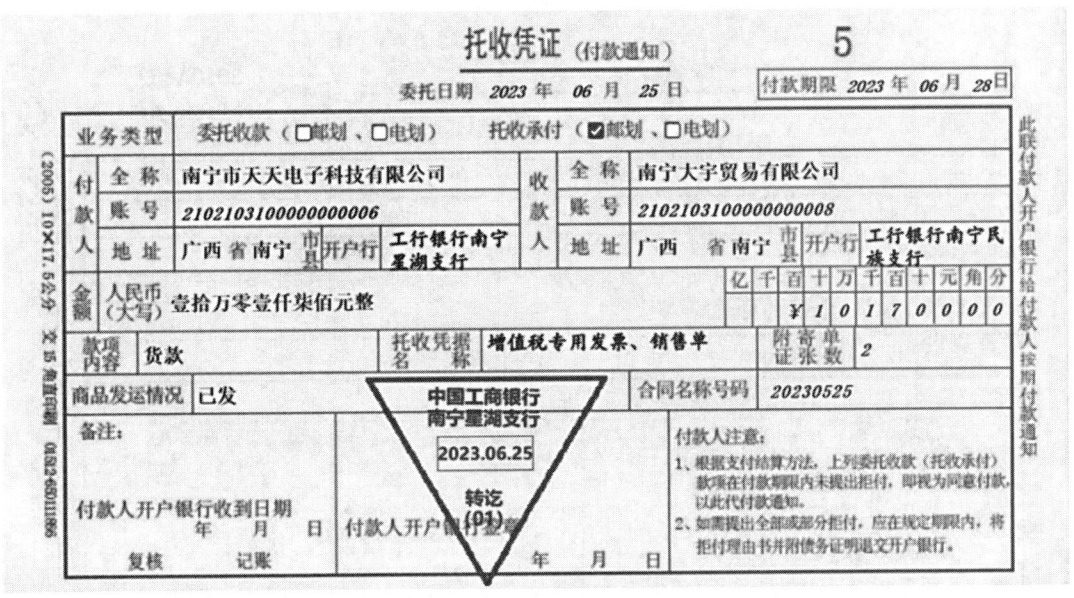

图4-41 托收凭证

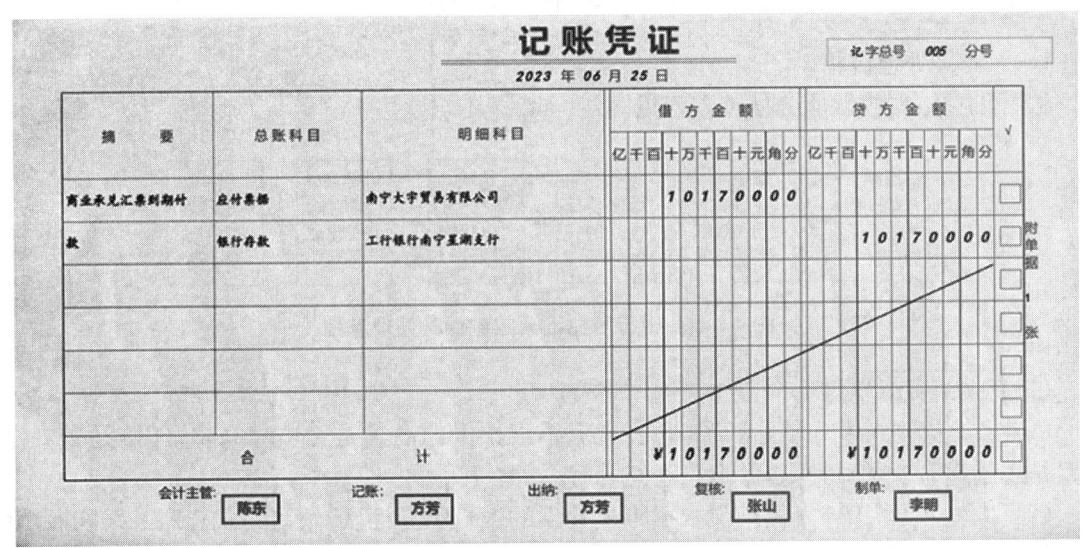

图4-42 记账凭证

(5) 出纳员根据审核无误的记账凭证,序时登记银行存款日记账(略)。

三、银行承兑汇票的收款业务

【例4-6】 2023年6月26日,南宁市天天电子科技有限公司于2023年3月26日收到的广州华美贸易公司一张银行承兑汇票(图4-43)到期,票面金额113 000元,出纳员到开户银行办理收款手续,并于 2023 年 6 月 27 日收到开户银行转寄的收款通知。

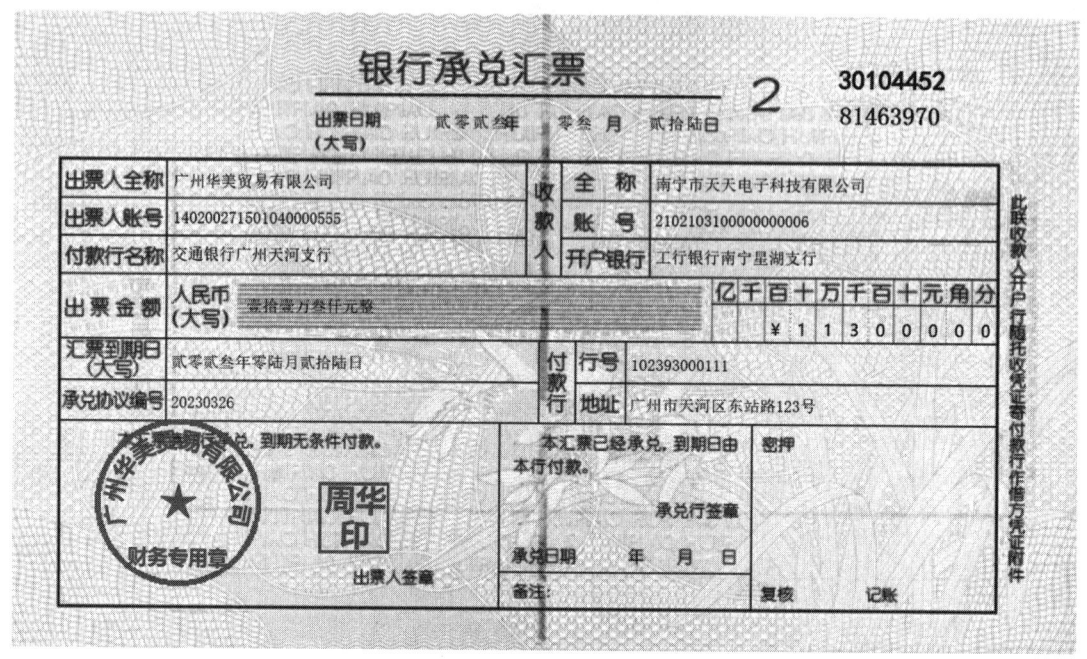

图 4-43　银行承兑汇票

(一) 业务处理流程

银行承兑汇票收款业务处理流程见图 4-44。

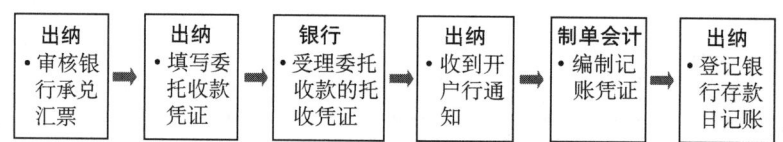

图 4-44　银行承兑汇票收款业务处理流程

(二) 业务实施步骤

(1) 出纳员收到银行承兑汇票,要注意审核汇票上的内容是否填写完整,印鉴是否齐全,汇票是否超过有效承兑期限,签章是否正确等。

(2) 2023 年 6 月 26 日出纳员根据审核无误的银行承兑汇票,填写一式五联的委托收款的托收凭证(图 4-45)。

同时在银行承兑汇票的背面标明"委托收款"字样,加盖预留银行印鉴(图 4-46)。

(3) 收款人开户银行审查受理后,将托收凭证第一联回单加盖银行业务受理章后退回收款人。

(4) 款项到账后,出纳员收到开户行收账通知(图 4-47)。

(5) 制单会计根据托收凭证第四联收账通知,编制记账凭证(图 4-48)。

(6) 出纳员根据审核无误的记账凭证,序时登记银行存款日记账(略)。

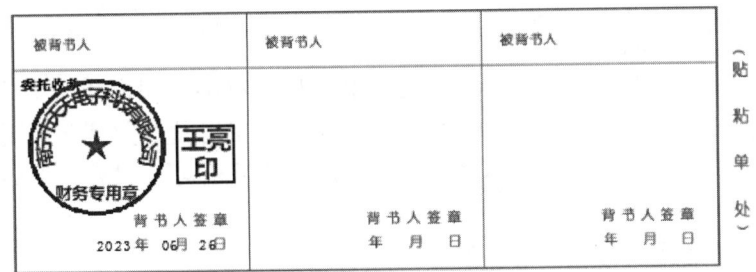

图 4-45 托收凭证

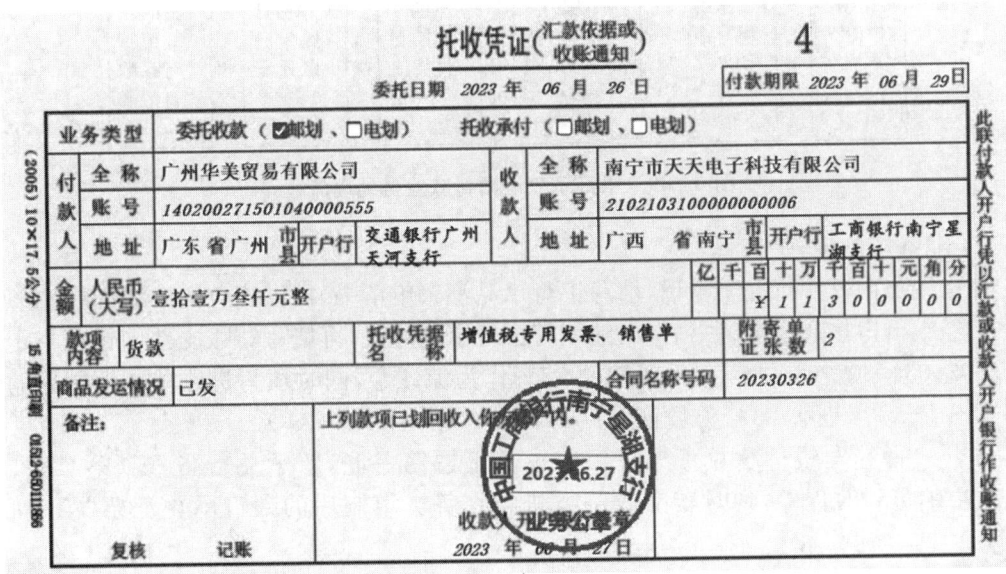

图 4-46 银行承兑汇票背面

图 4-47 收账通知

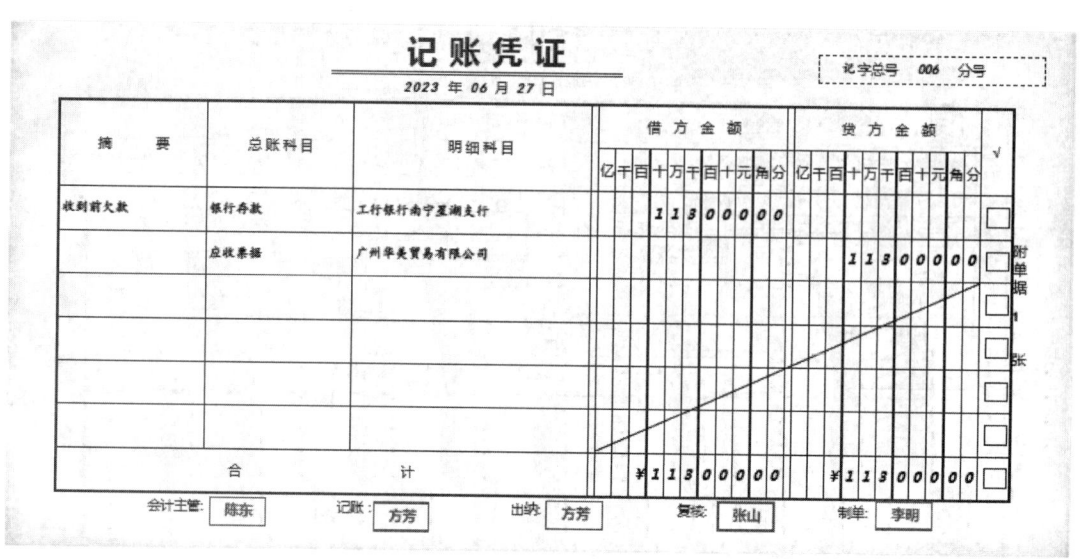

图4-48 记账凭证

四、银行承兑汇票的付款业务

【例4-7】 2023年6月18日,南宁市天天电子科技有限公司向南宁大宇贸易公司采购20台空调,合同约定到货后2个月付款,天天公司开出一张由其开户银行承兑的银行承兑汇票,票面金额为135 600元。8月18日该汇票到期,出纳员核对无误委托开户银行办理付款手续。

(一)业务处理流程

银行承兑汇票付款业务处理流程见图4-49。

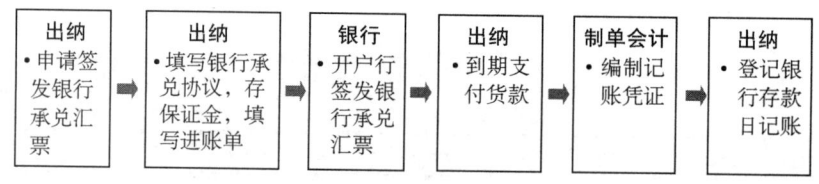

图4-49 银行承兑汇票付款业务处理流程

(二)业务实施步骤

(1)出纳员向开户行提出申请,填写银行承兑汇票申请书,提供相应的申请资料。

(2)经银行审核通过申请书后,出纳填写银行承兑协议,再填写转账支票向银行指定保证账户(2102103100000000886)存入票款的50%作为保证金,同时填写进账单。填制后的转账支票,见图4-50。进账单(贷方凭证),见图4-51。

(3)开户行签发银行承兑汇票。银行承兑汇票第一联,留承兑行备查。第二联、第三联,可由出纳员暂时保管,到时转交收款方进行结算。填制后的银行承兑汇票(第一联)见图4-52。

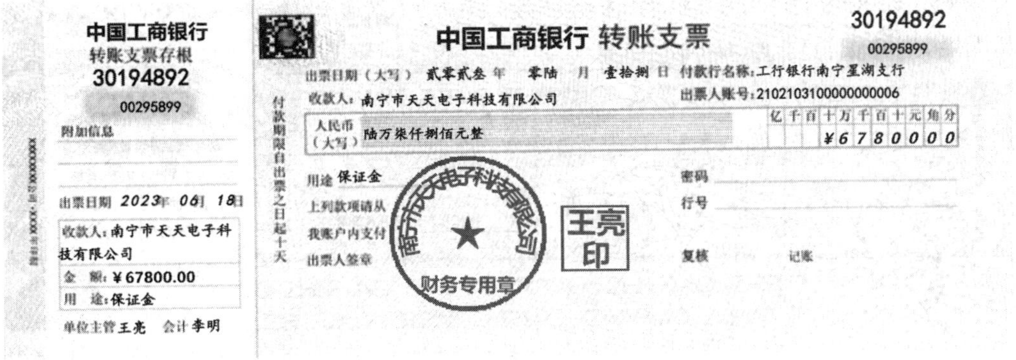

图 4-50　转账支票

图 4-51　进账单（贷方凭证）

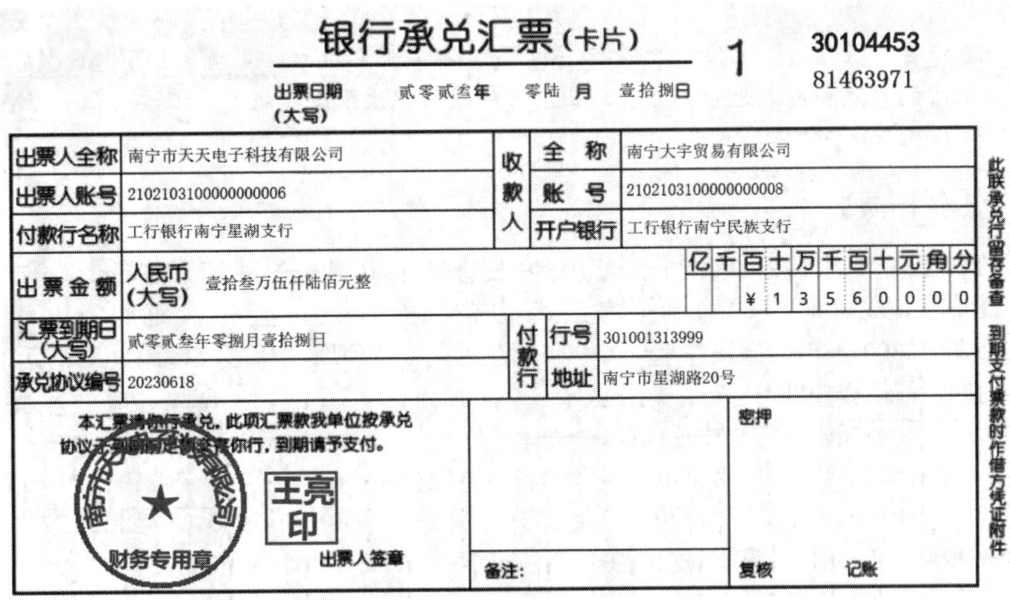

图 4-52　银行承兑汇票（卡片）

（4）2023年8月18日汇票到期，出纳员收到银行付款通知，将付款通知与银行承兑汇票核对无误后，通知银行付款。

（5）制单会计根据审核无误的付款通知，编制记账凭证（图4-53）。注意这张凭证不在6月登记银行存款日记账。

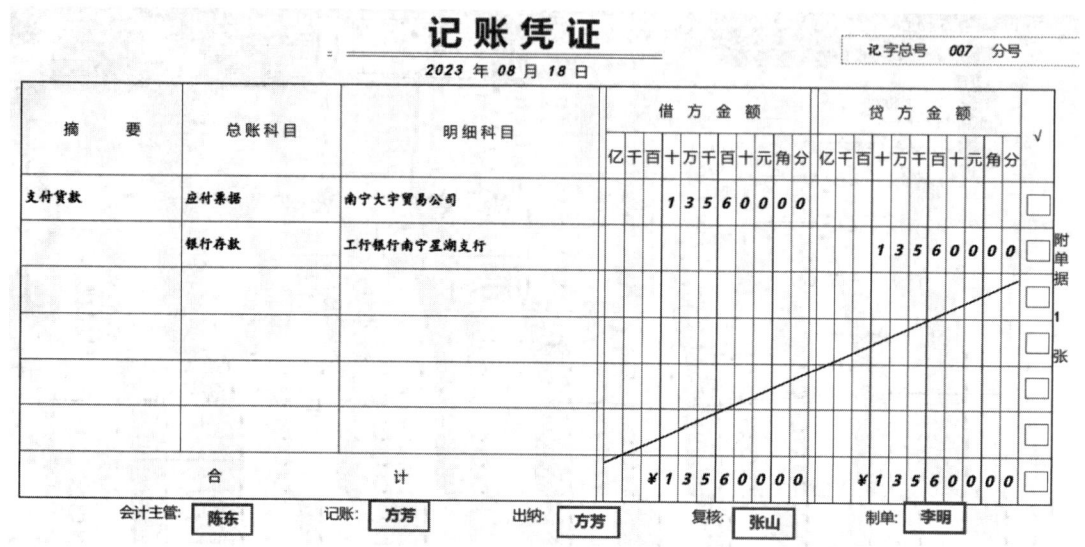

图4-53 记账凭证

（6）8月18日，出纳员根据审核无误的记账凭证，序时登记银行存款日记账（略）。

> **温馨提示**
>
> 随着社会经济的发展和银行系统的不断更新优化，目前实际工作中已经很少使用纸质版的商业汇票，而是改用电子商业汇票。取得银行授信额度的企业可以登录本企业的网银系统自行操作商业汇票的开票，收票的企业也在网银系统上收票，从而在线上完成商业汇票的收款和付款业务。电子商业汇票的填写方法跟纸质版商业汇票类似。

【任务拓展】

（1）2023年7月10日，南宁市天天电子科技有限公司（基本户：中国工商银行南宁市星湖支行2102103100000000006）收到上海慧达贸易有限公司（基本户：交通银行上海分行1402000100192001 22673）签发并承兑的一张商业承兑汇票到期，票面金额为339 000元，出纳员填写托收凭证，委托开户银行办理托收手续。

要求：填写委托收款托收凭证（图4-54）。

（2）2023年7月15日，南宁市天天电子科技有限公司（基本户：中国工商银行南宁市星湖支行2102103100000000006）向北京三森电子有限公司（基本户：交通银行北京东城支行110043281000898909111）采购联想电脑一批，合同约定到货后1个月付款，天天公司开出一张商业承兑汇票，票面金额为74 580元。

托收凭证（受理回单）　　1

委托日期　　年　　月　　日

业务类型	委托收款（☑邮划、☐电划）　托收承付（☐邮划、☐电划）				
付款人	全称		收款人	全称	
	账号			账号	
	地址	省　市/县　开户行		地址	省　市/县　开户行
金额	人民币（大写）		亿 千 百 十 万 千 百 十 元 角 分		
款项内容		托收凭据名称		附寄单证张数	
商品发运情况			合同名称号码		
备注： 复核　　记账		年　月　日	收款人开户银行签章 年　月　日		

（2005）10×17.5公分　15 角直印刷　0512-65011866

此联作收款人开户银行给收款人的受理回单

图 4－54　托收凭证

要求：签发商业承兑汇票（图 4－55）。

商业承兑汇票（卡片）　　1

出票日期（大写）　　年　　月　　日

付款人	全称		收款人	全称		
	账号			账号		
	开户银行			开户银行		
出票金额	人民币（大写）		亿 千 百 十 万 千 百 十 元 角 分			
汇票到期日（大写）			付款人开户行	行号		
交易合同号码				地址		
出票人签章			备注：			

此联承兑人留存

图 4－55　商业承兑汇票

（3）2023 年 7 月 20 日，南宁市天天电子科技有限公司（基本户：中国工商银行南宁市星湖支行 2102103100000000006）向北京三森电子有限公司（基本户：交通银行北京东城支行 110043281000898909111）采购一批电脑显示器，合同约定到货后 2 个月付款，天天公司开出一张由其开户银行承兑的银行承兑汇票，票面金额为 169 500 元。

要求：签发银行承兑汇票（图 4－56）。

图 4-56 银行承兑汇票

活动 4.2.4 汇兑结算业务

【任务背景知识】

一、认知汇兑结算业务

汇兑是指汇款人委托银行将款项支付给收款人的结算方式。单位及个人各种款项的结算,均可使用汇兑。

汇兑分为信汇和电汇两种,由汇款人选择使用。信汇是由汇款人向银行提出申请,委托银行将汇兑凭证邮寄给汇入行,授权汇入行向收款人解付汇款的一种汇兑方式。

电汇则是汇款人委托汇出银行通过电报或电传方式将款项划转汇入银行,授权汇入银行向收款人解付汇款的一种汇兑方式。

二、汇兑结算的有关规定

签发汇兑凭证必须记载下列事项:
(1) 表明"信汇"或"电汇"的字样;
(2) 无条件支付的委托;
(3) 确定的金额;
(4) 收款人名称;
(5) 汇款人名称;
(6) 汇入地点、汇入行名称;
(7) 汇出地点、汇出行名称;
(8) 委托日期;

(9)汇款人签章。

汇兑凭证上欠缺以上记载事项之一的,银行不予受理。

汇兑结算适用于异地之间企业和个人各种款项的结算,具有划拨款项简单、灵活的特点。

汇兑结算没有金额起点限制。

三、汇兑的结算程序

汇兑的结算程序见图 4-57。

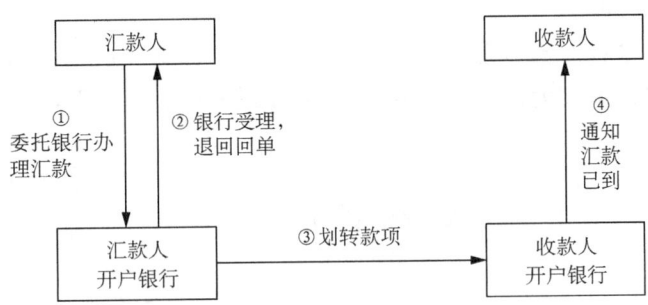

图 4-57 汇总的结算程序

【任务实施案例】

一、汇兑收款业务

【例 4-8】 南宁市天天电子科技有限公司向上海市惠达贸易有限公司销售商品一批,商品已发出,对方采用电汇方式划款,价税合计 226 000 元。南宁市天天电子科技有限公司于 2023 年 6 月 20 日收到开户银行的电子汇划回单(图 4-58)。

图 4-58 电子汇划回单

(一) 业务处理流程

汇兑收款业务处理流程见图 4-59。

图 4-59 汇总收款业务处理流程

(二) 业务处理步骤

(1) 出纳员先审核开户银行发来的电子汇划回单,审核无误后交给制单会计。

(2) 制单会计根据审核无误的电子汇划回单编制记账凭证(图 4-60),并交给审核会计审核。

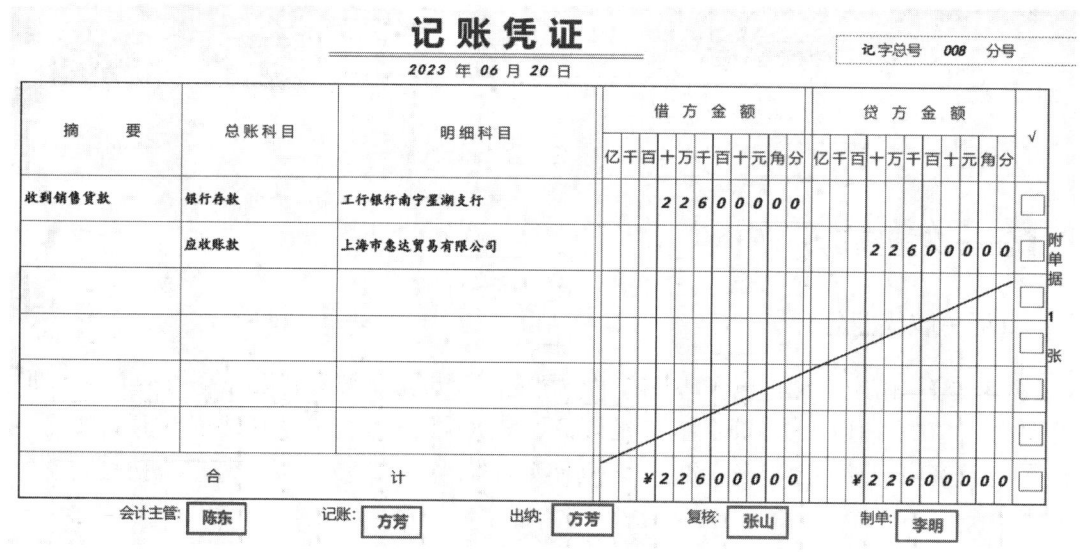

图 4-60 记账凭证

(3) 出纳员根据审核无误的记账凭证,序时登记银行存款日记账(略)。

二、汇兑付款业务

【例 4-9】 2023 年 6 月 28 日,南宁市天天电子科技有限公司通过电汇向上海科达商贸有限公司支付货款,价税合计 113 000 元。

(一) 业务处理流程

汇兑付款业务处理流程见图 4-61。

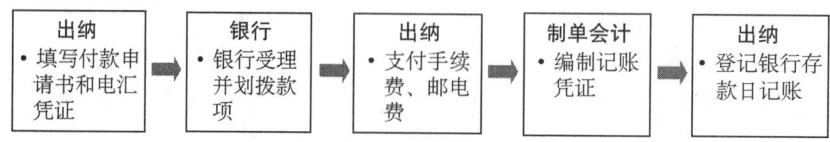

图 4-61 汇兑付款业务处理流程

(二) 业务处理步骤

(1) 出纳员根据付款申请书填写电汇凭证(图 4-62),交给银行预留印鉴的保管人员进行审核,在第二联上加盖银行预留印鉴章,交给银行办理划款手续。

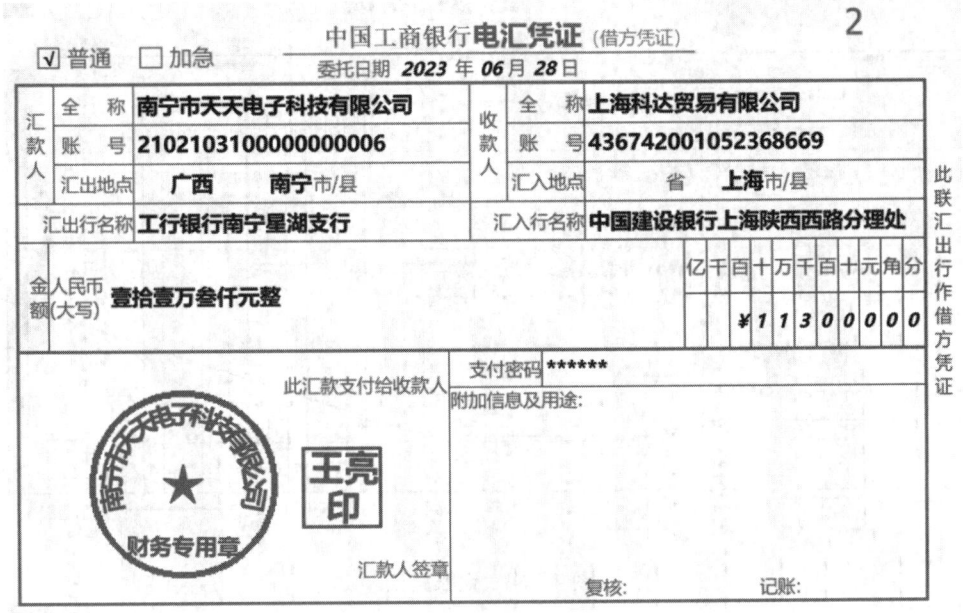

图 4-62 电汇凭证

(2) 银行对汇款人交来的电汇凭证审核无误后,在第一联回单联(图 4-63)加盖业务章后退还给出纳。

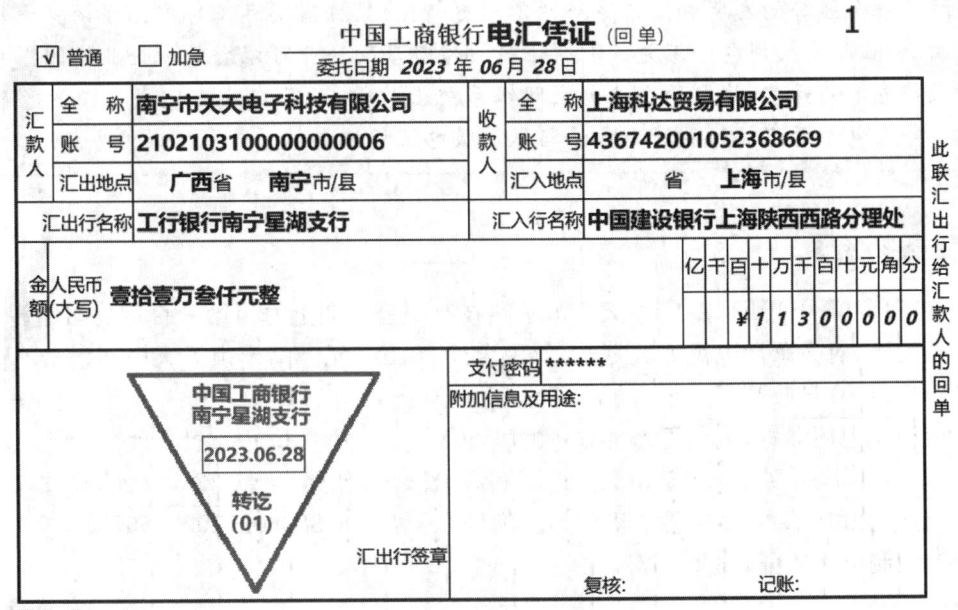

图 4-63 电汇凭证

（3）制单会计根据银行退回的业务委托书回单联和手续费收费凭证存根联编制记账凭证（图4-64），并交给会计主管审核。

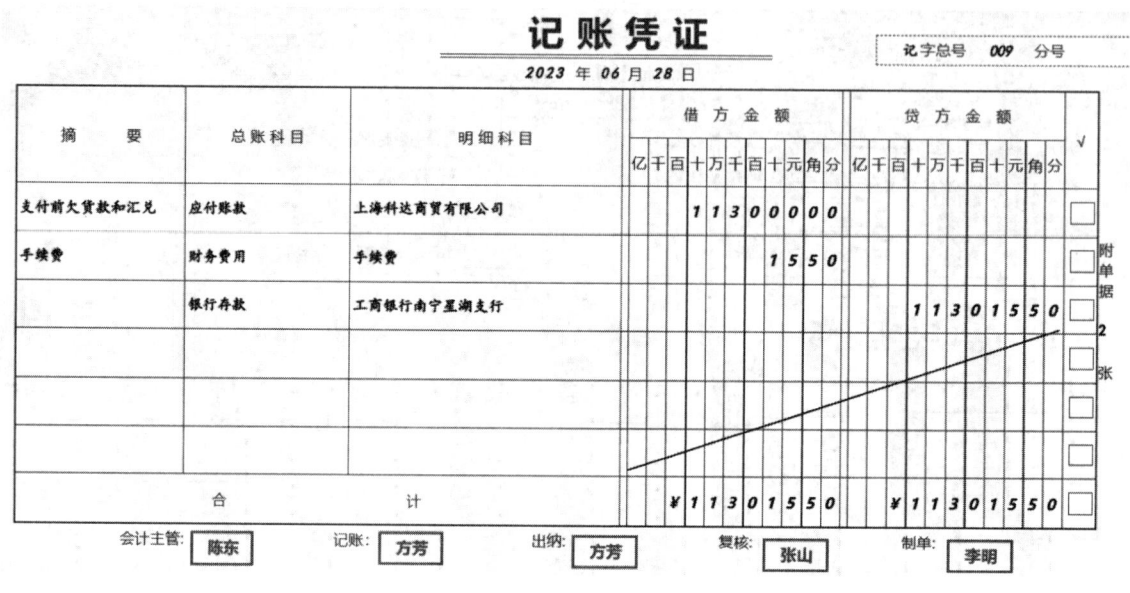

图4-64 记账凭证

（4）出纳员根据审核无误的记账凭证，序时登记银行存款日记账（略）。

> **温馨提示**
>
> 随着社会经济的发展和银行系统的不断更新优化，目前实际工作中已经很少使用纸质版的汇兑，而是改用电子汇兑。取得银行授信额度的企业可以登录本企业的网银系统自行操作电汇的开票，收票的企业也上网银系统上收票，从而在线上完成电汇的收款和付款业务。电子电汇凭证的填写方法与纸质版电汇凭证类似。

【任务拓展】

（1）2023年7月10日，南宁市天天电子科技有限公司向上海市第一百货公司销售一批商品，商品已发出，对方采用电汇方式划款，价税合计79 100元。南宁市天天电子科技有限公司于2023年7月20日收到开户银行的电子汇划回单（图4-65）。

要求：根据上述业务，编制记账凭证（图4-66）。

（2）2023年7月20日，南宁市天天电子科技有限公司电汇货款22 500元，收款人为上海华洋贸易有限公司（基本户：中国工商银行上海浦东支行 9558836020200055678）。

要求：填制电汇凭证（图4-67）。

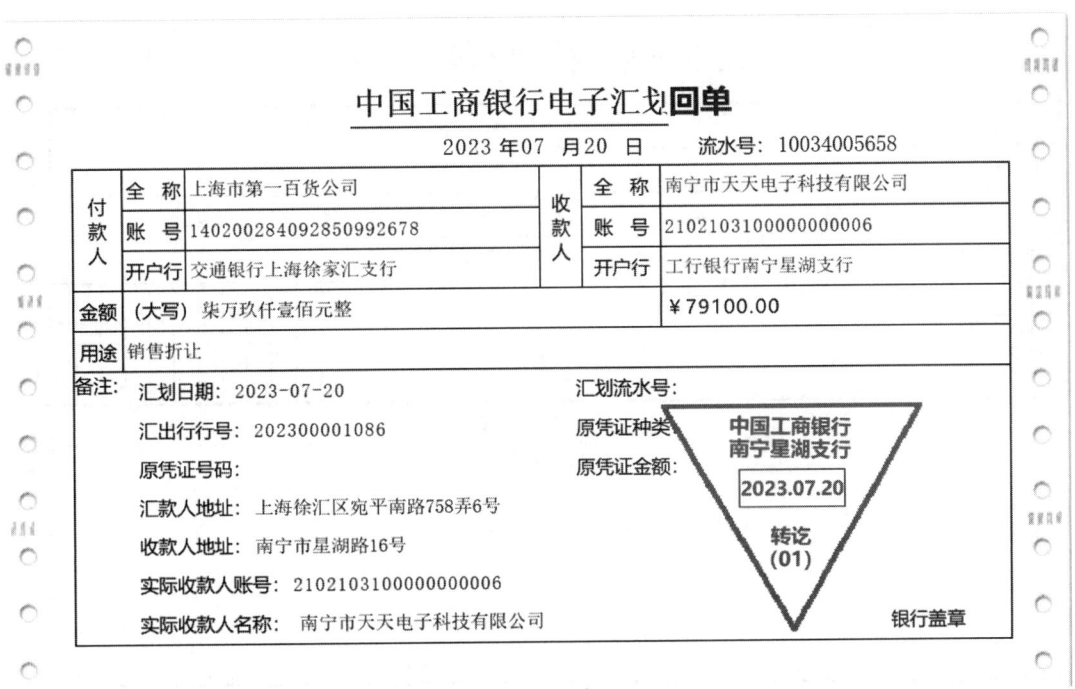

图 4‑65 电子汇划回单

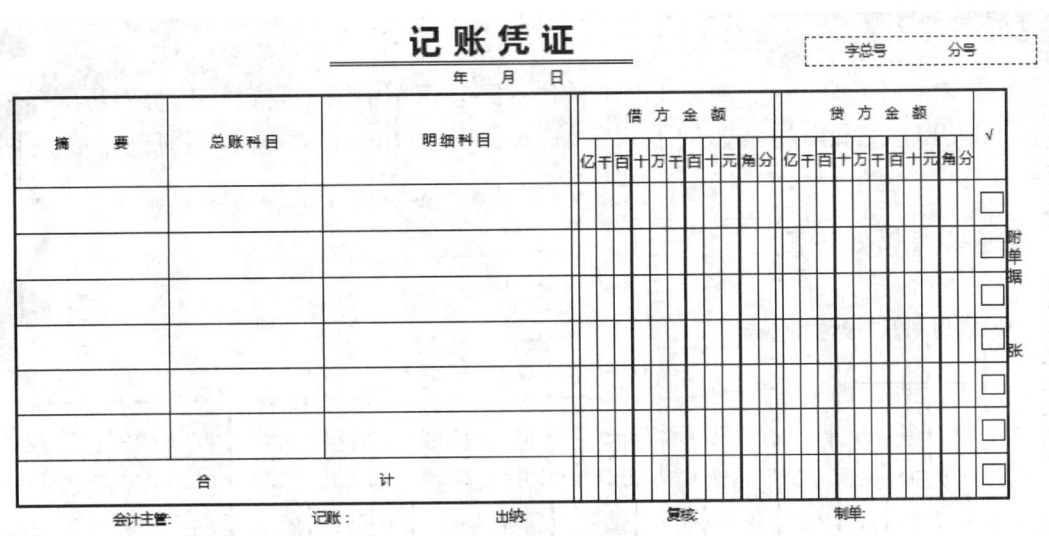

图 4‑66 记账凭证

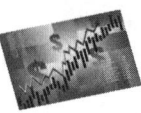

图 4-67 电汇凭证

 活动 4.2.5　网上银行业务

【任务导入】

2023 年 1 月 6 日，南宁市天天电子科技有限公司在中国工商银行开立了基本存款账户后，申请开通该账户的企业网上银行，以便后续使用。请问应该如何开通企业网上银行？

【任务背景知识】

一、认知网上银行业务

（一）网上银行的概念

网上银行是指银行以因特网为媒介，为企业、单位或机构提供账户查询、转账结算、在线支付等自助金融服务。网上银行能够帮助客户实时掌握账户及财务信息。客户在银行网点申请开通企业网上银行后，可以在柜面或在线自助注册企业网上银行，然后凭网上银行卡号和密码登录企业网上银行，获得基本的网上银行服务。

企业网上银行业务功能一般分为基本功能和特定功能。基本功能包括账户管理、网上汇款、在线支付等；特定功能包括贵宾室、网上支付结算代理、网上收款、网上信用证、网上票据和账户高级管理等业务功能。

（二）网上银行的特点

1. 功能多样

企业网上银行不仅提供查询、转账、代发代扣等基础金融服务，而且支持信贷融资、票据业务、投资理财等特色服务。

2. 流程灵活

企业网上银行可设置制单、复核等多种操作员角色，支持多级交易流程控制；其可根据企业的实际需求进行搭配选择。

3. 简单易用

企业网上银行以因特网为载体，设计简洁明了，操作步骤简单。同时提供常见问题解答、在线邮件等辅助功能，方便银企之间进行在线互动。

4. 方便快捷

企业网上银行提供 24 小时全天候服务，让客户无论何时都可以轻松享受银行服务。

（三）网上银行的优势

1. 经营成本低

网上银行的创建费用较低，无需铺设物理的营业网点，节省了大量财力、人力和物力的费用支出。此外，由于网上银行实行实时自动化处理，因此单笔业务的营运费用也大大降低。

2. 不受时空限制

网上银行突破了传统银行的地域和时间限制，可以在任何时间、任何地方、以任何方式为客户提供多种综合服务。客户能够更方便地进行银行业务处理，服务的可用性和便捷性大大提升。

3. 产品个性化、多样化

网上银行可以为客户提供个性化的金融产品和服务，满足客户的特定需求。此外，网上银行还可以拓宽商业银行的业务创新空间，为客户提供更多"量体裁衣"式的金融服务。

4. 服务规范、标准

网上银行的服务比传统银行更标准、规范，避免了因银行工作人员的个人问题给客户带来服务满意度的差异，提高了服务的可靠性和一致性。

5. 私密性更强

网上银行的交易具有很强的私密性，能够保护客户的隐私。传统银行在处理业务的过程中，客户隐私泄露的风险较高，而网上银行则能有效避免这种风险。

二、企业网上银行的开通流程

企业网上银行开通流程见图 4-68。

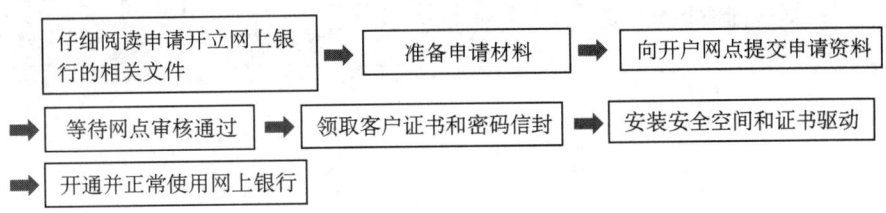

图 4-68　企业网上银行开通流程

企业网上银行申请材料见表4-4。

表4-4　　　　　　　　企业网上银行申请材料

网上银行的相关申请表		网上银行企业客户注册申请表
		企业或集团外常用账户信息表
		企业贷款账户信息表
		客户证书信息表
		分支机构信息表
客户身份证明文件及其复印件	企业法人	企业法人营业执照正本(或副本)
	非法人企业	企业营业执照正本(或副本)
	民办非企业组织	民办非企业登记证书
	个体工商户	个体工商户营业执照正本(或副本)
企业经办人员身份证件		

> **温馨提示**
>
> 企业网上银行应设置一个录入员,如需双人或多人授权模式,至少应设置一个录入员和一个授权员;授权级别应与授权模式保持一致;应选择其中一个用户为管理员,以便对普通用户进行管理。

三、企业网上银行的登录方法

出纳登录企业网上银行时,需将网银证书介质插入电脑。如果是卡片式介质,则应将证书插入网银证书专用读卡器;如果是U盾,则应直接插入电脑的优盘插口。登录银行门户网站(图4-69),单击"企业网上银行登录",进入登录页面(图4-70),录入用户名、密码,单击"确认",进入企业网上银行。

图4-69　中国工商银行门户网站

图 4-70　企业网上银行登录主页

【任务实施案例】

一、网上银行收款业务

网上银行收款业务主要包括批量扣企业、批量扣个人、在线缴费商户服务等。其中：批量扣企业是企业网银客户通过网银主动收取授权企业各类应缴费用；批量扣个人是企业通过网上银行主动收取其授权个人客户各类应缴费用；在线缴费商户服务是收费企业通过网上银行为个人或企业客户提供缴费业务查询、在线缴纳各类费用等服务。

【例 4-10】　2023 年 6 月 3 日，南宁市天天电子科技有限公司销售人员开具了收款清单，转给出纳，出纳通过网上银行收取南宁市昌盛股份有限公司购货款 282.50 元。

（一）企业网上银行收款业务处理流程

企业网上银行收款业务处理流程见图 4-71。

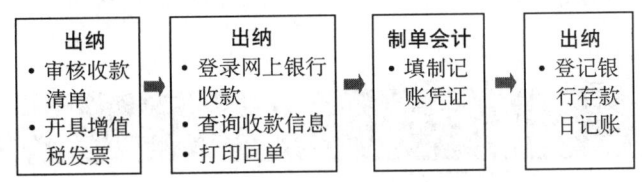

图 4-71　企业网上银行收款业务处理流程

（二）业务实施步骤

（1）出纳审核收款清单（图 4-72）无误后，开具增值税发票（图 4-73）。

序号	时间	单位名称	品名/型号	单价	数量	金额	备注
1	2023.06.03	南宁市昌盛股份有限公司	键盘	56.50	5	282.50	
2							
合计				¥56.50	5	¥282.50	

图4-72 收款清单

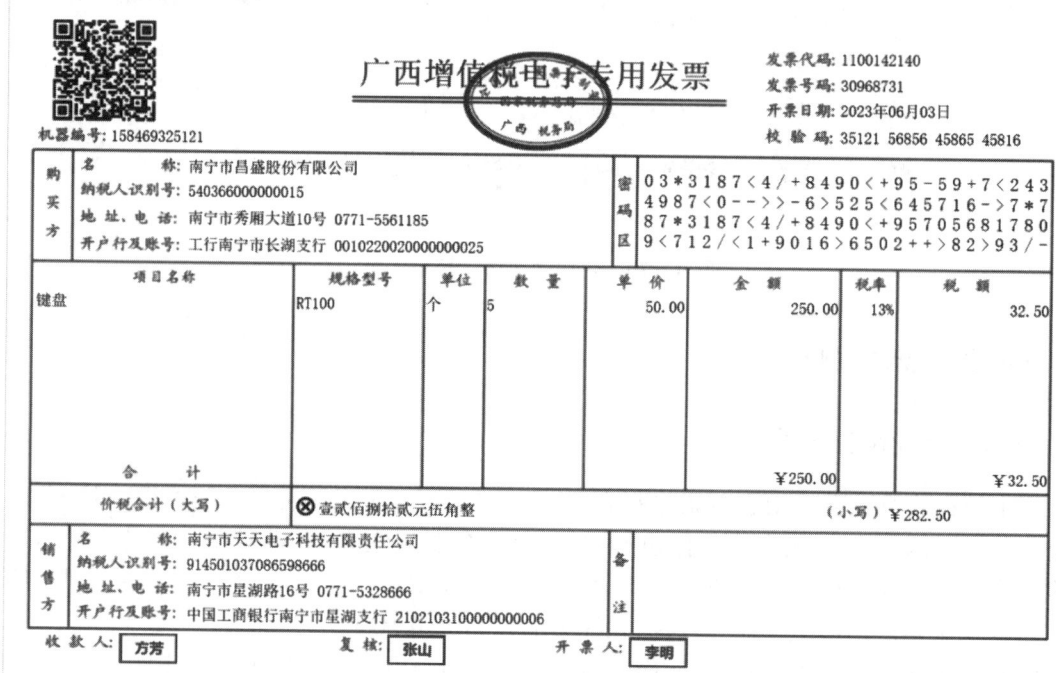

图4-73 广西增值税电子专用发票

（2）出纳审核发票无误，登录企业网上银行，点击"账户管理"（图4-74）→点击"明细查询"，选择本单位账号，输入对方账号（图4-75）→显示有收款信息后可进行查询（图4-76）。

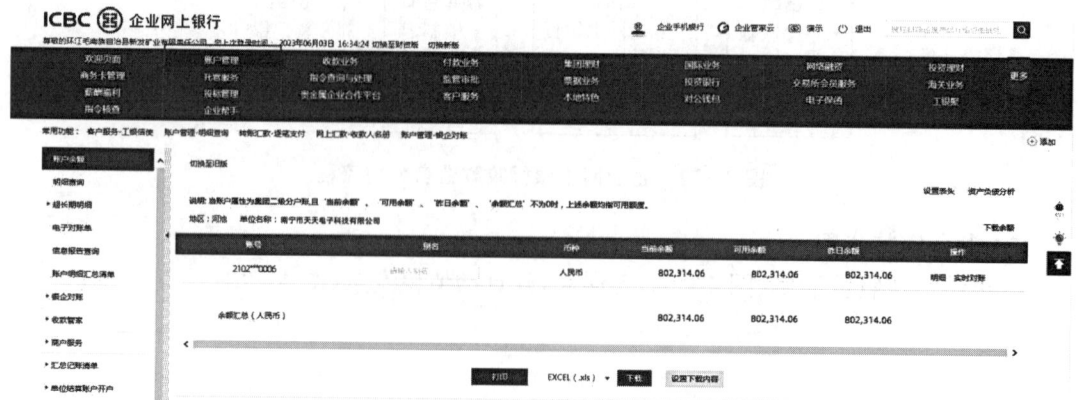

图4-74 企业网上银行收款业务界面

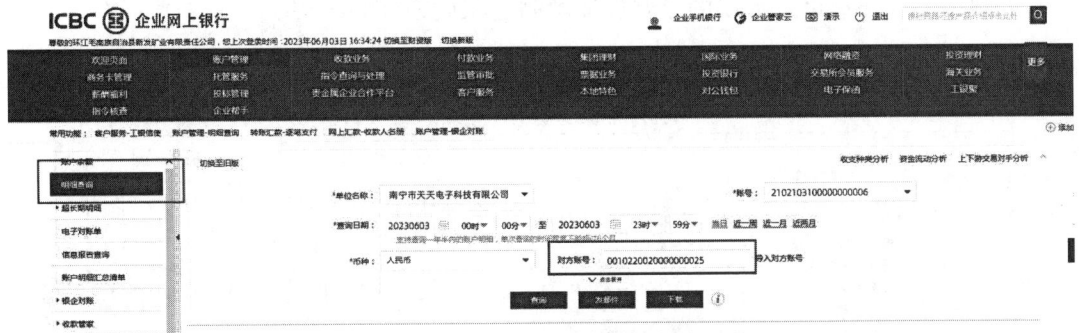

图4-75 收款业务查询界面

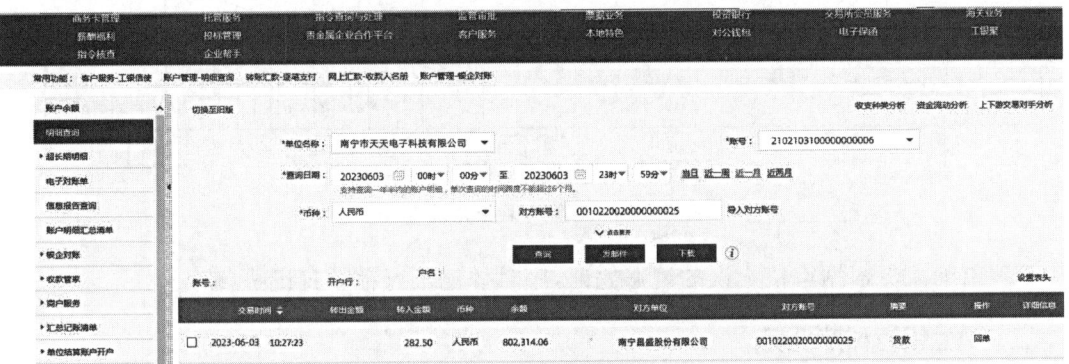

图4-76 收款信息界面

(3) 出纳打印收款业务电子回单(图4-77),交给制单会计,据以编制记账凭证。

图4-77 中国工商银行收款业务电子回单

(4)制单会计根据审核无误的原始凭证填制记账凭证(图4-78)。

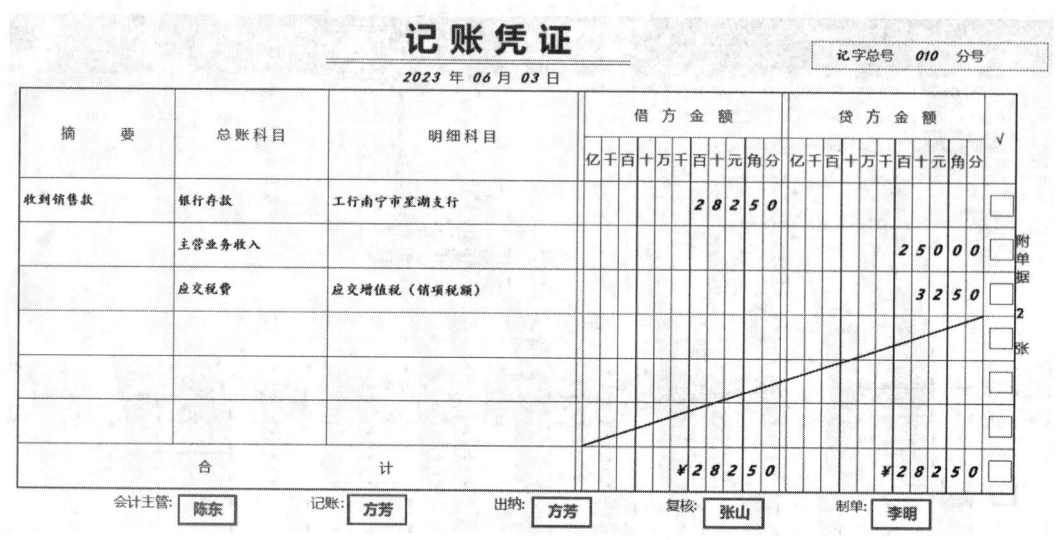

图4-78 记账凭证

(5)出纳人员根据审核无误的记账凭证,序时登记银行存款日记账(略)。

二、网上银行付款业务

网上银行付款业务是指通过网上银行进行款项支付的业务。其主要包括账户信息查询、网上汇款、支付服务、外汇交易等。企业网上银行支付业务主要指企业通过网上银行进行资金支付和结算。企业可以在网上银行平台上完成转账、支付、工资发放等业务,同时可以进行账户查询、交易记录查询等操作。

【例4-11】 2023年6月12日,南宁市天天电子科技有限公司向南宁市华西商贸有限公司购买了一批家具,出纳通过网上银行预付订金合计16 000元。

(一)企业网上银行付款业务处理流程

企业网上银行付款业务处理流程见图4-79。

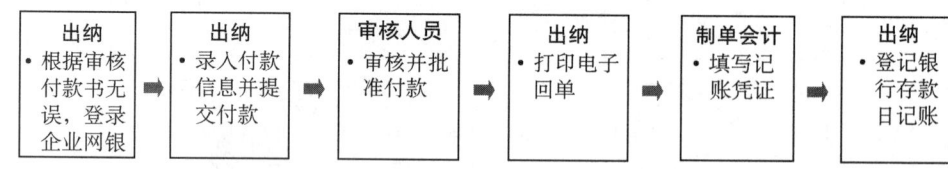

图4-79 企业网上银行付款业务处理流程

(二)业务实施步骤

(1)出纳根据审核无误的付款申请书(图4-80),登录企业网银。

(2)出纳录入付款信息并提交付款。

① 提交汇款指令。出纳登录企业网上银行后,点击付款业务→逐笔支付。其在逐笔支付界面中,输入详细的汇款单位信息、收款单位信息、汇款金额和汇款方式(图4-81),然后点击确认(图4-82)。

付款申请书

2023 年 06 月 12 日

用途及情况	金额										收款单位(人)：南宁市华西商贸有限公司
支付预付货款	亿	千	百	十	万	千	百	十	元	角	分	账　号：0010220020000000002
			￥	1	6	0	0	0	0	0	0	开户行：工行南宁市长湖支行
金额（大写）合计：	人民币 壹万陆仟元整											结算方式：转账
总经理	王刚	财务部门	经理	陈东	业务部门	经理	张安
			会计	李明		经办人	吴光

图 4 - 80　付款申请书

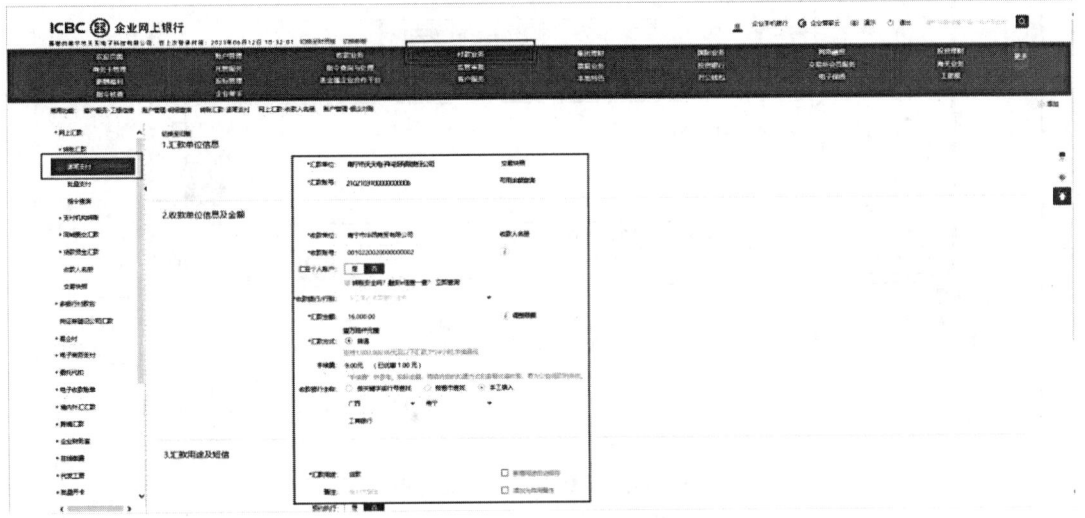

图 4 - 81　逐笔支付界面

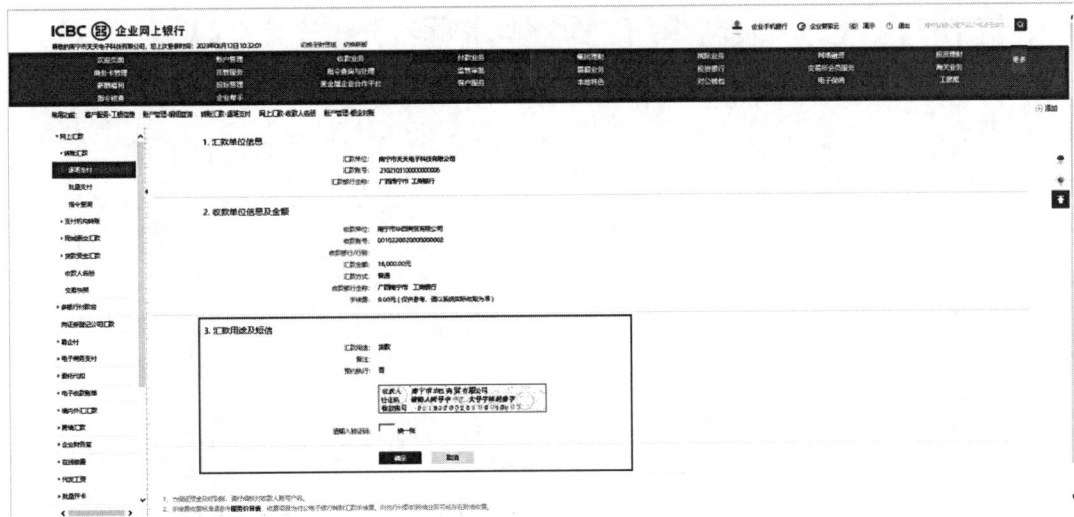

图 4 - 82　确认界面

② 审批人员审批汇款指令。审核人员登录网上银行按照以下步骤进行审批即可：点击网上汇款→批准指令→逐笔支付→进入批准汇款指令查询界面→设置查询条件→查询出需要批准的业务→点击批准。

(3) 汇款操作指令批准完成后，企业网上银行会根据汇款信息，自动把钱汇入收款人账户，企业收到付款业务电子回单(图 4-83)。

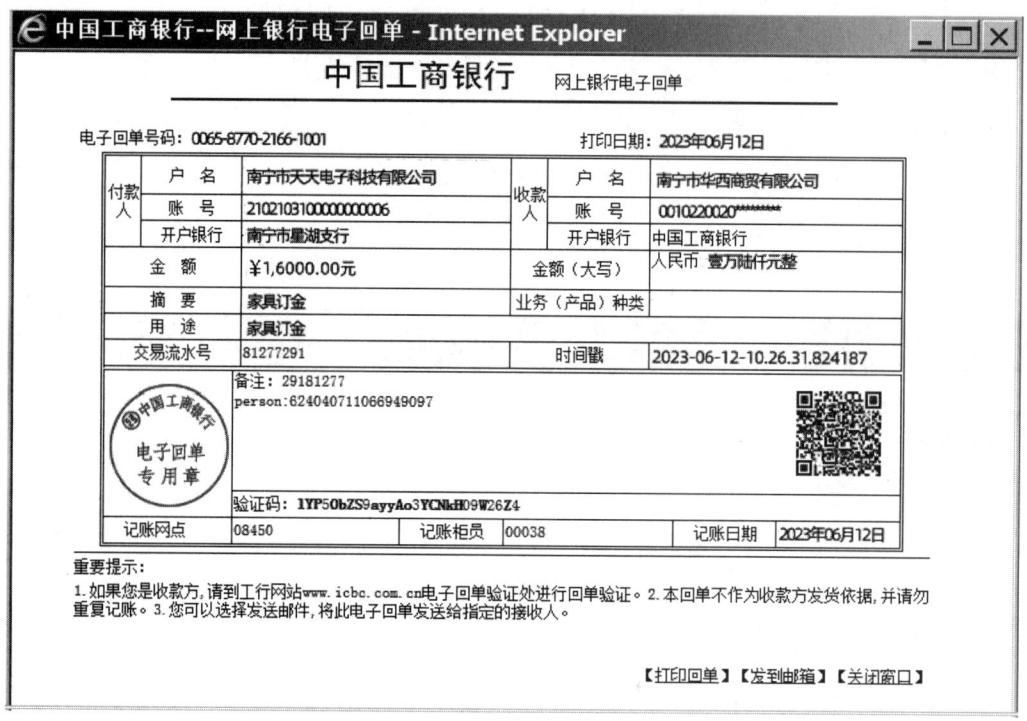

图 4-83　中国工商银行付款业务电子回单

(4) 制单会计根据付款业务电子回单编制记账凭证(图 4-84)。

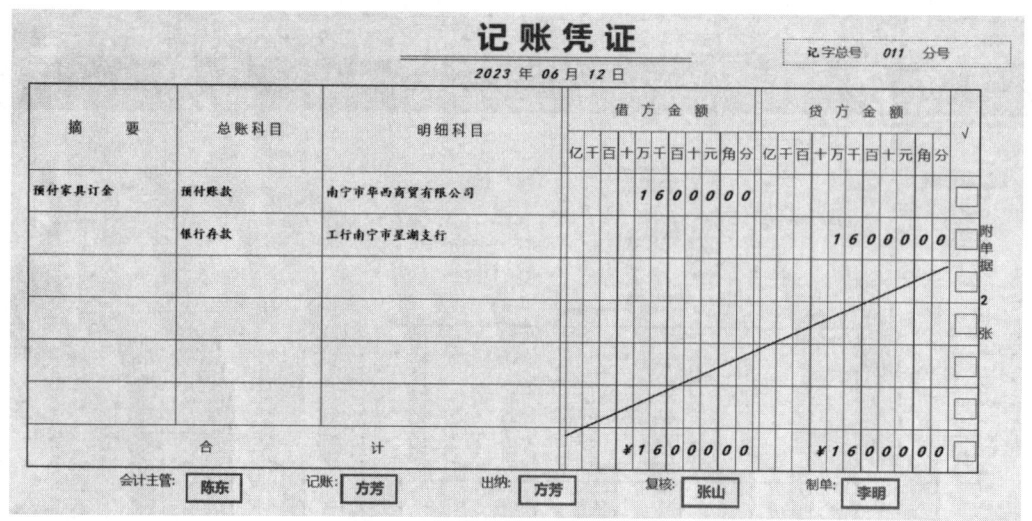

图 4-84　记账凭证

(5) 出纳登记银行存款日记账(略)。

【任务拓展】

2023年07月12日,南宁市天天电子科技有限公司向南宁市西南商贸有限公司购买了一批办公桌,企业需预付订金合计22 000元。请填写完整付款申请书(图4-85)。(南宁市西南商贸有限公司银行账号0010220020000000002,开户银行工行南宁市长湖支行。)

付款申请书

年　月　日

用途及情况	金　额										收款单位(人):
支付货款	亿	千	百	十	万	千	百	十	元	角	分	账　号:
												开户行:
金额(大写)合计:	人民币										结算方式: 转账
总经理	王靓瑛	财务部门	经理	郑镭	业务部门	经理	张安
			会计	崔亮		经办人	吴光

图4-85　付款申请书

任务4.3　第三方收付结算业务

【任务导入】

2023年06月12日,南宁市天天电子科技有限公司向南宁市华西商贸有限公司购买了一批家具,需要预付订金16 000元,对方要求通过支付宝进行支付。请问企业如何通过支付宝或微信进行货款的支付?

【任务背景知识】

一、第三方收付结算业务的概念

第三方收付结算业务是指通过第三方支付机构作为中介,完成交易双方的资金转移和结算。随着电子商务和移动互联网的快速发展,第三方收付结算业务已成为日常生活中不可或缺的一部分,为用户提供了便捷、快速、安全的支付方式。

二、第三方收付结算业务的优势与特点

(一) 便捷性

第三方收付结算业务为用户提供了多种支付方式选择,满足了不同用户的需求。同时,其

操作简单易懂,使用门槛低,大大提高了支付的便捷性。

(二) 安全性

第三方支付机构通过先进的加密技术和风险控制手段,保障了用户资金的安全。

(三) 多样性

第三方收付结算业务支持多种货币交易,满足了跨境支付的需求。

(四) 高效性

第三方收付结算业务具有高效的处理速度,能够快速完成资金的清算和转移。这为用户和商家节省了时间成本,提高了交易的效率。

(五) 全球化

随着互联网的普及和发展,第三方收付结算业务逐渐走向全球化,支持跨境支付和外汇交易。为用户提供了更多样化的支付选择,也促进了全球经济的发展。

【任务实施案例】

一、企业支付宝收款二维码

第一步:打开支付宝,点击右下角"我的"(图4-86)。
第二步:点击商家服务(图4-87)。

图4-86 支付宝界面

图4-87 商家服务界面

第三步:在商家服务界面,点击收钱码管理(图4-88)。
第四步:在收钱码管理界面,选择收钱码或者收钱码经营版(图4-89)。
第五步:查看收钱码。

模块 4　资金管理——银行业务 | 117

图 4-88　花呗收钱界面

图 4-89　收钱码管理界面

二、企业微信收款二维码

第一步：通过手机微信，进入【微信收款商业版】小程序，选择"注册微信支付商户号"，申请成为微信收款商业版商家（图 4-90）。

第二步：提交商家主体资料（营业执照、身份证、经营许可证等基本信息），完成账户验证（图 4-91）。

图 4-90　微信收款商业版界面　　　　图 4-91　提交商家主体资料界面

第三步:填写商户开通资料,如经营信息、手续费率、收款银行卡/账户等信息给平台审核(图4-92)。

图4-92 填写商户开通资料界面

第四步:审核通过后会收到来自公众号发来的签约消息,完成在线签约后,即可开通微信支付商户号,并取得交易权限。

三、企业工商银行商户之家

第一步:关注"工行商户之家"微信公众号,在申请过程中,持营业执照的商户选择"二维码收款",无营业执照的商户选择"e支付收款码"(图4-93)。

第二步:使用手机号登录工商银行商户自助申请(图4-94)。

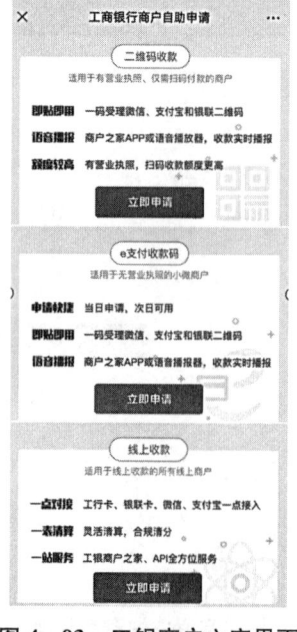

图4-93 工银商户之家界面

图4-94 工商银行商户自助申请登录界面

第三步：准备好申请所需相关材料（图4-95）。

第四步：填写申请所需相关信息，申请完成，等待审核通过后方可使用（图4-96）。

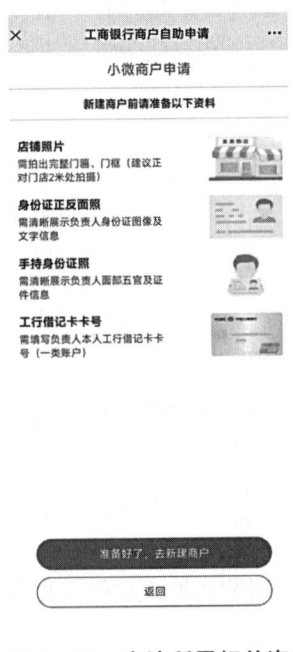

图4-95　申请所需相关资料

图4-96　填写相关信息

任务4.4　银行对账业务

【任务导入】

2023年6月30日，又到月底了，出纳方芳要求实习生张华将银行对账单打印出来，跟企业当月的银行存款日记账进行核对。张华虽然在学校也学习了银行存款余额调节表的编制，但是面对业务量这么大的银行对账单，她一下子不知道如何进行核对。于是，方芳对她进行了耐心的指点。

【任务背景知识】

一、银行对账的概念

银行对账又称账实核对，是指将本企业的银行存款日记账与银行转来的对账单逐笔进行核对，来查明银行存款的账面余额与实有数是否一致。一般企业会在每月底至少核对一次。银行对账是出纳人员的一项重要日常工作。

如果银行对账的结果不一致，则有可能存在下列情况：第一，银行或者企业某一方或双方存在记账错误；第二，可能存在未达账项。

二、未达账项

未达账项是指企业与开户银行之间，对同一项经济业务由于期末银行结算凭证传递时间的差异,而造成银行与企业之间一方已入账,另一方尚未入账的账项。比如,企业委托开户银行在每月初向供电公司支付电费,开户银行月初划款支付后,冲减了企业的存款余额;然后再将付款通知传递给企业,企业在收到付款通知后才能登记银行存款日记账。此时开户银行与企业在处理同一笔业务时会出现时间差,如果在这期间银行向企业发出对账单,就会形成未达账项。

企业和银行之间可能会发生以下四个方面的未达账项(表4-5):

表4-5　　　　　　　　　　　未达账项表

未达账项目	具体内容	导致的结果
1. 银行已收企业未收	银行已经收款入账,而企业尚未收到银行的收款通知,未收款入账的款项	企业的银行存款账面余额＜银行对账单的余额
2. 银行已付企业未付	银行已经付款入账,而企业尚未收到银行的付款通知,未付款入账的款项	企业的银行存款账面余额＞银行对账单的余额
3. 企业已收银行未收	企业已经收款入账,而银行尚未办理完转账手续,未收款入账的款项	企业的银行存款账面余额＞银行对账单的余额
4. 企业已付银行未付	企业已经付款入账,而银行尚未办理完转账手续,未付款入账的款项	企业的银行存款账面余额＜银行对账单的余额

如果存在未达账项,则应编制银行存款余额调节表进行调节,使双方余额相等,并确定企业银行存款实有数。银行存款余额调节表的格式见图4-97。

银行存款余额调节表

摘要	凭证号	金额（亿千百十万千百十元角分）	摘要	凭证号	金额（亿千百十万千百十元角分）
《银行存款日记账》余额			《银行对账单》余额		
加:银行已收,企业未收:			加:企业已收,银行未收:		
1			1		
2			2		
3			3		
4			4		
5			5		
6			6		
7			7		
减:银行已付,企业未付:			减:企业已付,银行未付:		
1			1		
2			2		
3			3		
4			4		
5			5		
6			6		
7			7		
8			8		
9			9		
10			10		
11			11		
12			12		
调节后余额			调节后余额		

开户银行:　　账号:　　　　　　　　　　　　　年　月　日止
财会主管:　　　　　　　　　　　制表:

图4-97　银行存款余额调节表

三、银行存款余额调节表的计算公式

银行存款余额调节表的计算公式如下：

企业银行存款日记账账面余额＋银行已收企业未收款项－银行已付企业未付款项＝银行对账单账面余额＋企业已收银行未收款项－企业已付银行未付款项

上述公式可以调整银行对账单余额与企业银行存款日记账账面余额，并使两个余额一致。

四、银行对账的步骤

银行对账按以下四个步骤进行，见图4-98。

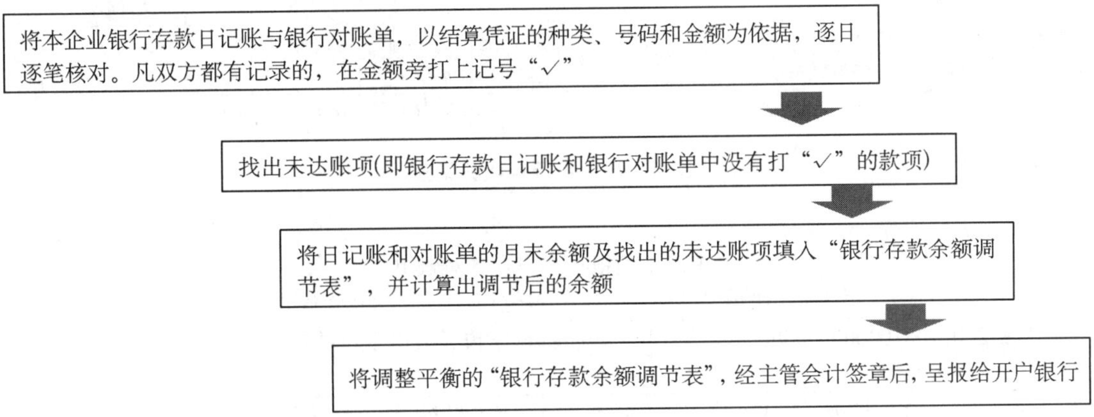

```
将本企业银行存款日记账与银行对账单，以结算凭证的种类、号码和金额为依据，逐日逐笔核对。凡双方都有记录的，在金额旁打上记号"√"
                            ↓
找出未达账项（即银行存款日记账和银行对账单中没有打"√"的款项）
                            ↓
将日记账和对账单的月末余额及找出的未达账项填入"银行存款余额调节表"，并计算出调节后的余额
                            ↓
将调整平衡的"银行存款余额调节表"，经主管会计签章后，呈报给开户银行
```

图4-98　银行对账步骤

五、银行对账的注意事项

（1）银行存款日记账与银行对账单的记账方向是相反的。银行存款是企业的资产，资产增加记借方，资产减少记贷方。存款是银行的负债，存款增加记贷方，存款减少记借方。所以，对账时银行存款日记账的借、贷方应分别与银行对账单贷、借方进行核对。

（2）编制银行存款余额调节表调节后，如果双方余额相等，则一般可以认为双方记账没有差错。

（3）调节后双方余额仍然不相等时，可能是未达账项未全部查出，也可能是一方或双方账簿记录还有差错，要进一步查清楚原因，加以更正。

（4）调节后的余额既不是企业银行存款日记账的余额，也不是银行对账单的余额，它是企业当日可以动用的银行存款的真实数字。

（5）对于银行已经划账而企业尚未入账的未达账项，要待银行结算凭证到达后，才能编制记账凭证，不能以银行存款余额调节表作为记账依据。

【任务实施案例】

【例4-12】　南宁市天天电子科技有限公司2023年6月1日至2023年6月30日银行存

款日记账和银行对账单的记录见图4-99和图4-100。请查找未达账项并编制银行存款余额调节表。

图4-99 银行存款日记账

中国工商银行客户存款对账单

币种：人民币（本位币）　　单位：元　　2023年6月

账号：21021031000000000006　　开户单位：南宁市天天电子科技有限公司
上月余额：600 000.00

日期	凭证种类	凭证号	摘要	借方发生额	贷方发生额	余额
06-01			结余			600 000
06-03	支票	00369	存入		350 000	950 000
06-06	支票	00158	存入		200 000	1 150 000
06-11	支票	00126	支取	600 000		550 000
06-17	支票	00656	存入		320 000	870 000
06-26	支票	00196	支取	70 000		800 000
06-27	支票	00186	存入		160 000	960 000
06-30	支票	00199	支取	80 000		880 000

图4-100 中国工商银行客户存款对账单

业务实施步骤：

（1）出纳员逐笔核对银行存款日记账和银行对账单，查找未达账项。双方都有记录的在数字后面打"√"，核对的未达账项结果见图4-101、图4-102。

（2）找出未达账项。

未达账项就是图4-101和图4-102中没有打"√"的数字。

（3）编制银行存款余额调节表。

编制银行存款余调节表的原则是：银行和企业哪方没有记账就帮哪方补记账。

第一步，在左表填写"银行存款日记账"余额，在右表填写"银行对账单"余额。

第二步，填写未达账项。

银行存款日记账

开户行：工商银行南宁星湖支行
账　号：2102103100000000006

2023年		凭证		支票号码	摘要	对方科目	收入（借方金额）	支出（贷方金额）	余额（结存余额）	核对
月	日	种类	号数							
06	01				期初余额				600 000.00	
06	03			00369	销售商品		350 000.00 √		950 000.00	
06	05			00158	收到贷款		200 000.00 √		1 150 000.00	
06	10			00126	支付货款			600 000.00 √	550 000.00	
06	16			00656	销售商品		320 000.00 √		870 000.00	
06	20			00868	提现			150 000.00	720 000.00	
06	29			00196	支付货款			70 000.00 √	650 000.00	
06	30			00266	销售商品		170 000.00		820 000.00	
					本月合计		1 040 000.00	820 000.00	820 000.00	

图 4-101　逐笔核对银行存款日记账

中国工商银行客户存款对账单

币种：人民币（本位币）　　　单位：元　　　2023 年 6 月

账号：2102103100000000006　　　开户单位：南宁市天天电子科技有限公司
上月余额：600 000.00

日期	凭证种类	凭证号	摘要	借方发生额	贷方发生额	余额
06-01			结余			600 000
06-03	支票	00369	存入		350 000 √	950 000
06-06	支票	00158	存入		200 000 √	1 150 000
06-11	支票	00126	支取	600 000 √		550 000
06-17	支票	00656	存入		320 000 √	870 000
06-26	支票	00196	支取	70 000 √		800 000
06-27	支票	00186	存入		160 000	960 000
06-30	支票	00199	支取	80 000		880 000

图 4-102　逐笔核对银行对账单

图 4-101 企业日记账中没有打"√"的数字就是银行没有记账的，银行没有收款的补记增加，银行没有付款的补记减少。

图 4-102 银行对账单中没有打"√"的数字就是企业没有记账的，企业没有收款的补记增加，企业没有付款的补记减少。计算调整后结果见图 4-103。

本例中，银行存款余额调节表调节后的余额 900 000 元，是 2023 年 6 月 30 日企业可以动用的银行存款的真实数字。对于银行已经入账而企业尚未入账的 2 笔未达账项，要等银行结算凭证到达后，才能编制记账凭证。编制的银行存款余额调节表仅作为核对用。

银行存款余额调节表

开户银行：工行银行南宁星湖支行　账号：2102103100000000006　2023年06月30日止

摘要	凭证号	金额	摘要	凭证号	金额
《银行存款日记账》余额		8200000	《银行对账单》余额		8800000
加：银行已收，企业未收：			加：企业已收，银行未收：		
1		1600000	1		1700000
2			2		
3			3		
4			4		
5			5		
6			6		
7			7		
减：银行已付，企业未付：			减：企业已付，银行未付：		
1		800000	1		1500000
2			2		
3			3		
4			4		
5			5		
6			6		
7			7		
8			8		
9			9		
10			10		
11			11		
12			12		
调节后余额		¥9000000	调节后余额		¥9000000

财会主管：　　　　　　　　　　　　　　　　制表：方芳

图 4‐103　银行存款余额调节表

【任务拓展】

以下是北京辰新商贸有限公司2023年9月基本存款账户的"银行存款日记账"（图4-104）和9月底开户银行送来的"银行对账单"（图4-105）。

第 15 页

银行存款日记账

开户行：交通银行北京房山支行
账号：11001041202509818018

2023年		凭证		支票 号码	摘要	对方科目	收入（借方金额）	支出（贷方金额）	余额（结存余额）	核对
月	日	种类	号数				亿千百十万千百十元角分	亿千百十万千百十元角分	亿千百十万千百十元角分	
					承前页		1253400000	1186790000	4805000000	√
08	24	记	032		购入材料			405000000	4400000000	√
08	26	记	037		支付广告费			300000000	4100000000	√
08	28	记	041		收回货款		340000000		4440000000	√
08	30	记	044		收回货款		300000000		4740000000	√
08	30	记	045		预付辅款			510000000	4230000000	
08	30	记	048		收回货款		800000000		5030000000	

图 4‐104　银行存款日记账

银行对账单

单位名称：北京辰星商贸有限公司　　账号：0010412025098180018　　2023年09月01日

2022年		凭证号	摘要	结算凭证		借方	贷方	余额
月	日			种类	号码			
			承前页					4805000.00
08	22		付购货款	转支	#3603	405000.00		4400000.00
08	27		支付广告费	转支	#3604	300000.00		4100000.00
08	29		存款利息	特转	#1902		59000.00	4159000.00
08	29		收回货款	委托收款	#1904		340000.00	4499000.00
08	30		收回货款	委托收款	#1005		300000.00	4799000.00
08	30		贷款利息	特转	#1906	30000.00		4769000.00

图 4－105　银行对账单

要求：查找北京辰新商贸有限公司 2023 年 9 月的未达账项并编制"银行存款余额调节表"（图 4－106）。

银行存款余额调节表

开户银行：　　　　账号：　　　　年　月　日止

摘要	凭证号	金额（亿千百十万千百十元角分）	摘要	凭证号	金额（亿千百十万千百十元角分）
《银行存款日记账》余额			《银行对账单》余额		
加：银行已收，企业未收：			加：企业已收，银行未收：		
1			1		
2			2		
3			3		
4			4		
5			5		
6			6		
7			7		
减：银行已付，企业未付：			减：企业已付，银行未付：		
1			1		
2			2		
3			3		
4			4		
5			5		
6			6		
7			7		
8			8		
9			9		
10			10		
11			11		
12			12		
调节后余额			调节后余额		
财会主管：			制表：		

图 4－106　银行存款余额调节表

模 块 测 试

一、单项选择题

1. 单位银行结算账户的存款人只能在银行开立一个（　　）。
   A. 基本存款账户　　　　　　　　　B. 一般存款账户
   C. 专用存款账户　　　　　　　　　D. 临时存款账户

2. （　　）是存款人因办理日常转账结算和现金收付需要开立的银行结算账户。
   A. 基本存款账户　　　　　　　　　B. 一般存款账户
   C. 专用存款账户　　　　　　　　　D. 临时存款账户

3. （　　）负责监督、检查银行结算账户的开立和使用，对存款人、银行违反银行结算账户管理规定应予以处罚。
   A. 财政部　　　　　　　　　　　　B. 银行监督管理委员会
   C. 银行业协会　　　　　　　　　　D. 中国人民银行

4. 公司被撤并、解散、宣告破产或关闭的应于（　　）内向开户银行提出撤销银行结算账户的申请。
   A. 3 个工作日　　B. 5 个工作日　　C. 10 个工作日　　D. 15 个工作日

5. 下列存款人中，不可以申请开立基本存款账户的是（　　）。
   A. 多人合伙设立的高科技产品经营部
   B. 某市财政局
   C. 个体工商户李某经营的水果零售部
   D. 某学校在校内设立的非独立核算的小卖部

6. 临时存款账户的有效期最长不得超过（　　）。
   A. 6 个月　　　　　B. 1 年　　　　　C. 2 年　　　　　D. 5 年

7. 存款人依法对有特定用途的资金进行专项管理和使用而开立的银行结算账户是（　　）。
   A. 基本存款账户　　　　　　　　　B. 一般存款账户
   C. 专用存款账户　　　　　　　　　D. 临时存款账户

8. 存款人日常经营活动的资金收付及其现金的支取，应通过（　　）办理。
   A. 基本存款账户　　　　　　　　　B. 一般存款账户
   C. 专用存款账户　　　　　　　　　D. 临时存款账户

9. 下列对象中，不具备开立基本存款账户资格的存款人为（　　）。
   A. 企业法人　　　　　　　　　　　B. 民办非法人企业
   C. 社区委员会　　　　　　　　　　D. 单位设立的非独立核算的附属机构

10. 甲公司基本存款账户开在工商银行 A 市支行，现因经营需要向建设银行 B 分行申请贷款 100 万元，经审查同意贷款，其应在 B 分行开设（　　）。
    A. 基本存款账户　　　　　　　　　B. 一般存款账户
    C. 专用存款账户　　　　　　　　　D. 临时存款账户

11. 一般存款账户可以进行的结算内容不包括（　　）。
    A. 借款转存　　　　B. 借款归还　　　　C. 现金缴存　　　　D. 现金支取

12. 根据支付结算法律制度的规定,电子承兑汇票的付款期限自出票日至到期日不能超过的一定期限是( )。
    A. 3个月　　　　B. 6个月　　　　C. 1年　　　　D. 2年
13. 根据支付结算法律制度的规定,下列关于银行汇票的表述,不正确的是( )。
    A. 单位和个人各种款项结算均可使用银行汇票
    B. 申请人或收款人为单位的,银行不得为其签发现金银行汇票
    C. 申请人应将银行汇票和解讫通知一并交付给汇票上记明的收款人
    D. 银行汇票的提示付款期限为自票据到期日起1个月
14. 2022年2月9日,甲公司签发一张金额为400万元的电子银行承兑汇票。甲公司可以填写的到期日最晚为( )。
    A. 2022年5月9日　　　　　　　　B. 2023年2月9日
    C. 2022年8月9日　　　　　　　　D. 2023年8月9日
15. 关于划线支票说法正确的是( )。
    A. 可以提取现金,也可以转账　　　B. 只能提取现金
    C. 只能转账　　　　　　　　　　D. 不存在划线支票
16. 支票的提示付款期限自出票日起( )。
    A. 5日　　　　B. 10日　　　　C. 15日　　　　D. 1个月
17. 企业收到支票并填制进账单到银行办妥手续后应借记( )科目。
    A. "应收票据"　　B. "银行存款"　　C. "库存现金"　　D. "其他货币资金"
18. 根据《支付结算办法》的规定,汇款人委托银行将其款项支付给收款人的结算方式是( )。
    A. 汇兑　　　　B. 信用证　　　　C. 托收承付　　　　D. 委托收款
19. 由于银行承兑汇票的特殊性,一般银行都会要求企业在办理前先在该行存入一定金额的保证金,保证金的比例一般不少于承兑金额的( )。
    A. 30%　　　　B. 40%　　　　C. 20%　　　　D. 10%
20. 采用公众号支付接入微信支付时,商户需提供的资料不包括( )。
    A. 经营类目及对应经营资质　　　B. 企业联系信息
    C. 企业银行账户　　　　　　　　D. 营业执照
21. 公众平台微信支付商户申请的步骤正确的是( )。
    A. 注册账号→填写资料→签署协议→商户验证→售卖商品
    B. 注册账号→填写资料→商户验证→签署协议→售卖商品
    C. 注册账号→商户验证→填写资料→签署协议→售卖商品
    D. 注册账号→商户验证→填写资料→售卖商品→签署协议

二、多项选择题

1. 下列关于银行账户的用途描述,正确的包括( )。
   A. 办理日常结算、现金及员工薪金及奖金的支取,需要开立基本存款账户
   B. 办理借款的转存和归还及其他结算的资金收付,需要开立一般存款账户
   C. 企业设立临时机构、异地临时经营活动、注册验资情况的,可以申请开立临时存款账户
   D. 企业办理社会保障基金、住房基金、收入汇缴基金、业务支出资金等一些专用款项的收

支,需要开立专用存款账户

2. 新华商贸有限公司基本存款账户可以办理企业的(　　)经济业务。
   A. 日常经营活动的资金收付　　　　B. 支付职工的工资、奖金
   C. 现金的支取　　　　　　　　　　D. 向外地的临时存款户汇款

3. 新华商贸有限公司的现金支票可以到(　　)账户的开户行中去购买。
   A. 一般存款账户　　　　　　　　　B. 临时存款账户
   C. 专用存款账户　　　　　　　　　D. 基本存款账户

4. 临时存款账户可以办理(　　)经济业务。
   A. 存、取现金　　B. 转账　　C. 贷款　　D. 证券交易结算

5. 关于公司开立的存款账户,下列说法正确的包括(　　)。
   A. 存款人可以自主选择银行
   B. 存款人在其账户资金不足的前提下可以先向银行透支
   C. 存款人在银行的账户必须有足够的资金保证支付,不准签发空头支票
   D. 存款人申请改变开户银行的,可直接申请更改,无需撤销原账户

6. 下列情形中,企业需要将银行账户撤销的有(　　)。
   A. 企业宣告破产　　　　　　　　　B. 企业临时存款账户使用期限满1年
   C. 企业变更开户行　　　　　　　　D. 企业结算时有不良记录留档

7. 根据《人民币银行结算账户管理办法》的规定,下列事项中存款人应向开户银行申请撤销银行结算账户的有(　　)。
   A. 尚未清偿其开户银行债务的　　　B. 存款人因迁址需要变更开户银行的
   C. 存款人因迁址但不变更开户银行的　D. 注销、被吊销营业执照

8. (　　)信息发生更改时,需要向银行申请账户变更。
   A. 企业名称　　　　　　　　　　　B. 主营业务范围
   C. 公司地址　　　　　　　　　　　D. 基本户账户

9. 下列关于银行账户变更的描述,正确的包括(　　)。
   A. 申请银行账户变更时,需要到开户银行领取并填写《变更银行结算账户申请书》
   B. 申请变更时,存款人将填写完整并加盖单位公章的申请书及变更所需的资料交开户银行
   C. 银行账户变更所需的资料可以直接到银行柜台进行咨询,也可以致电开户行或者登录企业网上银行进行查询
   D. 企业变更银行账户时,只需要直接到柜台申请即可,不用办理其他手续

10. 根据支付结算法律制度的规定,支票可以分为(　　)。
    A. 现金支票　　B. 转账支票　　C. 普通支票　　D. 其他支票

11. 根据支付结算法律制度的规定,下列各项中,可用于转账的有(　　)。
    A. 现金支票　　B. 转账支票　　C. 普通支票　　D. 划线支票

12. 支票必须记载事项包括(　　)。
    A. 表明"支票"的字样　　　　　　B. 无条件支付的"委托"
    C. 确定的金额　　　　　　　　　　D. 付款人名称
    E. 出票日期　　　　　　　　　　　F. 出票人签章

13. 根据支付结算法律制度的规定,下列各项中,属于电子商业汇票的必须记载事项的有(　　)。
    A. 出票人签章　　　　　　　　　　B. 无条件支付的委托
    C. 出票人名称　　　　　　　　　　D. 票据到期日

14. 2022年10月9日,甲公司签发一张现金支票。关于签发该支票的下列表述中,正确的有(　　)。
    A. 出票日期须使用阿拉伯数码记载
    B. 支票金额须以中文大写与阿拉伯数字同时记载且保持一致
    C. 应避免签发空头支票
    D. 支票上不得记载甲公司为收款人

15. 出纳员持一张现金支票到付款银行提示付款,应当办理的手续有(　　)。
    A. 填制进账单
    B. 向银行交验本人身份证件
    C. 在支票背面注明身份证件名称、号码及发证机关
    D. 在支票背面"收款人签章"处签章

16. 根据支付结算法律制度的规定,汇款人、收款人均在银行开立存款账户的,汇款人签发汇兑凭证必须记载的事项有(　　)。
    A. 收款人名称及账号　　　　　　　B. 汇入银行名称
    C. 确定的金额　　　　　　　　　　D. 汇款人名称及账号

17. 网上支付在(　　)中可以使用。
    A. 同城同行　　B. 同城跨行　　C. 异地同行　　D. 异地跨行

18. 一般存款账户用于办理存款人的(　　)。
    A. 借款转存　　B. 借款归还　　C. 现金缴存　　D. 现金支取

19. 下列符合支票管理规定的包括(　　)。
    A. 现金支票既可以提取现金也办理转账
    B. 支票金额必须在付款单位的存款余额内
    C. 不得出租、出借支票
    D. 特殊情况可签发空头支票

20. 微信支付从产品体验的各个环节考虑用户心理感受,形成了整套安全机制和手段。这些机制和手段包括(　　)。
    A. 硬件锁　　　　　　　　　　　　B. 支付密码验证
    C. 交易异常实时监控　　　　　　　D. 交易紧急冻结

21. 采用App支付接入微信支付时,商户需提供的资料包括(　　)。
    A. 经营类目及对应经营资质　　　　B. 企业联系信息
    C. 企业银行账户　　　　　　　　　D. App下载地址或页面截图

22. 企业销售货物使用微信支付时,需先接入微信支付,接入微信支付的方式包括(　　)。
    A. 公众号支付接入　　　　　　　　B. App支付接入
    C. 扫码支付接入　　　　　　　　　D. 刷卡支付接入

23. 新华商贸有限公司准备使用微信支付,下列各项中,可以接入微信支付的有(　　)。

A. 公众号支付　　　B. App 支付　　　C. 扫码支付　　　D. 刷卡支付

24. 新华商贸有限公司开通了网银自助打印回单功能,请问出纳可以采用(　　)方式查询及打印业务回单。

A. 登录网银系统　　　　　　　B. 登录银行主页
C. 银行自助回单机上　　　　　D. 银行柜台

25. 根据支付结算法律制度的规定,下列各项中,属于条码支付的交易验证方式的有(　　)。

A. 静态密码　　　B. 数字证书　　　C. 电子签名　　　D. 单位证明

三、判断题

1. 基本存款账户和一般存款账户均可以存入现金,但单位信用卡不得存入现金,也不得支取现金。(　　)

2. 开立基本存款账户、临时存款账户(不含注册验资临时存款账户)和预算单位开立的专用存款账户须经中国人民银行核准。(　　)

3. 存款人不得出租、出借银行结算账户,不得利用银行结算账户套取银行信用,更不得利用银行结算账户谋取利益。(　　)

4. 银行结算账户变更是指存款人名称、单位法定代表人或主要负责人、住址及其他开户资料发生的变更。(　　)

5. 基本存款账户、一般存款账户的账户名称应与存款人名称完全一致。(　　)

6. 基本存款账户与一般存款账户可以开在同一支行网点。(　　)

7. 支票是出票人签发的,委托办理支票存款业务的银行在见票时无条件支付确定的金额给收款人或者持票人的票据。(　　)

8. 商业汇票的提示付款期限为自出票日起 1 个月。(　　)

9. 企业网上银行支付都没有单笔付款限额规定。(　　)

10. 支票是由银行签发的,由存款人委托办理支票存款业务的银行在见票时无条件支付确定的金额给收款人或者持票人的票据。(　　)

11. 商业汇票按承兑人不同,分为商业承兑汇票和银行承兑汇票。(　　)

12. 微信扫码支付有两个模式,分别为"二维码永久有效"模式和"二维码三小时有效"模式。(　　)

13. 云闪付是一款现金收付款移动交易结算工具。(　　)

14. 新华商贸有限公司出纳开立支付宝账户时,选择公司类型的支付宝账户,并将公司银行账户与支付宝相匹配,请判断该做法是否正确。(　　)

15. 电子支付是指单位、个人直接或授权他人通过电子终端向银行发出支付指令,实现货币支付与资金转移的行为。(　　)

16. 未填明实际结算金额和多余金额或实际结算金额超过票面金额的,银行不予受理。(　　)

17. 单位和个人只能使用支票结算同城的各种款项。(　　)

四、业务题

1. 2023 年 7 月 10 日,南宁市天天电子科技有限公司(基本户:中国工商银行南宁市星湖支行 2102103100000000006)发生顾问费用 3 000.00 元,财务部签发现金支票给顾问高明(不考虑支付密码)。

要求：请填写现金支票(图 4-107)。

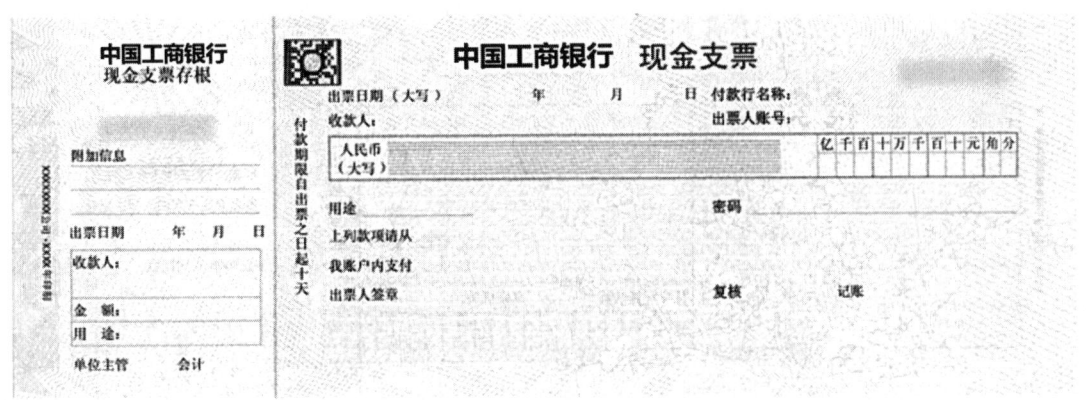

图 4-107 现金支票

2. 2023 年 7 月 16 日,南宁市天天电子科技有限公司(基本户：中国工商银行南宁市星湖支行 2102103100000000006)开出转账支票支付审计费 10 000 元给北京友和会计师事务所(基本户：交通银行北京东城支行 4194662379838332100000)。

要求：请填写转账支票(图 4-108)。

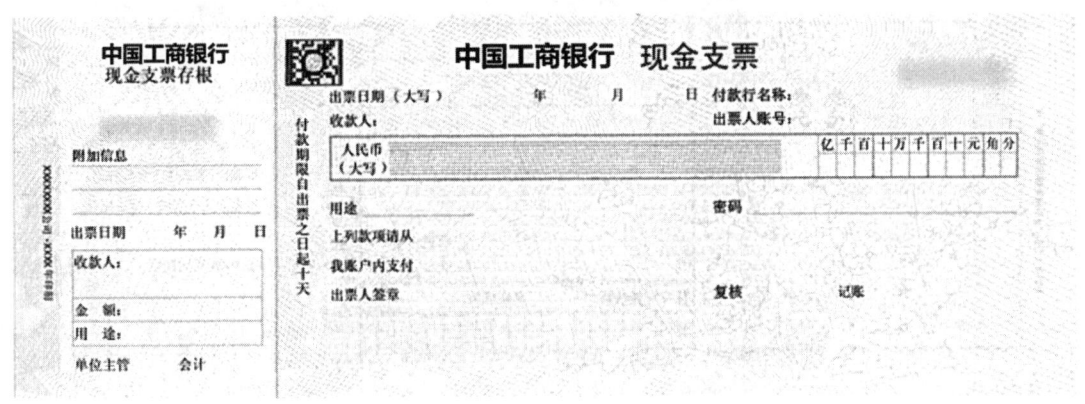

图 4-108 转账支票

3. 2023 年 8 月 11 日,南宁市天天电子科技有限公司出纳持审核盖章后的银行承兑汇票(图 4-109 和图 4-110)去银行办理委托收款(电划)。

要求：请填写托收凭证(图 4-111)。

4. 2023 年 07 月 20 日,南宁市天天电子科技有限公司(基本户：中国工商银行南宁市星湖支行 2102103100000000006 行号：301001313999)向北京畅春商贸有限公司(基本户：中国工商银行北京朝阳支行 1560668924792483729)购买商品,合同约定由付款方签发付款期限为 4 个月的商业承兑汇票结算货款,票面金额为 22 600 元。并于当日承兑。

要求：请填写商业承兑汇票(图 4-112)。

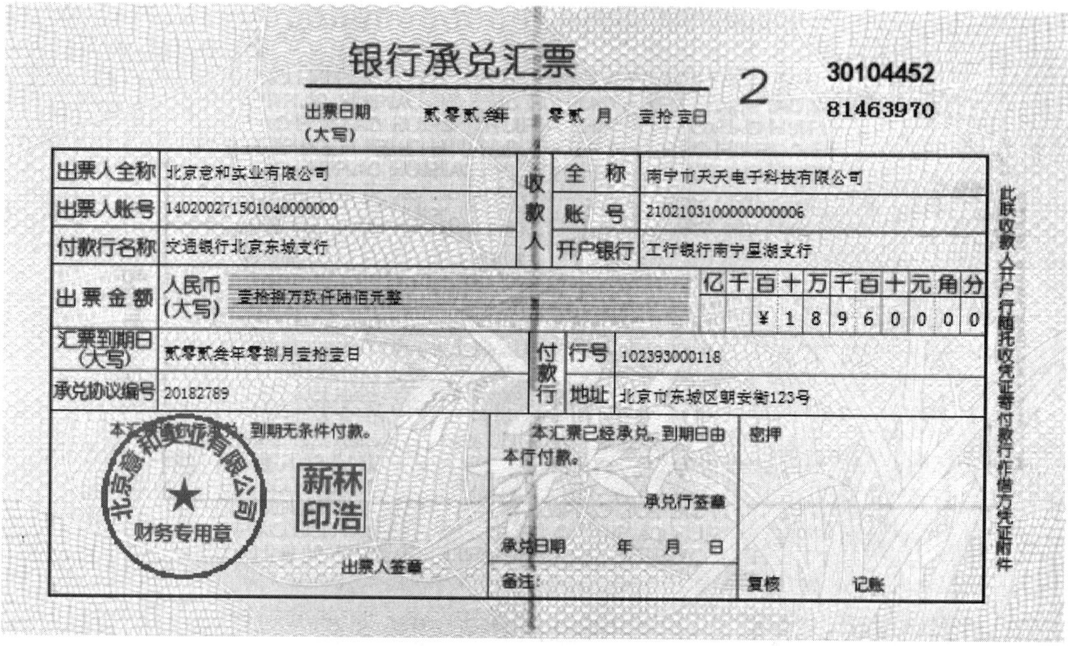

银行承兑汇票 2

30104452
81463970

出票日期（大写） 贰零贰叁年 零贰 月 壹拾壹日

出票人全称	北京意和实业有限公司	收款人	全　称	南宁市天天电子科技有限公司
出票人账号	14020027150104000000		账　号	2102103100000000006
付款行名称	交通银行北京东城支行		开户银行	工行银行南宁星湖支行
出票金额	人民币（大写）壹拾捌万玖仟陆佰元整		亿千百十万千百十元角分	¥18960000
汇票到期日（大写）	贰零贰叁年零捌月壹拾壹日	付款行	行号	102393000118
承兑协议编号	20182789		地址	北京市东城区朝安街123号

本汇票请你行承兑，到期无条件付款。
北京意和实业有限公司 财务专用章
新林印浩
出票人签章

本汇票已经承兑，到期日由本行付款。
承兑行签章
承兑日期　年　月　日
备注：

密押
复核　记账

此联收款人开户行随托收凭证寄付款行作借方凭证附件

图 4－109　银行承兑汇票

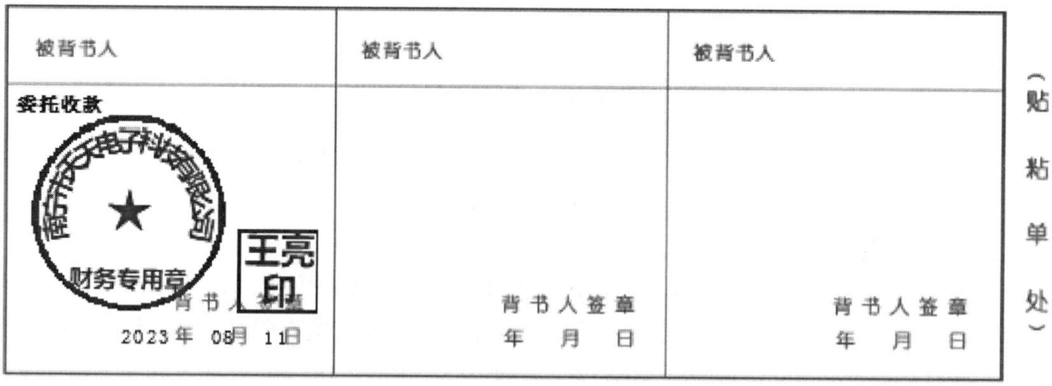

被背书人	被背书人	被背书人
委托收款 南宁市天天电子科技有限公司 财务专用章 王亮印 背书人签章 2023 年 08月 11日	背书人签章 年　月　日	背书人签章 年　月　日

（贴粘单处）

图 4－110　银行承兑汇票背面

托收凭证（受理回单）　　1

委托日期　　年　　月　　日

业务类型	委托收款（□邮划、□电划）　托收承付（□邮划、□电划）				
付款人	全称		收款人	全称	
	账号			账号	
	地址	省　市县　开户行		地址	省　市县　开户行
金额	人民币（大写）		亿 千 百 十 万 千 百 十 元 角 分		
款项内容		托收凭据名称		附寄单证张数	
商品发运情况			合同名称号码		
备注： 复核　记账		年　月　日	收款人开户银行签章 年　月　日		

(2005) 10×17.5公分　15 角直印制 (0512-65011166)

此联作收款人开户银行给收款人的受理回单

图 4－111　托收凭证

商业承兑汇票（卡片）　　1　　30101160 20983051

出票日期（大写）　　年　　月　　日

付款人	全　称		收款人	全　称	
	账　号			账　号	
	开户银行			开户银行	
出票金额	人民币（大写）		亿 千 百 十 万 千 百 十 元 角 分		
汇票到期日（大写）			付款人开户行	行号	
交易合同号码				地址	
出票人签章			备注：		

此联承兑人留存

图 4－112　商业承兑汇票

模块 5

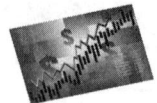

资金管理——其他业务

【知识目标】
1. 理解资金管理——其他业务的相关基础知识
2. 熟悉资金管理——其他业务的工作流程
3. 掌握资金管理——其他业务的办理要求

【技能目标】
1. 能根据收据、借款、费用报销等业务情况,完成相应的业务流程
2. 能根据社会保险、职工薪酬发放等业务情况,完成相应的业务流程
3. 能根据工商年检、税费等业务情况,完成相应的业务流程
4. 能根据资金档案管理业务情况,完成相应的业务流程

【思政目标】
1. 培养学生严谨细致、求真务实的职业素质
2. 培养学生遵守廉洁自律、诚实守信、坚持准则的会计职业道德
3. 培养学生的爱国情怀,使其具备自强不息、积极进取的精神

【知识点思维导图】

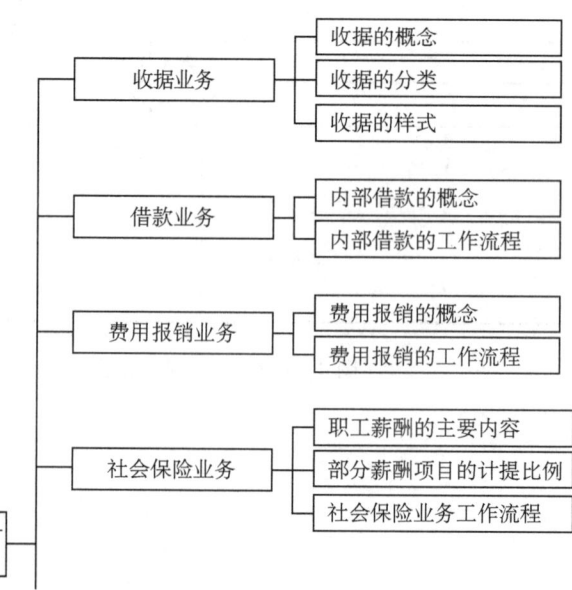

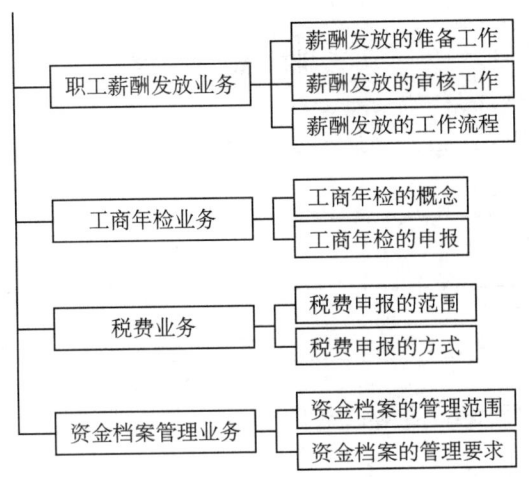

任务 5.1　收据业务

【任务导入】

2023年6月1日,南宁市天天电子科技有限公司收到南宁瑞祥有限公司按合同约定交来的出借包装物押金(现金1 000元),请问实习生李华应该如何处理这笔业务?

【任务背景知识】

一、收据的概念

收据是指企事业单位在经济活动中使用的原始凭证。它主要用于非生产经营活动的款项收付,是统计支出结算和现金收付的重要依据,间接关系支出结算的准确、及时和平衡。一般在没有使用发票的场合,都应该使用收据。

二、收据的分类

收据可以分为内部收据和外部收据。

内部收据是单位内部的自制凭据,用于单位内部发生的业务,如收取员工押金、退还多余出差借款等等。外部收据又分为税务部门监制收据、财政部门监制收据、部队收据三种。

除上述收据外,单位或个人在收付款时使用的其他自制收据,即日常所说的"白条",不能作为凭证入账。

三、收据的样式

常见的收据样式一般为一式三联,第一联为"存根联",第二联为"对方联",第三联为"财务联"。存根联样式见图5-1。

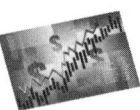

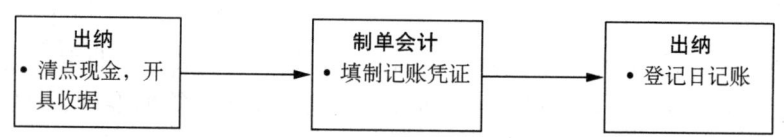

图 5-1　收款收据存根联样式

【任务实施案例】

【例 5-1】　2023 年 6 月 1 日,南宁市天天电子科技有限公司收到南宁瑞祥有限公司按合同约定交来的出借包装物押金(现金 1 000 元),出纳员方芳据以填制收款收据。

一、收款收据业务处理流程

收款收据业务处理流程见图 5-2。

```
出纳                    制单会计              出纳
• 清点现金,开     →    • 填制记账凭证   →    • 登记日记账
  具收据
```

图 5-2　收款收据业务处理流程

二、收款收据业务实施步骤

(1) 出纳当面清点现金,填写收据,在收据第二联上加盖"财务专用章",见图 5-3;第三联加盖"现金收讫"章,见图 5-4。

(2) 会计李明审核出纳传递的收据第三联,并编制记账凭证,见图 5-5。

(3) 出纳方芳根据审核无误的记账凭证,登记库存现金日记账,见图 5-6。

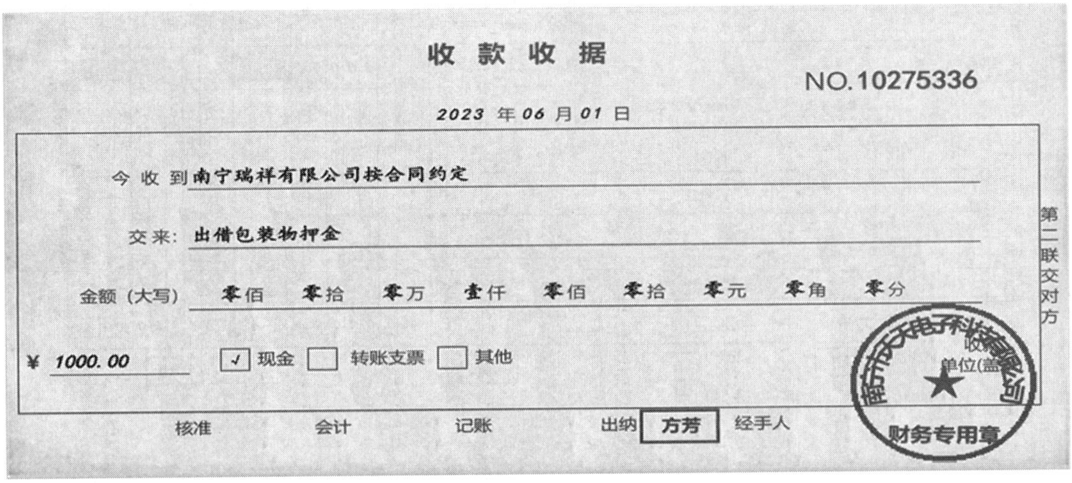

图 5-3 收款收据"对方联"

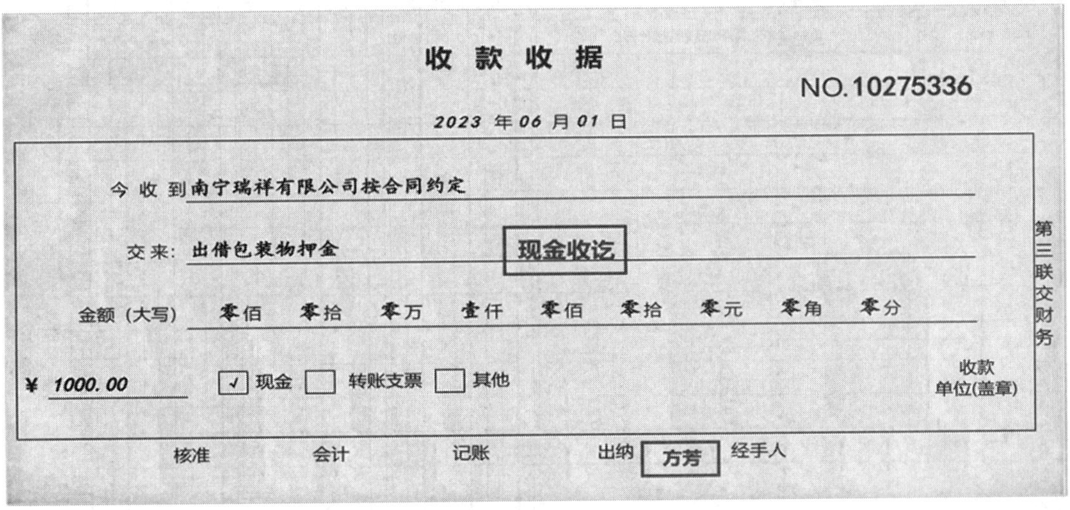

图 5-4 收款收据"财务联"

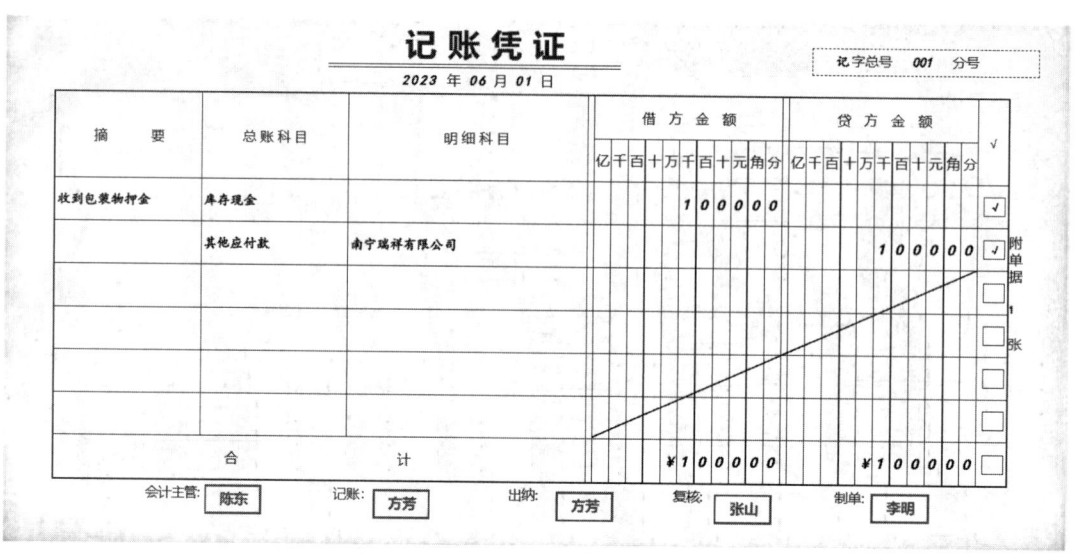

图 5-5 记账凭证

图 5-6 库存现金日记账

【任务拓展】

2023 年 7 月 1 日，南宁市天天电子科技有限公司收到南宁瑞隆商贸有限公司按合同约定交来的出借包装物押金(现金)1 500 元。

要求：(1) 请根据业务情况填写收据第二联交对方，见图 5－7；

(2) 请判断收据第二联是否需要盖章。

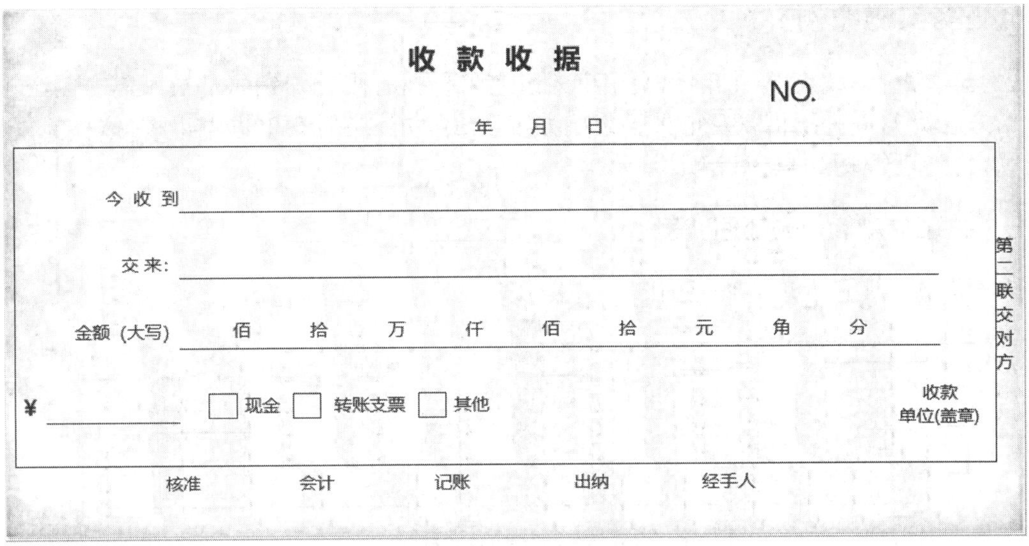

收 款 收 据

NO.

年　月　日

今 收 到

交 来：

金额 (大写)　佰　拾　万　仟　佰　拾　元　角　分

¥　□现金　□转账支票　□其他　收款单位(盖章)

第二联交对方

核准　会计　记账　出纳　经手人

图 5－7　收款收据

任务 5.2　借款业务

【任务导入】

2023 年 6 月 5 日，南宁市天天电子科技有限公司销售部员工赵一因公务短途出差，需预借差旅费 1 500 元。请问出纳方芳应当如何处理这笔业务？

【任务背景知识】

一、内部借款的概念

内部借款主要是指企业内部的单位或个人因公务或其他特殊事项，需要向企业进行借款的情形。

二、内部借款的工作流程

内部借款业务的工作流程，见图 5－8。

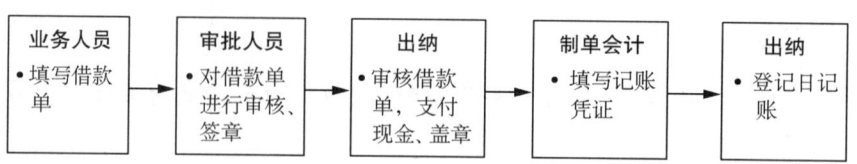

图 5-8 内部借款工作流程

【任务实施案例】

【例 5-2】 2023 年 6 月 5 日,南宁市天天电子科技有限公司销售部员工赵一因公出差,需预借差旅费 1 500 元,借款及审批手续已办妥,出纳方芳对借款单进行审核,审核无误后据以付款,并登记台账及现金日记账。

一、内部借款的业务处理流程

内部借款的业务处理流程见图 5-9。

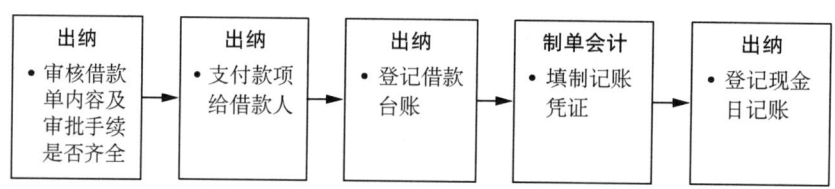

图 5-9 内部借款业务处理流程

二、办理内部借款业务实施步骤

(1) 出纳方芳收到借款人赵一交来的借款单,按规定审核借款单的各要素是否填写清晰、完整,是否审批手续完备,见图 5-10。

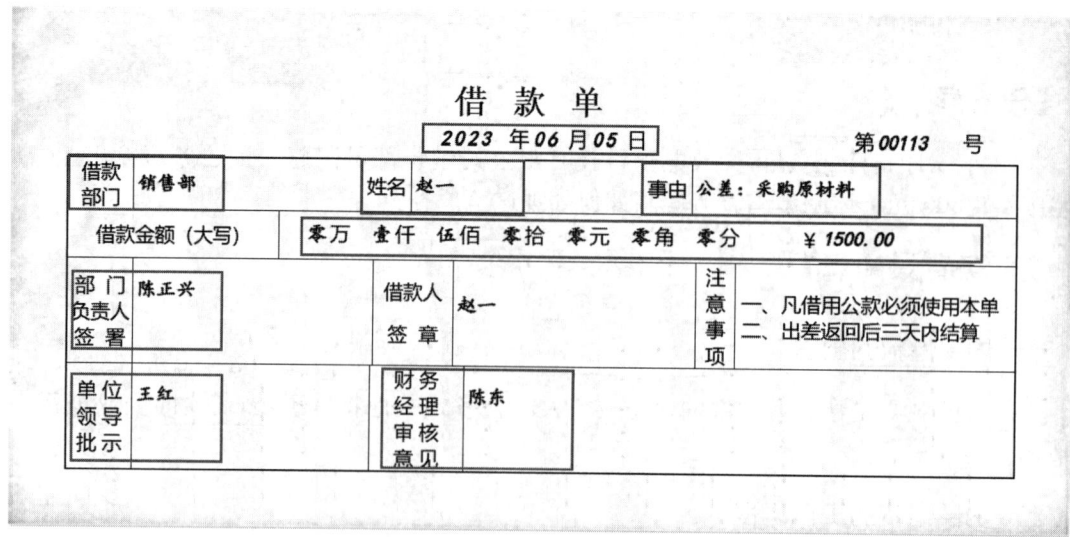

图 5-10 借款单

（2）出纳方芳审核借款单无误后，将现金交予借款人，并在借款单上盖上"现金付讫"章，防止重复支付，见图 5-11。

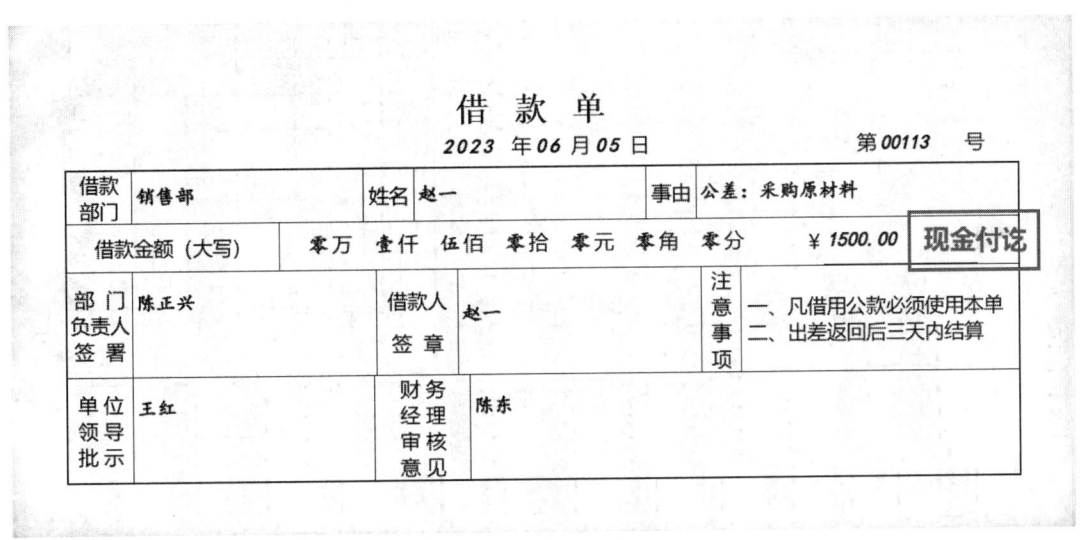

图 5-11 借款单

（3）出纳方芳登记借款台账见图 5-12。

图 5-12 员工借款明细账

（4）会计李明根据出纳方芳传递的原始凭证，填制记账凭证，见图 5-13。
（5）出纳方芳根据审核无误的记账凭证，登记库存现金日记账，具体参见图 5-6，此处不再赘述。

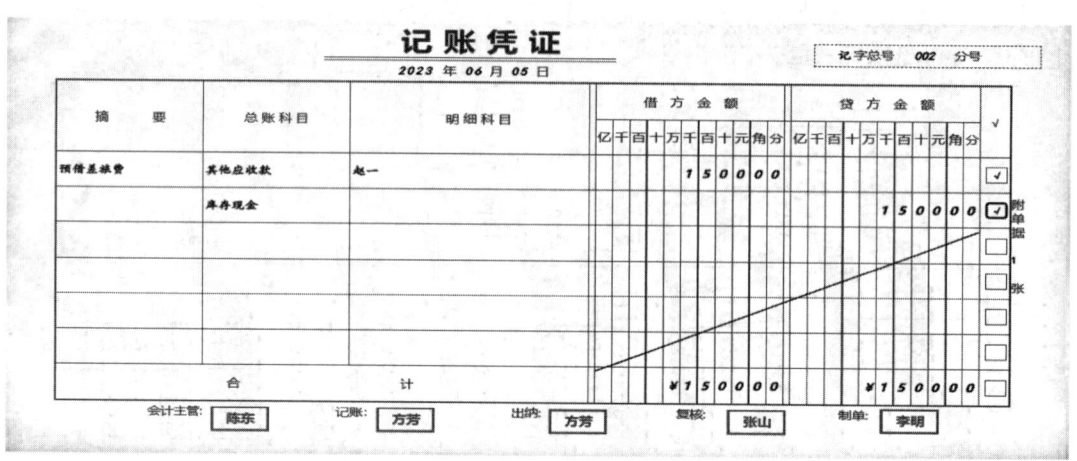

图 5-13　记账凭证

【任务拓展】

2023年7月5日，南宁市天天电子科技有限公司人力部员工孙山因开展校园招聘宣讲会的公务出差，需预借差旅费2 000元。借款手续需完成"部门负责人—财务经理—分管领导"的逐层审批（人力部负责人：李肆；分管领导：王红；财务经理：陈东），出纳方芳对借款单进行审核，审核无误后据以付款。

要求：（1）请根据题干信息，完成借款单的填制，见图5-14；

（2）请根据该业务填制记账凭证，见图5-15。

图 5-14　借款单

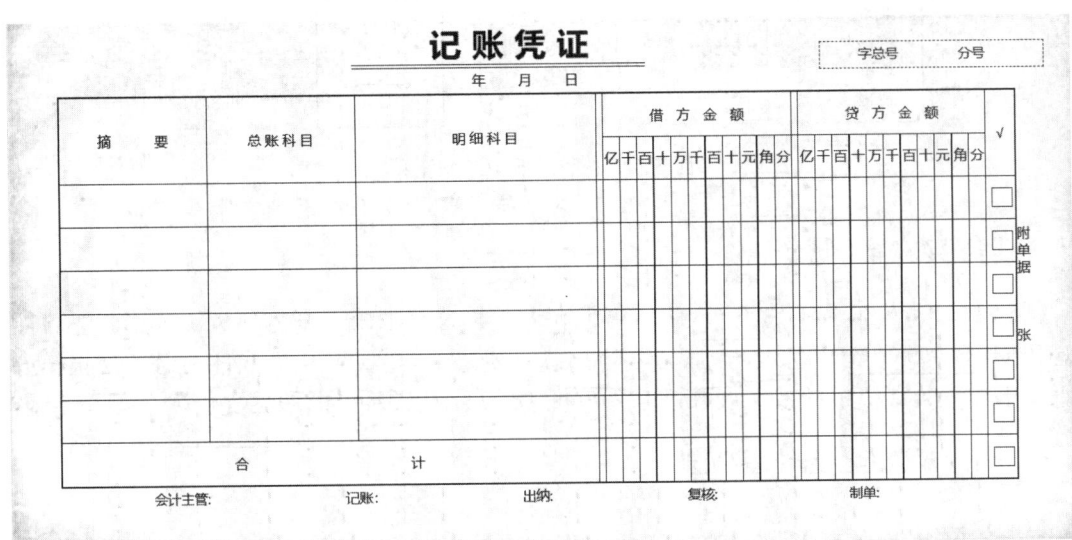

图 5-15 记账凭证

任务 5.3 费用报销业务

【任务导入】

2023 年 6 月 6 日,南宁市天天电子科技有限公司采购部员工钱二购买打印机墨盒 2 个,不含税单价 200 元,增值税税率 13%,钱二于 2023 年 6 月 9 日到财务处报销办公费用。实习生李华应如何办理这笔业务?

【任务背景知识】

一、费用报销的概念

费用报销是企业采取的一种财务处理方式。其特征是单位将业务造成的费用支出进行实际审核、登记,在保障实际支出的基础上,利用一定的核算方式,向财务部门报销经营费用。

费用报销主要体现在三个方面:一是报销由公司拟定支出项目,由下属员工根据实际消耗凭记录进行报销;二是报销由公司拟定支出项目和指定金额,由下属员工按照公司规定支出,并在预算以内报销;三是报销由上级下达任务,下属员工按照公司规定支出,并且在任务完成后报销。

二、费用报销的工作流程

费用报销的工作流程见图 5-16。

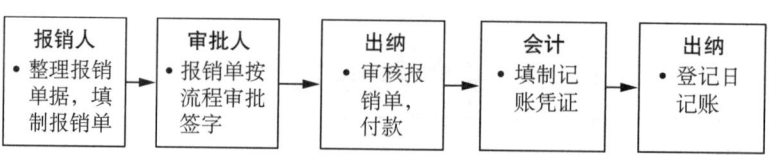

图 5‑16 费用报销工作流程

【任务实施案例】

【例 5‑3】 2023 年 6 月 6 日,南宁市天天电子科技有限公司采购部员工钱二购买打印机墨盒 2 个,不含税单价 200 元,增值税税率 13%。钱二于 2023 年 6 月 9 日到财务处报销办公费用。出纳方芳审核报销单无误并已办妥审批手续后予以报销,向钱二支付现金 452 元。

一、费用报销的业务处理流程

费用报销的业务处理流程见图 5‑17。

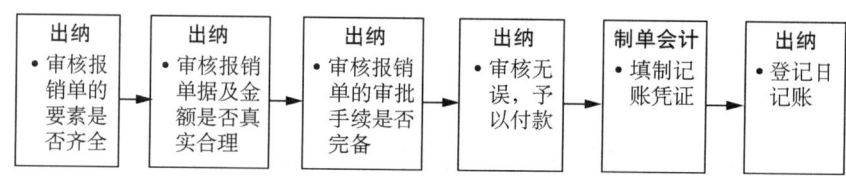

图 5‑17 费用报销业务处理流程

二、费用报销业务的实施步骤

(1) 出纳方芳收到报销单时,核实报销单上的要素是否齐全,见图 5‑18。

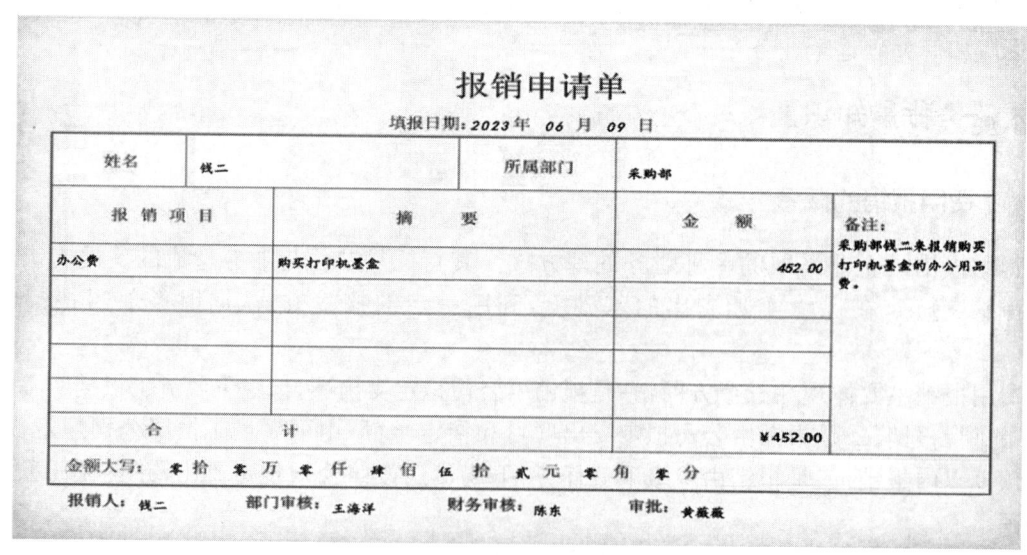

图 5‑18 报销申请单

(2) 经出纳方芳审核,报销单据真实合法,与报销单所填项目一致;报销单金额与附件发票金额一致,且发票金额未超过采购部的办公费预算。增值税电子专用发票见图 5-19。

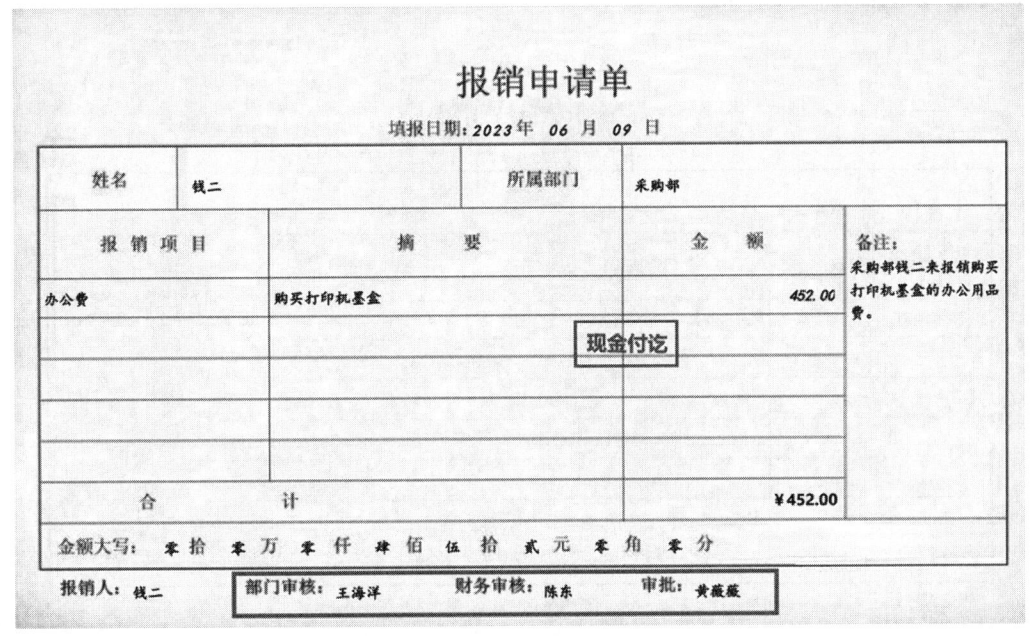

图 5-19　增值税电子专用发票

(3) 出纳方芳审核报销单已由相关领导审批并签字,审批手续完备,见图 5-20。

(4) 各项要素审核无误后,出纳方芳以现金付款,并在付完款的报销单上加盖"现金付讫"章,证明报销款项支付完毕,防止重复支付,见图 5-20。

图 5-20　报销申请单

（5）会计李明根据审核无误的原始凭证，填制记账凭证，见图5-21。

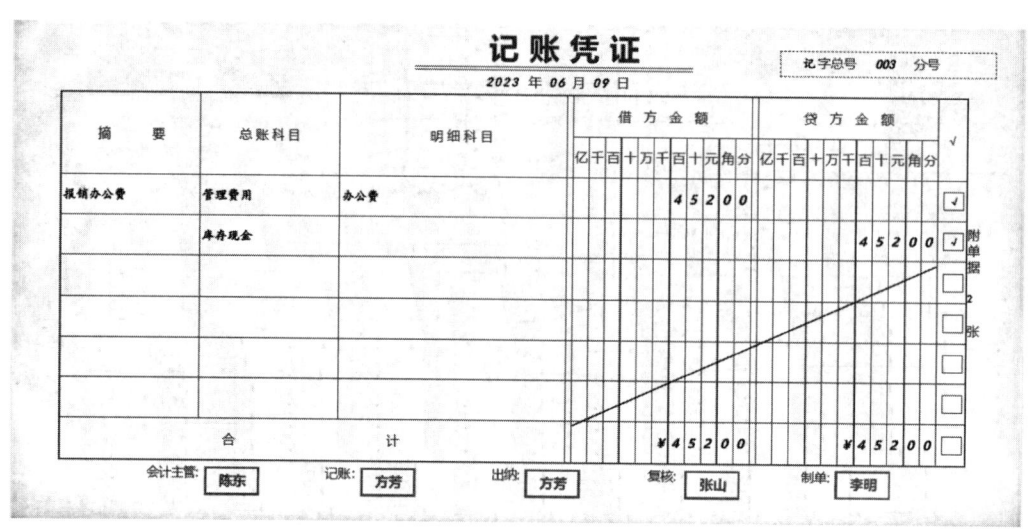

图5-21 记账凭证

（6）出纳方芳根据审核无误的记账凭证，登记库存现金日记账，具体参见图5-6，此处不再赘述。

【任务拓展】

2023年7月6日，南宁市天天电子科技有限公司采购部员工钱二购买笔记本10本，不含税单价20元，增值税税率13%，其于2023年7月9日到财务处报销办公费用，报销申请单及增值税专用发票见图5-22和图5-23。

图5-22 报销申请单

广西增值税电子专用发票

发票代码：1100114042
发票号码：30963187
开票日期：2023年07月06日
校验码：35121 56856 45865 81645

机器编号：1584693250210

购买方	名称：南宁市天天电子科技有限公司 纳税人识别号：914501037086598666 地址、电话：广西南宁市星湖路16号 0771-532866 开户行及账号：中国工商银行南宁市星湖支行 2102103100000000006	密码区	03*3187<4/+8490<+95-59+7<243 4987<0-->>-6>525<645716->7*7 87*3187<4/+8490<+95705681780 9<712/<1+9016>6502++>82>93/-

项目名称	规格型号	单位	数量	单价	金额	税率	税额
*纸及纸制品*纸质笔记本		本	10	20	200.00	13%	26.00
合 计					¥200.00		¥26.00

价税合计（大写） ⊗ 贰佰贰拾陆元整   （小写）¥226.00

销售方	名称：广西星星办公用品有限公司 纳税人识别号：914501038659706666 地址、电话：南宁市星湖路2号 010-82011888 开户行及账号：中国工商银行南宁市星湖支行 2102103200000000008	备注	

收款人：　　　　　　复核：　　　　　　开票人：马雯

图 5-23　增值税专用发票

要求：(1) 请审核报销申请单的要素是否填写完整且无误；
(2) 如报销申请单填写有误，请重新填制报销申请单，见图 5-24。

报销申请单

填报日期：　　年　　月　　日

姓名		所属部门	

报销项目	摘 要	金 额	备注
合　　计			

金额大写：　拾　万　仟　佰　拾　元　角　分

报销人：　　　部门审核：　　　财务审核：　　　审批：

图 5-24　报销申请单

任务 5.4　社会保险业务

【任务导入】

2023年6月10日，实习生李华收到南宁市天天电子科技有限公司5月工资明细汇总表，表内列明公司各职工的工资、奖金、各种补贴、社会保险费、住房公积金和实发工资。请问李华应如何处理？

【任务背景知识】

一、职工薪酬的主要内容

职工薪酬的主要内容见表5-1。

表5-1　　　　　　　　职工薪酬主要内容汇总

序号	项目名称	具体内容
1	工资、奖金、津贴和补贴	工资是指支付给职工的计时工资和计件工资
		奖金是指支付给职工的超额劳动报酬和增收节支的劳动报酬
		津贴和补贴是指为补偿职工特殊或额外的劳动消耗和因其他特殊原因支付给职工的津贴，以及为保证职工工资水平不受物价影响而支付的物价补贴
2	职工福利费	企业为职工卫生保健、生活等发放或支付的各项现金补贴和非货币性福利、职工困难补助、离退休人员统筹外费用，以及按规定发生的其他职工福利支出
3	社会保险费	企业按照规定的基准和比例计算，向人社局缴纳的养老保险费、医疗保险费、失业保险费、工伤保险费和生育保险费
4	住房公积金	企业按照国家规定的基准和比例计算，向住房公积金管理机构缴存的住房公积金
5	工会经费和职工教育经费	企业按照规定，为改善职工文化生活，为职工学习先进技术和提高文化水平和业务素质，而用于开展工会活动、职工教育及职业技能培训等的相关支出
6	辞退福利	企业在职工劳动合同尚未到期之前解除与职工的劳动关系等情况下，根据国家有关规定，给予职工的经济补偿

二、部分薪酬项目的计提比例

社会保险费、住房公积金、职工教育经费及工会经费等薪酬项目，以应发工资总额为基数，按照一定的比例计算后进行计提。假定本节适用的计提比例见表5-2。

表 5-2　　　　　　　　　薪酬项目企业及个人计提比例

名称	企业承担的比例	个人承担的比例
养老保险	20%	8%
医疗保险	8%	2%
失业保险	1.5%	0.5%
生育保险	1%	—
工伤保险	0.5%	—
住房公积金	8%	8%
工会经费	2%	—
职工教育经费	2.5%	—

三、社会保险业务工作流程

社会保险业务工作流程见图 5-25。

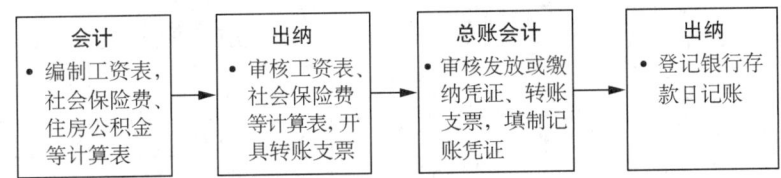

图 5-25　社会保险业务工作流程

【任务实施案例】

【例 5-4】 2023 年 6 月 10 日,出纳方芳收到南宁市天天电子科技有限公司的工资明细汇总表,根据工资明细汇总表,出纳方芳完成社会保险费、住房公积金、工会经费及职工教育经费等薪酬项目的审核、缴纳及银行存款日记账的登记工作。

一、社会保险业务处理流程

社会保险业务处理流程,见图 5-26。

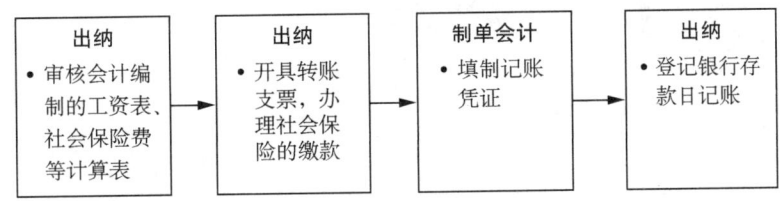

图 5-26　社会保险业务处理流程

二、社会保险业务实施步骤

南宁市天天电子科技有限公司 5 月应付工资总额为 256 000 元,已编制职工薪酬汇总表,见表 5-3。

表 5-3　　　　　　　　　　　　　职工薪酬汇总
　　　　　　　　　　　　　　　　　2023 年 5 月　　　　　　　　　　　　　　　　金额:元

部门	短期薪酬				代扣工资						实发工资
	基本工资	岗位工资	各种补贴	应付工资	养老保险 8%	医疗保险 2%	失业保险 0.5%	住房公积金 8%	个人所得税	代扣合计	
管理部门	100 000	30 000	20 000	150 000	12 000	3 000	750	12 000	2 500	30 250	119 750
销售部门	80 000	16 000	10 000	106 000	8 480	2 120	530	8 480	1 325	20 935	85 065
合计	180 000	46 000	30 000	256 000	20 480	5 120	1 280	20 480	3 825	51 185	204 815

（一）缴纳住房公积金的实施步骤

（1）出纳方芳审核住房公积金计算表,相关金额计算无误,且审批手续完备,见表 5-4。

表 5-4　　　　　　　　　　　　　住房公积金计算
　　　　　　　　　　　　　　　　2023 年 5 月　　　　　　　　　　　　　　　金额:元

部门	短期薪酬（应付工资）	短期薪酬		
		企业承担部分 8%	个人承担部分 8%	小计
管理部门	150 000	12 000	12 000	24 000
销售部门	106 000	8 480	8 480	16 960
合计	256 000	20 480	20 480	40 960

审核:黄薇薇　　　　　　　　　　　　　　　　　　　　　　　　　　　制单:李明

（2）出纳方芳根据审核无误的住房公积金计算表,开具转账支票交主管审核签字,加盖"财务专用章",将转账支票正联交由开户银行,办理缴纳住房公积金,见图 5-27 和图 5-28。

图 5-27　转账支票

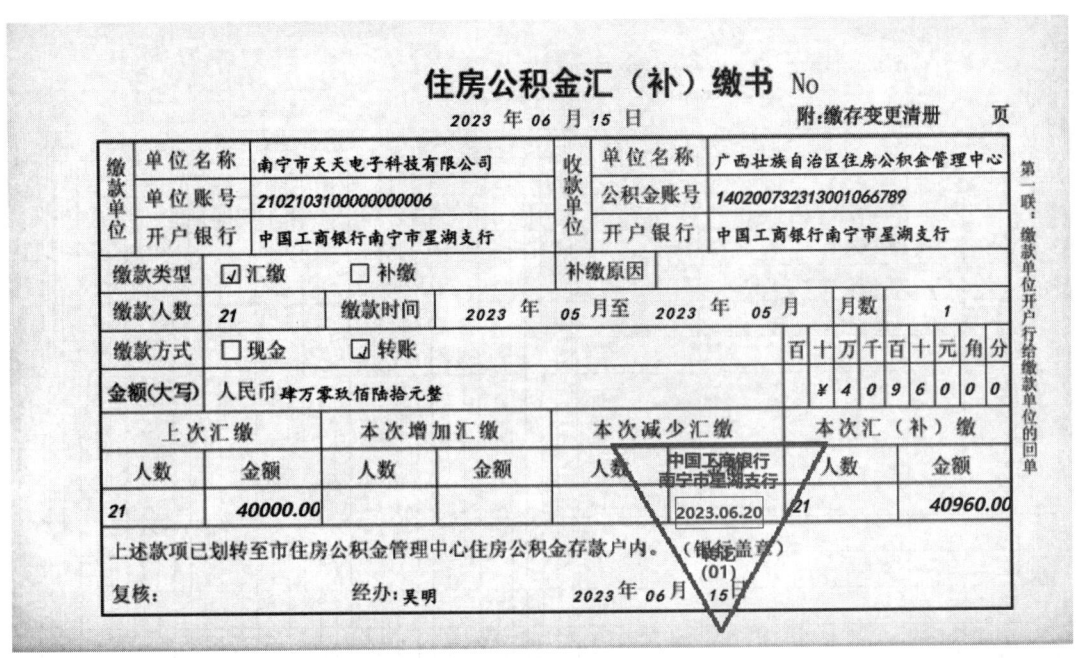

图 5‑28　住房公积金汇(补)缴书

（3）会计李明根据审核无误的原始凭证，填制记账凭证，见图 5‑29。

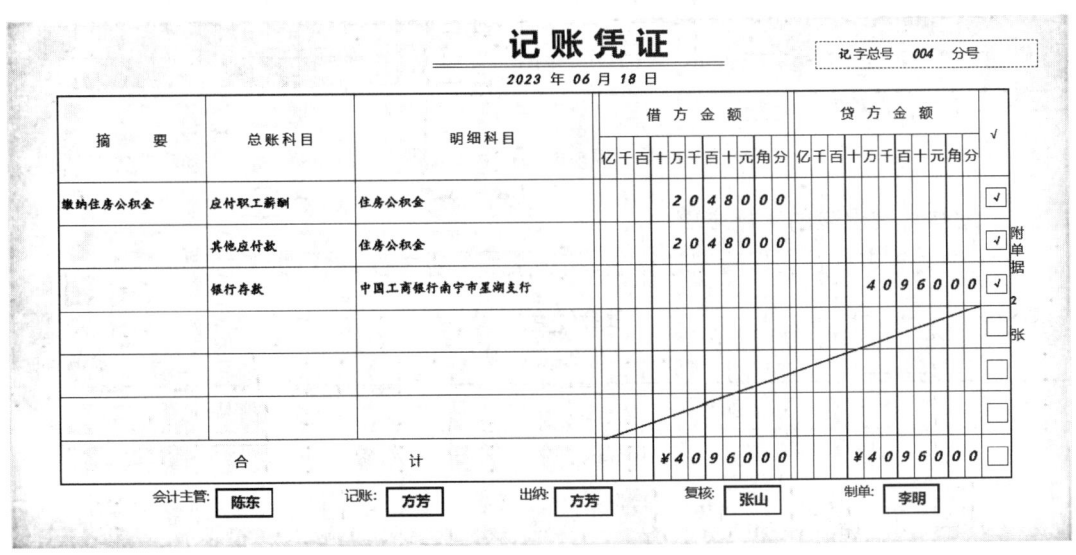

图 5‑29　记账凭证

（4）出纳方芳根据审核无误的记账凭证，登记银行存款日记账，见图 5‑30。

2023年		凭证		支票号码	摘要	对方科目	收入（借方金额）	支出（贷方金额）	余额（结存余额）	核对
月	日	种类	号数				亿千百十万千百十元角分	亿千百十万千百十元角分	亿千百十万千百十元角分	
06	01				承前页		1 2 7 7 4 0 0 0 0	1 0 4 8 9 7 0 0 0	6 2 8 9 4 7 2 0 0 0	
06	18	记	004		缴纳住房公积金			4 0 9 6 0 0 0	6 2 8 5 3 7 6 0 0 0	

开户行：中国工商银行南宁市星湖支行
账 号：2102103100000000006
第 12 页

银行存款日记账

图 5-30 银行存款日记账

（二）缴纳社会保险的实施步骤

（1）出纳方芳审核社会保险费计算表，相关金额计算无误，且审批手续完备，见表 5-5。

表 5-5　　　　　　　　　　　社会保险费计算
2023 年 5 月　　　　　　　　　　　　　　　　　　　　　　金额：元

部门	应付工资	短期薪酬				离职后福利				小计
		医疗保险		工伤保险	生育保险	养老保险		失业保险		
		企业承担部分	个人承担部分	全部企业承担	全部企业承担	企业承担部分	个人承担部分	企业承担部分	个人承担部分	
		8%	2%	0.5%	1.0%	20%	8%	1.50%	0.50%	
管理部门	150 000	12 000	3 000	750	1 500	30 000	12 000	2 250	750	62 250
销售部门	106 000	8 480	2 120	530	1 060	21 200	8 480	1 590	530	43 990
合计	256 000	20 480	5 120	1 280	2 560	51 200	20 480	3 840	1 280	106 240

审核：黄薇薇　　　　　　　　　　　　　　　　　　　　　　　　　　制单：李明

（2）出纳方芳根据审核无误的社会保险费计算表，开具转账支票交主管审核签字，加盖

"财务专用章",将转账支票正联交由开户银行,办理缴纳社会保险费,见图 5-31 和图 5-32。

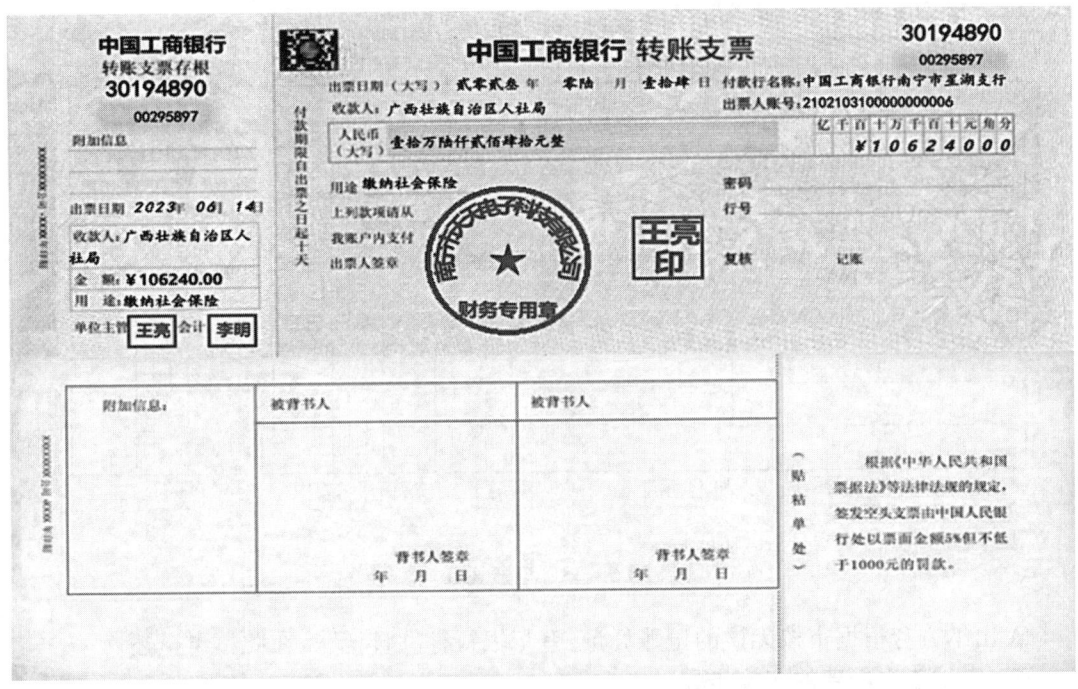

图 5-31 转账支票

中国工商银行电子缴税付款凭证

转账日期：2023年6月14日　　　　　　　　　　　　　凭证字号：07528378

纳税人全称及纳税人识别号：南宁市天天电子科技有限公司 914501037086598666

付款人全称：南宁市天天电子科技有限公司　　　　征收机关名称：广西壮族自治区税务局
付款人账号：2102103100000000006　　　　　　　收款国库(银行)名称：国家金库广西区分库
付款人开户银行：中国工商银行南宁市星湖支行
小写(合计金额)：¥106 240.00　　　　　　　　　　缴书交易流水号：2931354200006
大写(合计金额)：人民币拾万陆仟贰佰肆拾元整　　税票号码：004536

税、费 税号：914501037086598666
税款属期：20230501-20230531
　　　　税(费)种名称　　　　　　　　　　实缴金额
社保费(养老)　　　　　　　　　　　　　¥71 680.00
社保费(医疗)　　　　　　　　　　　　　¥25 600.00
社保费(失业)　　　　　　　　　　　　　¥5 120.00
社保费(工伤)　　　　　　　　　　　　　¥1 280.00
社保费(生育)　　　　　　　　　　　　　¥2 560.00

第1　次打印　　　　　　　　　　　　　　打印日期：2023年6月14日
　　　　　　　　第二联作付款回单(无银行收讫章无效)　　复核　　　　记账

图 5-32 工商银行电子缴税付款凭证

(3) 会计李明根据审核无误的原始凭证,填制记账凭证,见图 5-33。

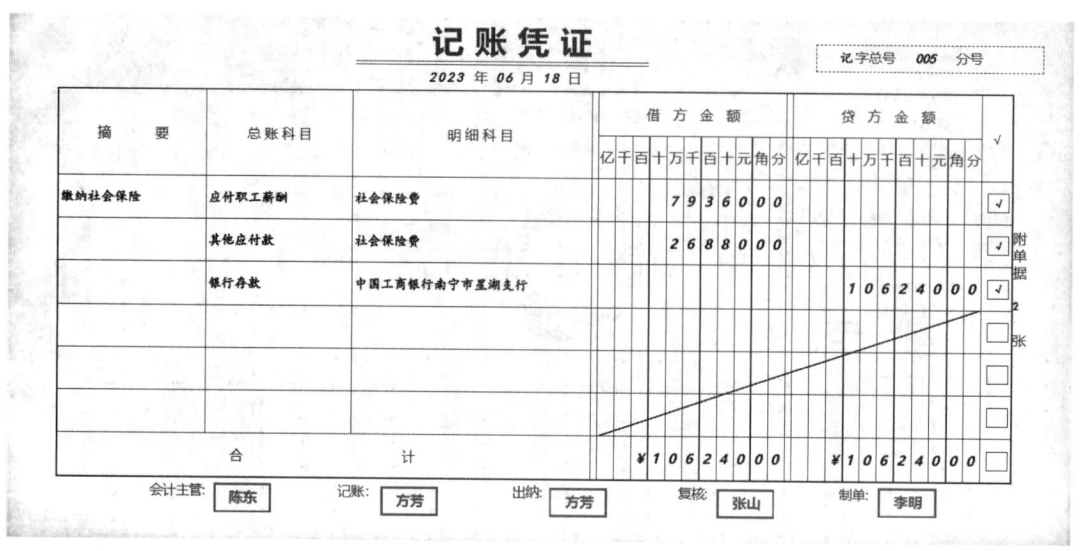

图 5-33　记账凭证

(4) 出纳方芳根据审核无误的记账凭证,登记银行存款日记账,在此不再赘述。

(三) 缴纳工会经费的实施步骤

(1) 出纳方芳审核工会经费计算表,相关金额计算无误,且审批手续完备,如表 5-6 所示。

表 5-6　　　　　　　　　　　　工会经费计算

2023 年 5 月　　　　　　　　　　　　　　　　　　　金额单位:元

部门	基本工资	岗位工资	各种补贴	应付工资	应缴纳的工会经费
管理部门	100 000	30 000	20 000	150 000	3 000
销售部门	80 000	16 000	10 000	106 000	2 120
合计	180 000	46 000	30 000	256 000	5 120

审核:黄薇薇　　　　　　　　　　　　　　　　　　　　　　　　制单:李明

(2) 出纳方芳根据审核无误的工会经费计算表,开具转账支票交主管审核签字,加盖"财务专用章",将转账支票正联交由开户银行,办理缴纳工会经费,见图 5-34、图 5-35 和图 5-36。

(3) 会计李明根据审核无误的原始凭证,填制记账凭证,见图 5-37。

(4) 出纳方芳根据审核无误的记账凭证,登记银行存款日记账,在此不再赘述。

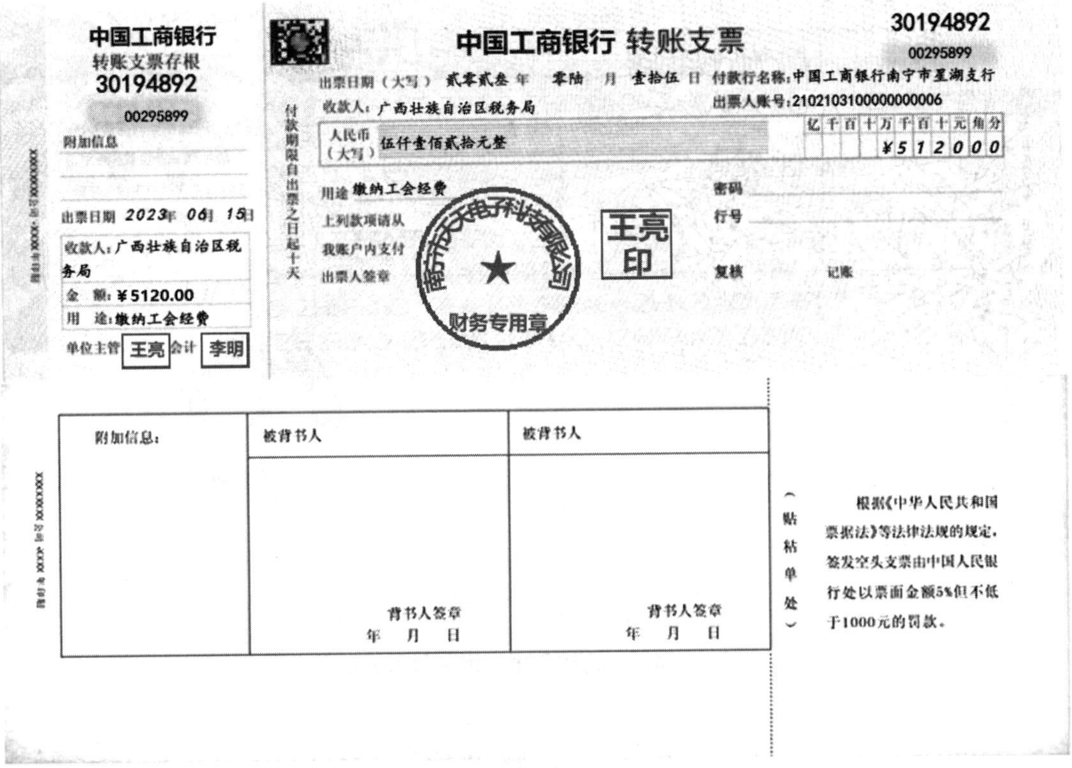
中国工商银行
转账支票存根
30194892
00295899
附加信息
出票日期 2023年 06月 15日
收款人：广西壮族自治区税务局
金　额：¥5120.00
用　途：缴纳工会经费
单位主管 王亮 会计 李明

中国工商银行 转账支票　30194892　00295899
出票日期（大写）贰零贰叁 年 零陆 月 壹拾伍 日　付款行名称：中国工商银行南宁市星湖支行
收款人：广西壮族自治区税务局　出票人账号：2102103100000000006
付款期限自出票之日起十天
人民币（大写）伍仟壹佰贰拾元整　¥512000
用途 缴纳工会经费　密码
上列款项请从　行号
我账户内支付
出票人签章　复核　记账
南宁市天天电子科技有限公司 财务专用章
王亮印

附加信息：
被背书人　背书人签章 年 月 日
被背书人　背书人签章 年 月 日
（贴粘单处）
根据《中华人民共和国票据法》等法律法规的规定，签发空头支票由中国人民银行处以票面金额5%但不低于1000元的罚款。

图 5－34　转账支票

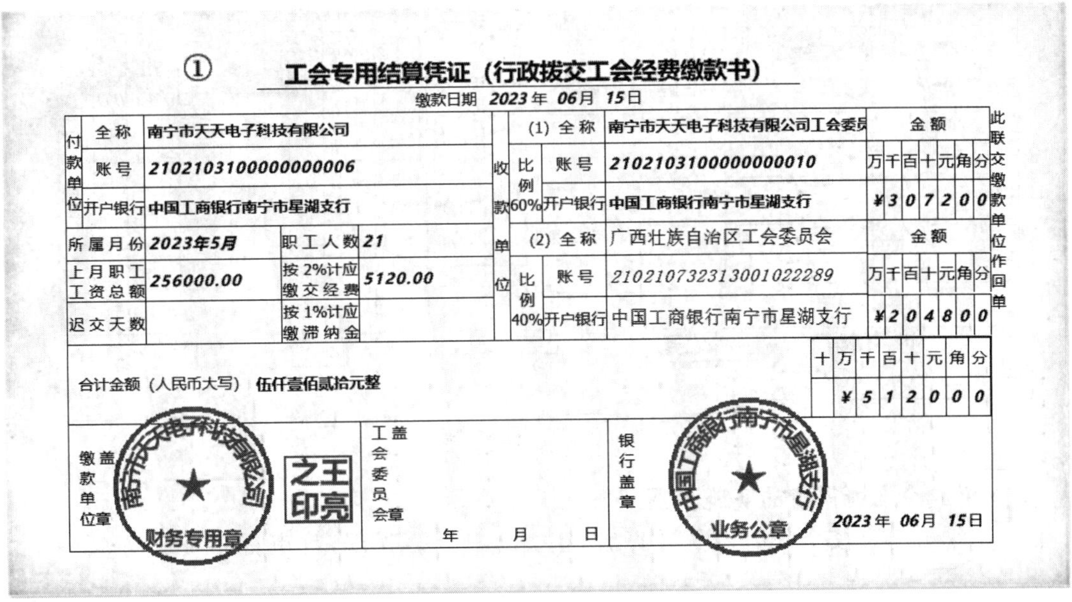
①　工会专用结算凭证（行政拨交工会经费缴款书）
缴款日期 2023年 06月 15日

付款单位	全称	南宁市天天电子科技有限公司	收款单位 (1) 全称	南宁市天天电子科技有限公司工会委员
	账号	2102103100000000006	比例60% 账号	2102103100000000010
	开户银行	中国工商银行南宁市星湖支行	开户银行	中国工商银行南宁市星湖支行　金额 ¥307200
所属月份	2023年5月	职工人数 21	(2) 全称	广西壮族自治区工会委员会
上月职工工资总额	256000.00	按2%计应缴交经费 5120.00	比例40% 账号	21021073231300102289
迟交天数		按1%计应缴滞纳金	开户银行	中国工商银行南宁市星湖支行　金额 ¥204800
合计金额（人民币大写）	伍仟壹佰贰拾元整			¥512000
缴款单位盖章	南宁市天天电子科技有限公司 财务专用章　王之印亮	工会委员会盖章　年 月 日	银行盖章	中国工商银行南宁市星湖支行 业务公章　2023年 06月 15日

此联交缴款单位作回单

图 5－35　工会专用结算凭证

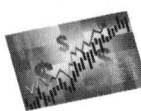

图 5-36 工商银行电子缴税付款凭证

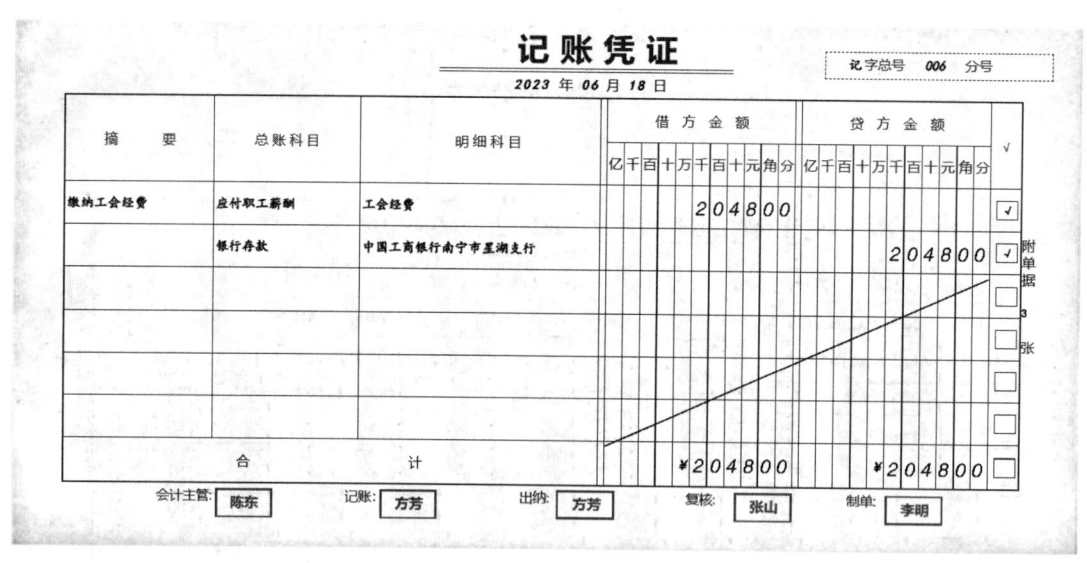

图 5-37 记账凭证

（四）缴纳个人所得税的实施步骤

（1）出纳方芳审核个人所得税计算表，相关金额计算无误，且审批手续完备，如表 5-7 所示。

表 5-7　　　　　　　　　　　　　　个人所得税计算
　　　　　　　　　　　　　　　　　　2023 年 5 月　　　　　　　　　　　　　　　　　　金额:元

部门	短期薪酬				代扣工资						实发工资
	基本工资	岗位工资	各种补贴	应付工资	养老保险 8%	医疗保险 2%	失业保险 0.5%	住房公积金 8%	个人所得税	代扣合计	
管理部门	100 000	30 000	20 000	150 000	12 000	3 000	750	12 000	2 500	30 250	119 750
销售部门	80 000	16 000	10 000	106 000	8 480	2 120	530	8 480	1 325	20 935	85 065
合计	180 000	46 000	30 000	256 000	20 480	5 120	1 280	20 480	3 825	51 185	204 815

审核:黄薇薇　　　　　　　　　　　　　　　　　　　　　　　　　　　　　　　制单:李明

（2）出纳方芳根据审核无误的个人所得税计算表，开具转账支票交主管审核签字，加盖"财务专用章"，将转账支票正联交由开户银行，办理缴纳个人所得税，见图 5-38、图 5-39 和图 5-40。

（3）会计李明根据审核无误的原始凭证，填制记账凭证，见图 5-41。

（4）出纳方芳根据审核无误的记账凭证，登记银行存款日记账，在此不再赘述。

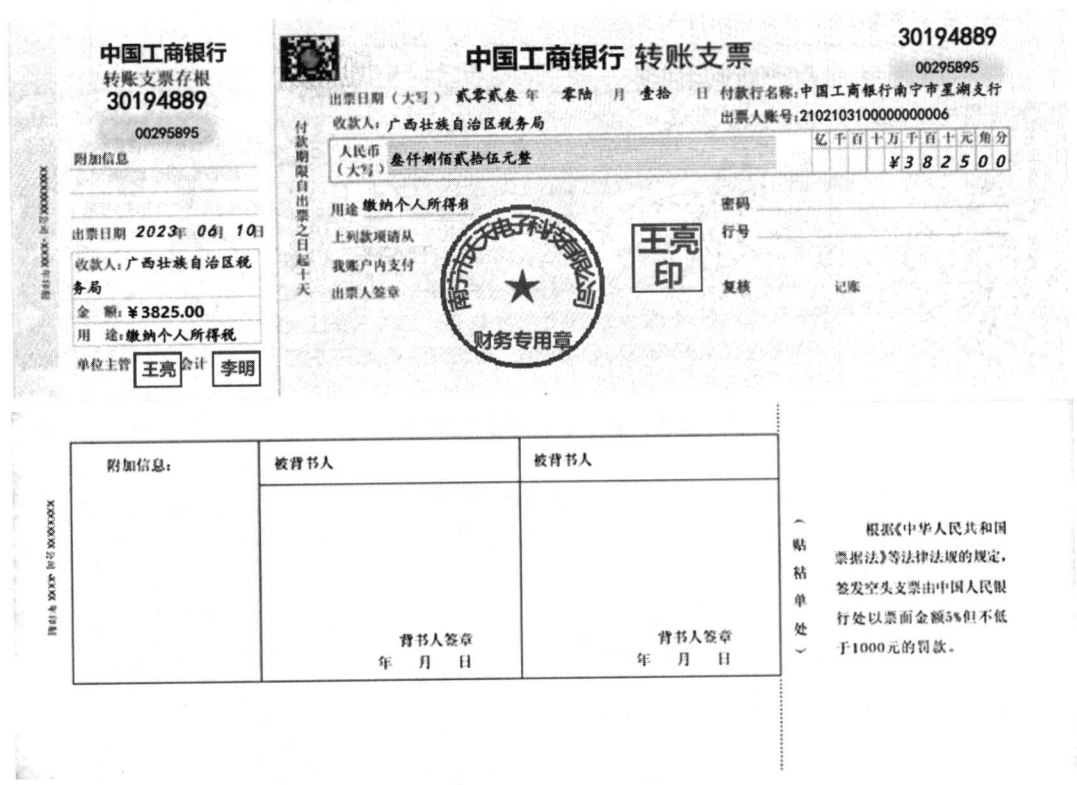

图 5-38　转账支票

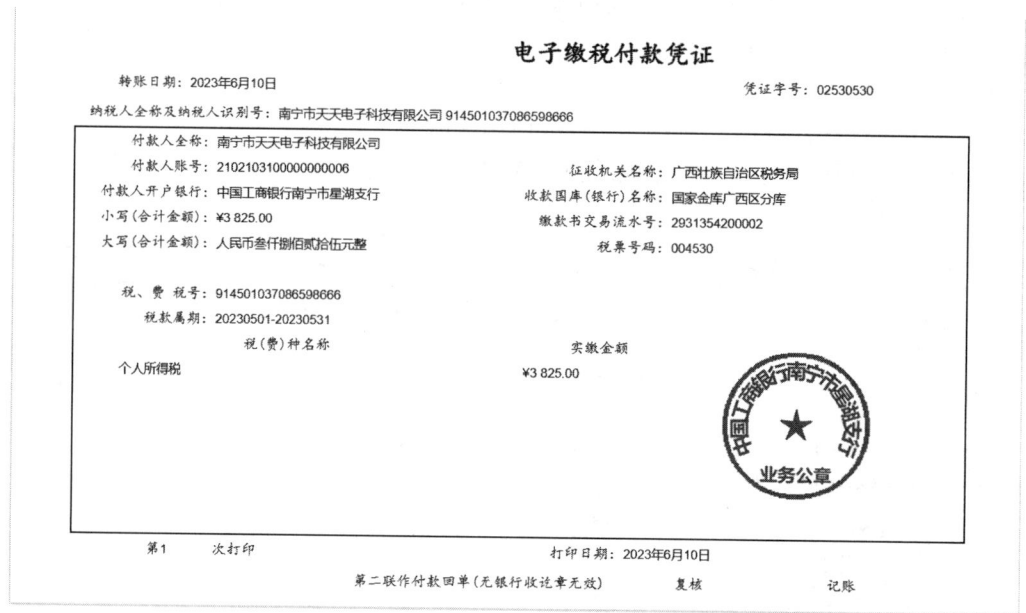

图 5-39 个人所得税完税证明

图 5-40 电子缴税付款凭证

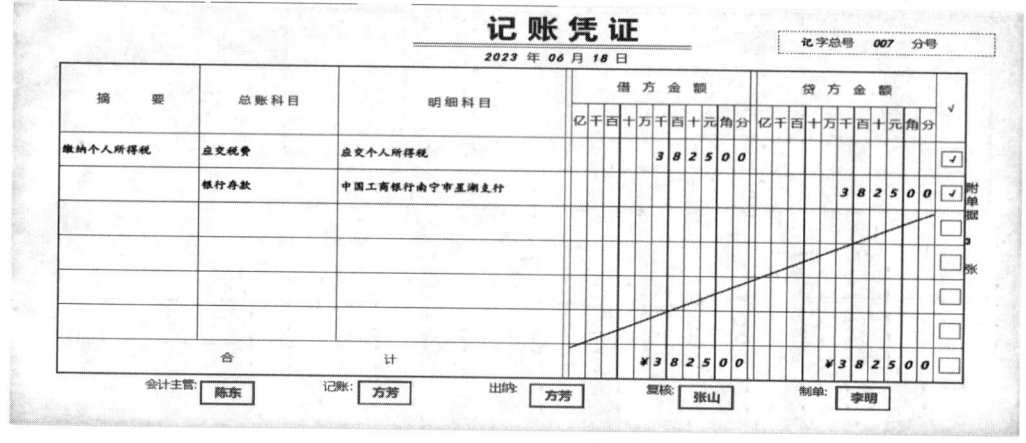

图 5-41 记账凭证

【任务拓展】

2023年7月10日,出纳方芳收到南宁市天天电子科技有限公司的职工薪酬汇总表,见表5-8,出纳方芳需完成社会保险费的缴纳。请完成以下任务:

(1) 请根据职工薪酬汇总表,编制社会保险费计算表,见表5-9;

(2) 请根据社会保险费计算表,填制转账支票完成付款,见图5-42。

表5-8　　　　　　　　　　　　　职工薪酬汇总

2023年6月　　　　　　　　　　　　　　　　　　　　　　　　金额:元

部门	短期薪酬				代扣工资						实发工资
	基本工资	岗位工资	各种补贴	应付工资	养老保险 8%	医疗保险 2%	失业保险 0.5%	住房公积金 8%	个人所得税	代扣合计	
管理部门	100 000	30 000	15 000	145 000	11 600	2 900	725	11 600	2 500	29 325	115 675
销售部门	80 000	16 000	20 000	116 000	9 280	2 320	580	9 280	1 325	22 785	93 215
合计	180 000	46 000	35 000	261 000	20 880	5 220	1 305	20 880	3 825	52 110	208 890

审核:黄薇薇　　　　　　　　　　　　　　　　　　　　　　　　　　　　制单:李明

表5-9　　　　　　　　　　　　　社会保险费计算

2023年6月　　　　　　　　　　　　　　　　　　　　　　　　金额:元

部门	应付工资	短期薪酬				离职后福利				小计
		医疗保险		工伤保险	生育保险	养老保险		失业保险		
		企业承担部分 8%	个人承担部分 2%	全部企业承担 0.5%	全部企业承担 1.0%	企业承担部分 20%	个人承担部分 8%	企业承担部分 1.50%	个人承担部分 0.50%	
管理部门										
销售部门										
合计										

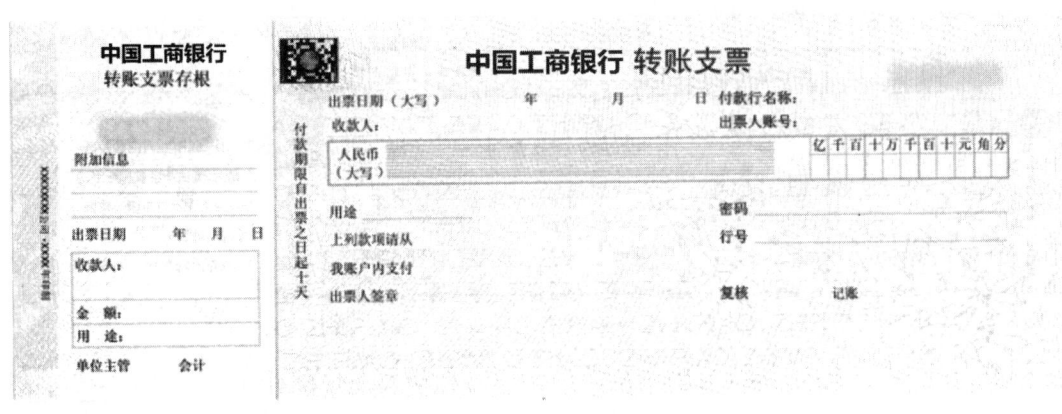

图5-42　转账支票

任务 5.5 职工薪酬发放业务

【任务导入】

南宁市天天电子科技有限公司 2023 年 5 月管理部门人员的应发工资为 150 000 元,实发工资为 119 458 元。请问出纳应如何办理薪酬发放业务?

【任务背景知识】

一、薪酬发放的准备工作

出纳在进行薪酬发放前,需先确认好如下事项:
(1) 时间:确认发放工资的时间点;
(2) 金额:审核人事部编制的工资发放表的金额是否有误;
(3) 审批手续:确认工资发放表的审批手续是否完备。

二、薪酬发放的审核工作

1. 个人所得税的计算
(1) 扣除标准。个人所得税扣除标准,见表 5-10。

表 5-10　　　　　　　　　　个人所得税扣除标准

薪资范围	适用税率
1~5 000 元的,包括 5 000 元	0
5 000~8 000 元,包括 8 000 元	3%
8 000~17 000 元,包括 17 000 元	10%
17 000~30 000 元,包括 30 000 元	20%
30 000~40 000 元,包括 40 000 元	25%
40 000~60 000 元,包括 60 000 元	30%
60 000~85 000 元,包括 85 000 元	35%
85 000 元以上	45%

(2) 计算公式:

工资薪金应纳个人所得税=(工资薪金总额-专项附加扣除-个人缴纳的社会保险费-住房公积金-5 000 元)×适用税率-速算扣除数

2. 实发工资的计算

实发工资＝应发工资－个人社会保险费－个人住房公积金
－专项附加扣除－个人所得税

三、薪酬发放的工作流程

（一）银行代发的工作流程

银行代发工资，是公司委托银行向全国范围内的公司员工代发工资的一项服务。银行代发的工作流程如图 5-43 所示。

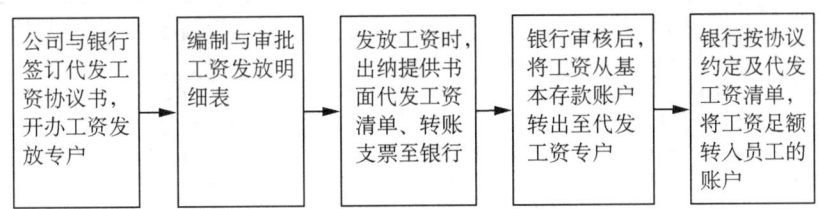

图 5-43　银行代发工作流程

（二）现金发放的工作流程

现金发放工资，即以现金的形式来发工资。现金发放的工作流程，如图 5-44 所示。

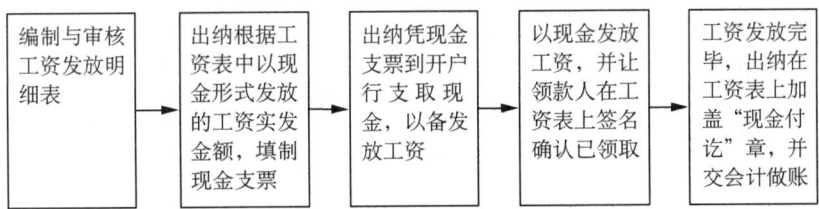

图 5-44　现金发放工作流程

【任务实施案例】

【例 5-5】　南宁市天天电子科技有限公司 2023 年 5 月管理部门人员的应发工资为 150 000 元，实发工资为 119 458 元。工资采取银行代发的发放形式，出纳方芳审核工资发放明细表，并办理工资代发业务。

一、银行代发工资业务处理流程

银行代发工资业务处理流程如图 5-45 所示。

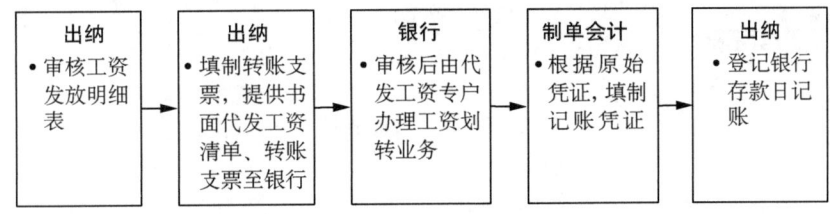

图 5-45　银行代发工资业务处理流程

二、银行代发工资业务实施步骤

（1）出纳方芳审核工资发放明细表的时间、金额、审批手续无误，见表5-11。

表5-11　　　　　　　　　　工资发放明细（管理部门）

2023年5月　　　　　　　　　　　　　　　　　　金额：元

姓名	基本工资	岗位工资	各种补贴	应付工资	养老保险 8%	医疗保险 2%	失业保险 0.5%	住房公积金 8%	个人所得税	代扣合计	实发工资
王亮	40 000	10 000	6 000	56 000	4 480	1 120	280	4 480	1 544	11 904	44 096
黄薇薇	20 000	5 000	4 000	29 000	2 320	580	145	2 320	559	5 924	23 076
陈东	10 000	3 500	3 000	16 500	1 320	330	83	1 320	253	3 306	13 194
王海洋	10 000	3 500	3 000	16 500	1 320	330	83	1 320	253	3 306	13 194
李明	5 000	2 000	1 000	8 000	640	160	40	640	46	1 526	6 474
张山	5 000	2 000	1 000	8 000	640	160	40	640	46	1 526	6 474
方芳	5 000	2 000	1 000	8 000	640	160	40	640	46	1 526	6 474
钱二	5 000	2 000	1 000	8 000	640	160	40	640	46	1 526	6 474
合计	100 000	30 000	20 000	150 000	12 000	3 000	750	12 000	2 792	30 542	119 458

审核：黄薇薇　　　　　　　　　　　　　　　　　　　　　　制单：李明

（2）出纳方芳开具转账支票交给会计主管审核签字，加盖"财务专用章"，将代发工资清单、转账支票正联交由开户银行，办理工资划转业务，见图5-46。

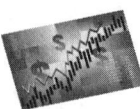

图5-46　转账支票

（3）会计李明根据审核无误的原始凭证，填制记账凭证，见图 5-47。

摘要	总账科目	明细科目	借方金额 亿千百十万千百十元角分	贷方金额 亿千百十万千百十元角分	√
发放工资	应付职工薪酬	工资	1 1 9 4 5 8 0 0		
	银行存款	中国工商银行南宁市星湖支行		1 1 9 4 5 8 0 0	
合计			¥1 1 9 4 5 8 0 0	¥1 1 9 4 5 8 0 0	

记字总号 008 分号

2023 年 06 月 20 日

会计主管：陈东　记账：方芳　出纳：方芳　复核：张山　制单：李明

附单据 1 张

图 5-47　记账凭证

（4）出纳方芳根据审核无误的记账凭证，登记银行存款日记账，在此不再赘述。

【任务拓展】

南宁市天天电子科技有限公司 2023 年 6 月管理部门人员的应发工资为 145 000 元，实发工资为 115 675 元。工资采取银行代发的发放形式，出纳方芳审核工资发放明细表，并办理工资代发业务。请完成以下任务：

（1）请根据题干信息，填制银行转账支票用于发放工资，见图 5-48；

（2）请根据付款原始凭证，编制记账凭证，见图 5-49。

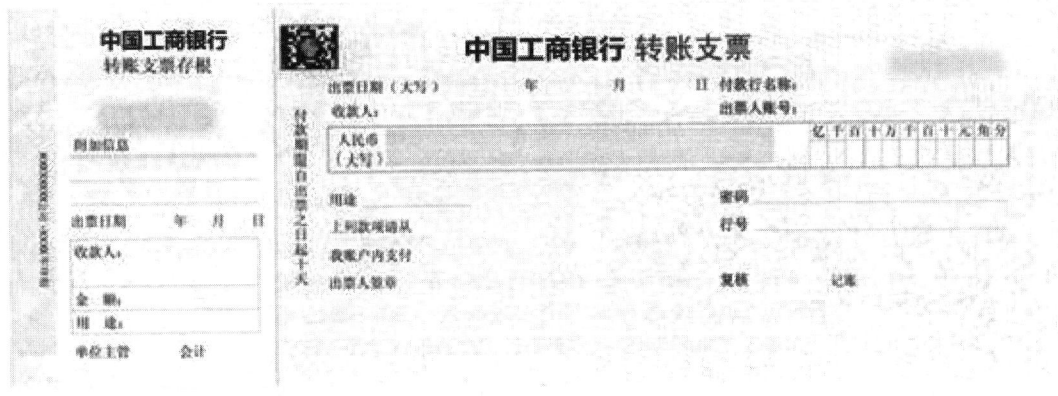

图 5-48　转账支票

图 5-49 记账凭证

任务5.6 工商年检业务

【任务导入】

2023年6月20日,南宁市天天电子科技有限公司计划完成企业年报的信息公示,请问应如何处理呢?

【任务背景知识】

一、工商年检的概念

工商年检指工商局对公司注册资本、合法经营情况的年度检查。根据国务院出台的《注册资本登记制度改革方案》规定,企业年度检验制度改为企业年度报告公示制度。

企业年度报告公示制度指的是企业应当按年度在规定的期限内,通过市场主体信用信息公示系统向工商行政管理机关报送年度报告,并向社会公示,任何单位和个人均可查询。

二、工商年检的申报

1. 报送的内容

企业应当按年度在规定的期限内,通过市场主体信用信息公示系统向工商行政管理机关报送年度报告。年度报告的主要内容应包括公司股东(发起人)缴纳出资情况、资产状况等。

2. 报送的时间

工商年检的申报时间为每年1月1日到6月30日(申报期限以内企业都还可以填报或者修改已经填报的内容信息),超过截止时间企业将无法进行填报。

对未按规定期限公示年度报告的企业,工商机关会将其载入经营异常名录。

3. 报送的方式

企业年报公示的形式,主要包括纸质报告和电子报告。

(1) 企业可以在县以上行政区域工商管理部门或其指定的投资办公室、开发区一窗式服务机构等地,递交纸质年报。

(2) 企业可以登录国家企业信用信息公示系统,以电子表单方式进行在线填报和申报。

【任务实施案例】

【例5-6】 2023年6月20日,南宁市天天电子科技有限公司计划完成企业年报的信息公示,该公司的工商联络员按期登陆"国家信用信息公示系统"完成企业年报的公示报送。

一、企业年报网上公示业务处理流程

企业年报网上公示的业务处理流程见图5-50。

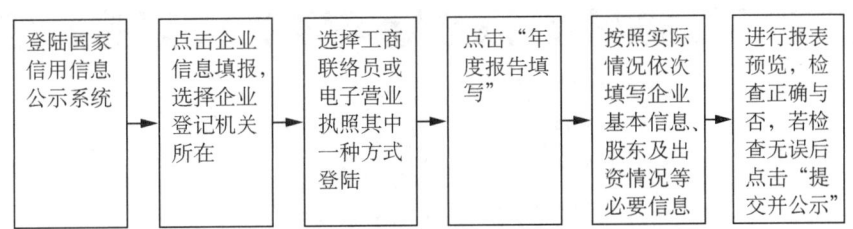

图5-50 企业年报网上公示业务处理流程

二、企业年报网上公示实施步骤

(1) 登录国家企业信用信息公示系统,见图5-51。

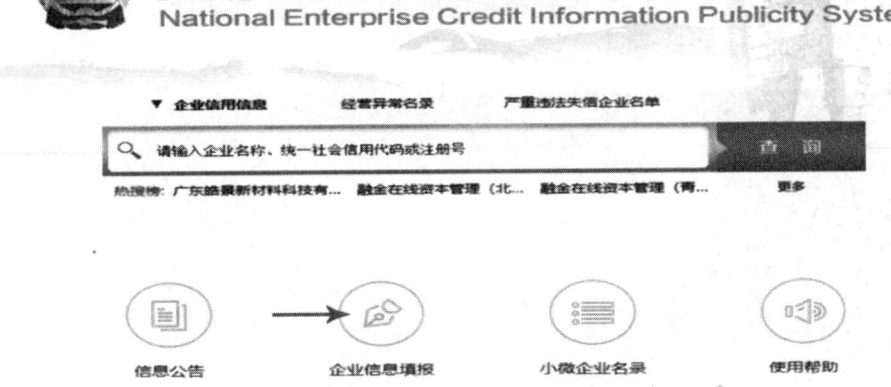

图5-51 登录国家企业信用信息公示系统界面

(2) 点击"企业信息填报",在区域选择企业登记机关所在地,见图5-52。

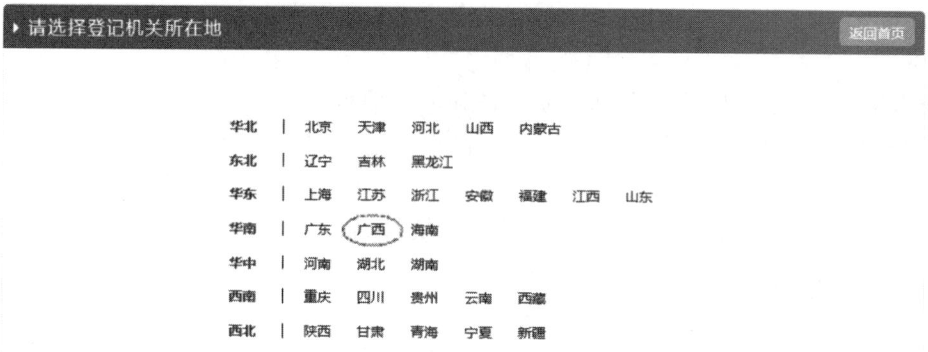

图 5-52　选择企业登记机关所在地界面

（3）选择所属区域（广西对应的省/市区）后，会弹出如下窗口，按照要求填写企业信息点击登录，见图 5-53。

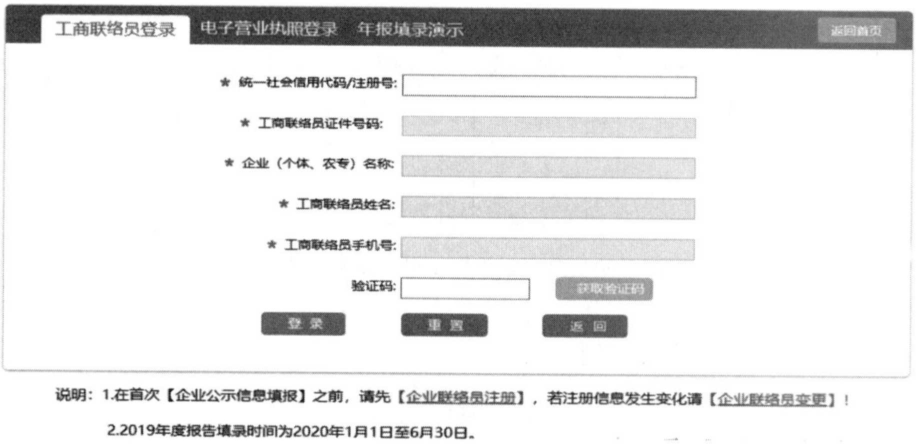

图 5-53　填写企业信息登录界面

（4）登录后，点击年度报告填写，并选择年报的年度；注意以前年度未填报的需要先填报以前年度报告，见图 5-54。

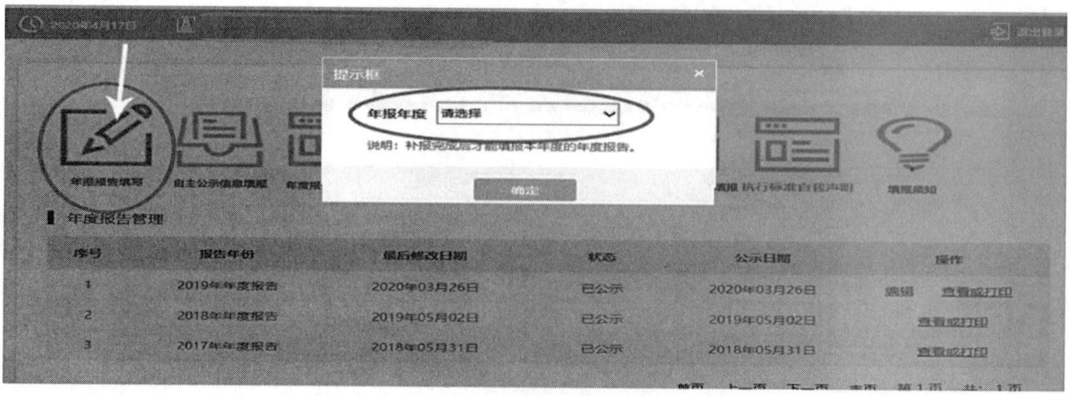

图 5-54　选择年报年度界面

（5）选择对应的申报年度后，进入如下页面，按照实际情况依次逐项填写电子表单，见图 5-55。

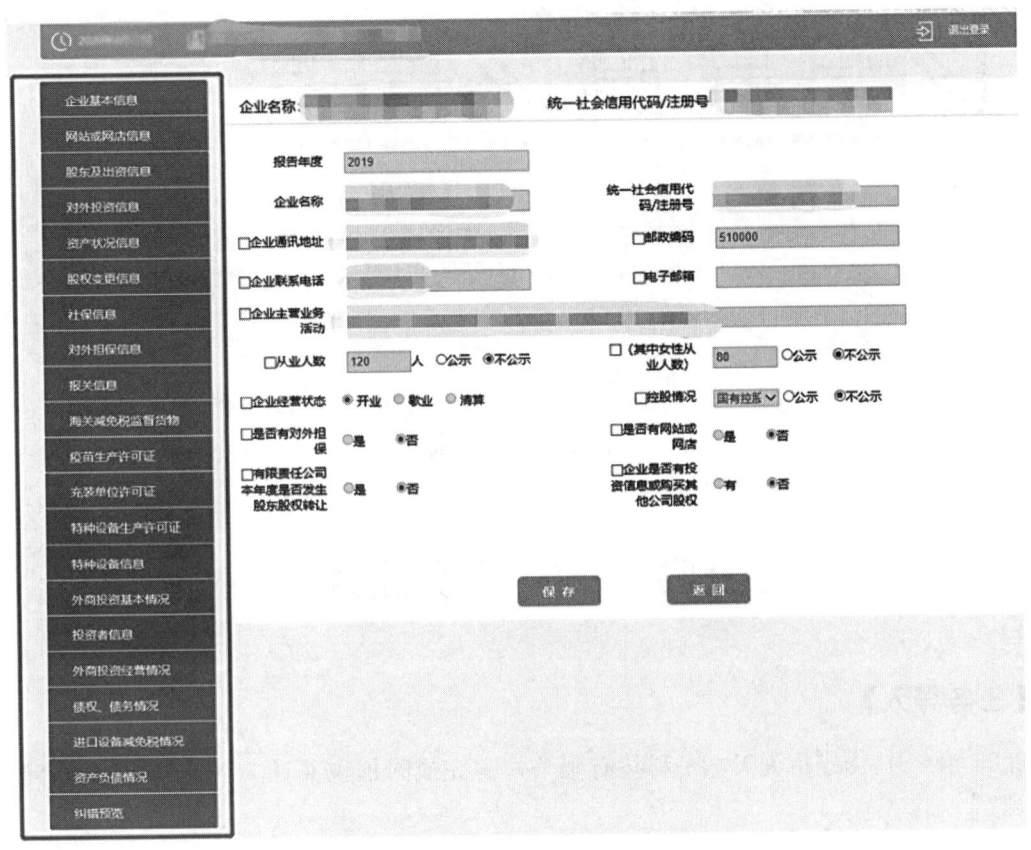

图 5-55　填写电子表单界面

（6）上述所有情况依次填完后，可以进行报表预览，检查正确与否，若检查无误点击"提交并公示"，见图 5-56。已提交成功的工商年报在主界面会显示"已公示"状态，见图 5-57。

图 5-56　提交界面

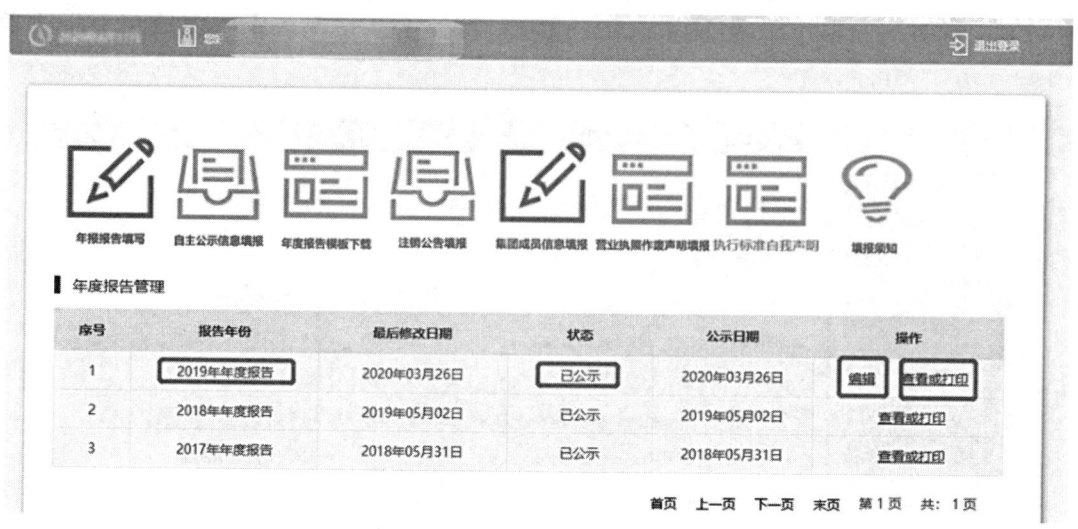

图 5-57 主界面

任务 5.7 税费业务

【任务导入】

2023 年 6 月,南宁市天天电子科技有限公司需完成附加税共计 300 元的申报,请问应如何处理?

【任务背景知识】

一、税费申报的范围

企业生产或经营的过程涉及的相关税费主要包括:增值税、消费税、资源税、企业所得税、城市维护建设税、房产税、土地增值税、土地使用税、车船税、教育费附加税、印花税等。

二、税费申报的方式

税务机关依照税法规定和纳税人生产经营、财务管理情况及便于征收和保证国家税款及时足额入库的原则,对不同的税种应用不同的征收方式或方法。

本任务主要介绍企业通过网上电子税务局方式进行纳税申报及核缴这一方式。

【任务实施案例】

一、电子税务局申报业务处理流程

电子税务局申报的业务处理流程如图 5-58 所示。

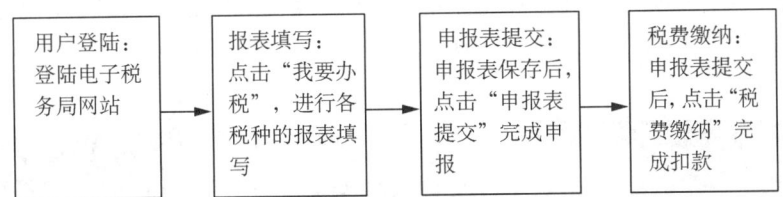

图 5-58　电子税务局申报业务处理流程

二、电子税务局申报实施步骤

（1）登录广西壮族自治区税务局网站（图 5-59），点击【广西电子税务局】，进入电子税务局登录首页面，进行登陆，见图 5-60。

图 5-59　广西壮族自治区税务局网站

图 5-60　电子税务局登录界面

（2）登录进入电子税务局页面，点击【我要办税】—【税费申报及缴纳】，跳转至系统功能模块，见图5-61。

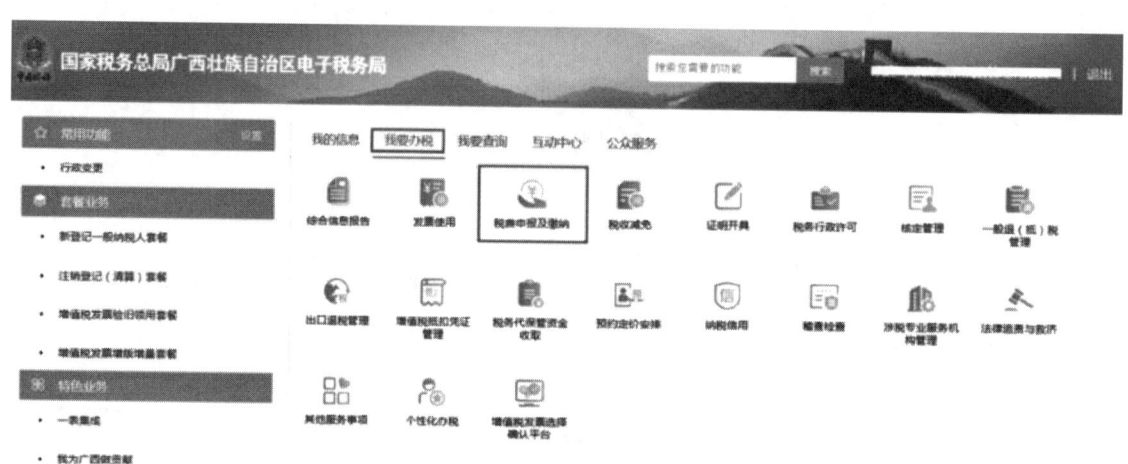

(我要办税-税费申报及缴纳界面)

图5-61 税费申报及缴纳界面

切换至【税费申报及缴纳】界面后，在左侧系统功能菜单中找到【增值税及附加税费申报】，进入报表填写页面，申报主税（增值税或消费税），见图5-62。

图5-62 申报主税界面

在主税申报完毕后，系统会自动弹出附加税申报窗口，报表内容填写无误后，点击【保存】按钮提示"保存成功，继续申报！"，见图5-63。

（3）报表保存成功后，点击【税费申报及缴纳】—【税费缴纳】—【申报表提交】，勾选相应的申报项目，点击【申报数据提交】，见图5-64。

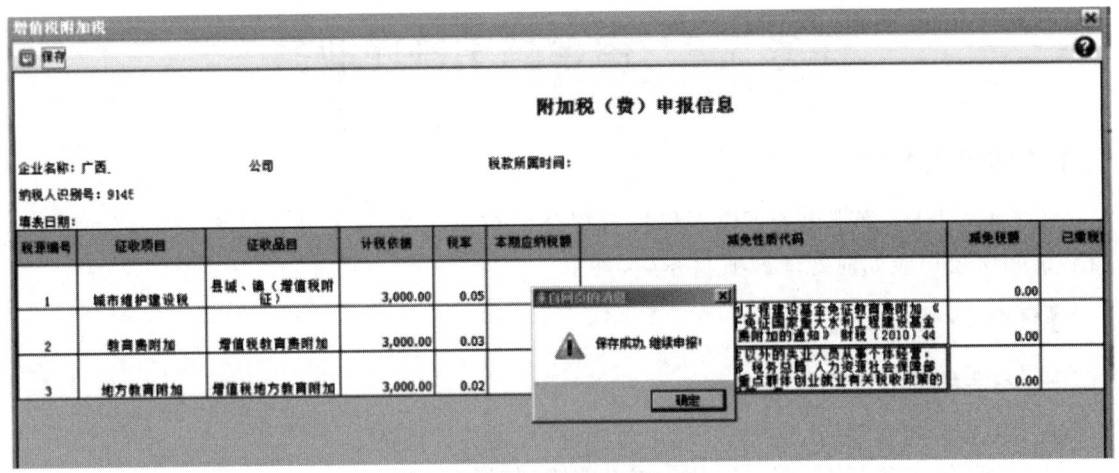

图 5-63　代征附加税填写界面

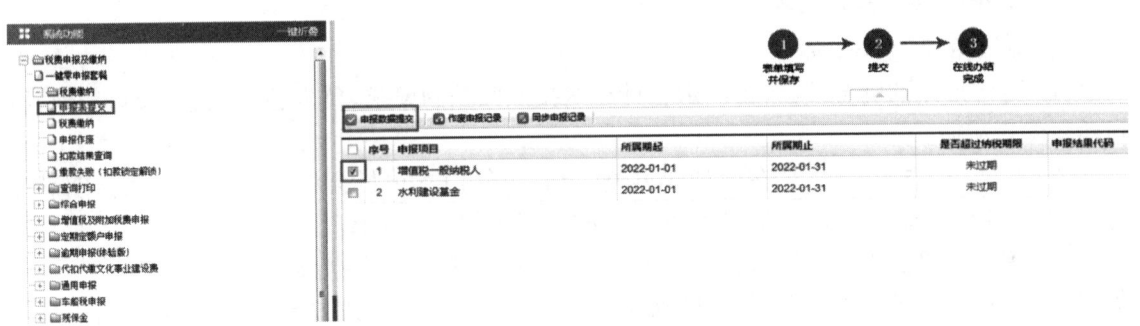

图 5-64　申报表数据提交界面

（4）报表申报成功后，点击【税费申报及缴纳】—【税费缴纳】，勾选相应的申报项目，点击【实时扣款】，见图 5-65。

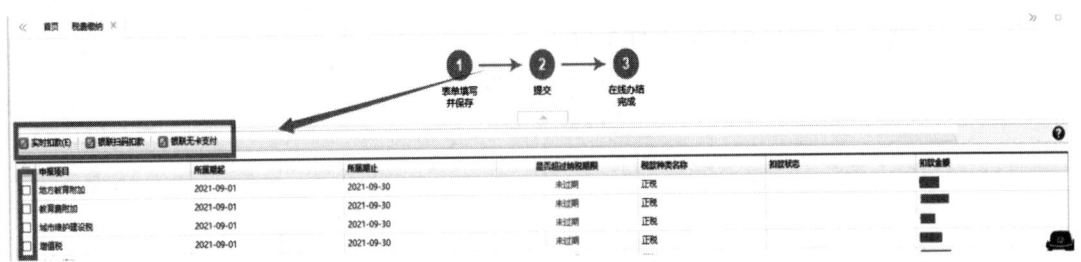

图 5-65　税费缴纳界面

任务5.8 资金档案管理业务

【任务导入】

2023年6月底,南宁市天天电子科技有限公司需对2023年6月份的资金档案进行整理归档,请问该公司应如何处理这项业务?

【任务背景知识】

一、资金档案的管理范围

(1)凭证类:原始凭证、记账凭证、汇总凭证、其他会计凭证。
(2)账簿类:总账、明细账、日记账、辅助账簿、其他会计账簿。
(3)报告类:月度、季度、年度会计报表及相关文字分析材料等。
(4)其他与资金管理相关的数据、信息及文字资料。

二、资金档案的管理要求

资金档案的管理要求如下:

(1)每年形成的资金档案,都应由会计机构按照归档的要求,负责整理立卷,装订成册,编制档案保管清册。

(2)当年形成的资金档案在会计年度终了后,可暂由本单位会计机构保管1年。期满之后,应由会计机构编制移交清册,移交本单位的档案机构统一保管。

(3)移交本单位档案机构保管的资金档案,原则上应当保持原卷册的封装。

(4)对资金档案应当科学管理,做到妥善保管、存放有序、查找方便。同时,应严格执行安全和保密制度,不得随意堆放,严防毁损、散失和泄密。

【任务实施案例】

一、资金档案管理的业务处理流程

资金档案管理的业务处理流程见图5-66。

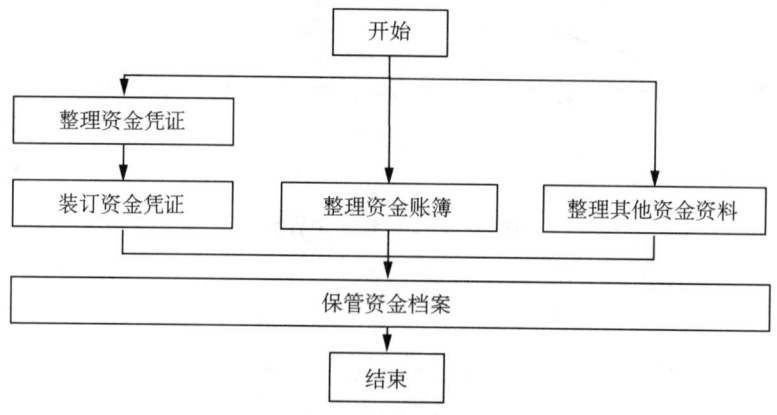

图5-66 资金档案管理业务处理流程

二、资金档案管理的实施步骤

资金档案管理的实施包括以下几个步骤。

(1) 按年分月顺次将若干记账凭证、记账凭证汇总表连同会计凭证封面封底装订成一册，规范填写会计凭证封面、凭证盒(图 5-67)正面和盒脊所需的信息。

会计档案凭证盒

单位名称				凭证名称			
记账凭证	自	号至	号共 张	附件	张	本盒内共	张
归档时间				立卷人			

图 5-67　会计档案凭证盒

(2) 会计账簿一本为一卷，为每一卷加装"会计账簿封面"；按年度统一编写档号，填写会计账簿封面、备考表、会计档案盒(图 5-68)正面和盒脊。

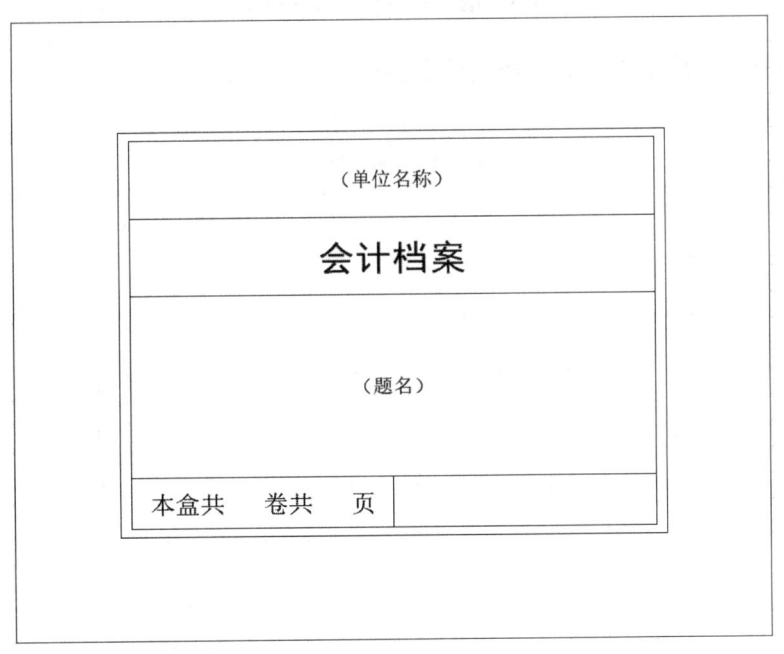

图 5-68　会计档案盒正面

(3) 将每份财务会计报告装订成册(包括会计报告编制说明、各类报表及附注)，一册即一卷(件)。按照不同保管期限，分别排列、编号、编写会计档案文件目录(图 5-69)、装盒。

(4) 其他资金资料和财务会计报告的整理方法相同，即区分保管期限，根据事由和时间顺序，将有关资金资料以件为单位进行整理归档，填写档案盒正面和盒脊所需的信息，装盒。

会计档案文件目录

序号	档号	文号	责任者	题名	日期	页数	备注

图 5-69　会计档案文件目录

（5）资料归档后，填制年度会计档案保管清册，见图 5-70。

会计档案保管清册

单位名称：　　　　　　　　　　　　　　　　　　　　年度：

档号	类别	题名	起止年月	保管期限	卷内张数/页数	备注

图 5-70　会计档案保管清册

模 块 测 试

一、单项选择题

1. 出纳人员在办理收款后,应在收据上加盖( )戳记,以避免重收重付。
   A. 收讫 B. 付讫 C. 转讫 D. 结讫

2. 2023年6月5日,销售部员工因公出差,需预借差旅费1 000元,借款单填写无误且审批手续齐备,出纳予以付款。会计编制记账凭证时,该笔费用应借记的会计科目是( )。
   A. "应收账款" B. "其他应收款" C. "银行存款" D. "库存现金"

3. 员工出差,应优先开具( )形式的票据作为报销凭证。
   A. 增值税普通发票 B. 增值税专用发票
   C. 收据 D. 定额发票

4. 票据附件应该有力支撑费用发生的真实性,以下表述中,不正确的是( )。
   A. 业务招待费报销,应按报销流程审核签批
   B. 差旅费报销单内容填写不齐全
   C. 会议费报销应有会议通知、参会人员名单、签到表等资料,不得有与会议无关费用(如旅游费)列支
   D. 运费报销应有运费报销单,起运地和运达地应与运费报销单相吻合

5. 以下不宜报销的单据是( )。
   A. 内容填写完整 B. 数量、单价、金额明确的票据
   C. 名称写全称的票据 D. 无发票专用章的白条票据

6. 企业已替职工缴纳住房公积金,记账时应借记的会计科目是( )。
   A. "应付职工薪酬" B. "应付账款" C. "银行存款" D. "其他货币资金"

7. 某企业计提生产车间管理人员基本养老保险费120 000元。下列各项中,关于该事项的会计处理正确的是( )。

   A. 借:制造费用　　　　　　　　　　　　　　　　　　　120 000
   　　　贷:其他应付款　　　　　　　　　　　　　　　　　　120 000
   B. 借:制造费用　　　　　　　　　　　　　　　　　　　120 000
   　　　贷:银行存款　　　　　　　　　　　　　　　　　　　120 000
   C. 借:管理费用　　　　　　　　　　　　　　　　　　　120 000
   　　　贷:应付职工薪酬——基本养老保险费　　　　　　　120 00
   D. 借:制造费用　　　　　　　　　　　　　　　　　　　120 000
   　　　贷:应付职工薪酬——基本养老保险费　　　　　　　120 000

8. 养老保险缴费费率为28%,其中单位缴纳20%,那么员工需缴纳( )。
   A. 8% B. 6% C. 20% D. 12%

9. 工伤保险费应当由( )缴纳。
   A. 用人单位 B. 用人单位和个人
   C. 个人 D. 用人单位或个人

10. 计提工会经费时,应借记的会计科目是( )。

A. "应付职工薪酬" B. "管理费用" C. "银行存款" D. "其他应付款"

11. 根据最新税法的相关规定,个人所得税工资、薪金的计算适用( )。
   A. 适用3%～45%的超额累进税率　　B. 适用5%～35%的超额累进税率
   C. 20%的比例税率　　　　　　　　　D. 适用5%～45%的超率累进税率

12. 企业年度报告公示制度指的是企业应当按年度在规定的期限内,通过市场主体信用信息公示系统向( )报送年度报告,并向社会公示,任何单位和个人均可查询。
   A. 工商行政管理机关　　　　　　　B. 国家税务机关
   C. 证券交易所　　　　　　　　　　D. 财政机关

二、多项选择题

1. 收据的样式通常是一式三联,分别是( )。
   A. 存根联　　B. 对方联　　C. 财务联　　D. 尾联

2. 出纳审核借款单时,需审核借款单的填写要素是否填写完整,因此应关注( )等重要要素。
   A. 借款日期　　　　　　　　　　　B. 借款部门或借款人姓名
   C. 借款事由　　　　　　　　　　　D. 借款金额

3. 以下票据不可以报销的有( )。
   A. 有涂改、污染的票据　　　　　　B. 未盖发票专用章的票据
   C. 假发票　　　　　　　　　　　　D. 空白发票

4. 以下项目可以填差旅费的有( )。
   A. 出差的车票　　B. 出差的火车票　　C. 加油票　　D. 停车费

5. 报销业务招待的餐饮费时,应同时附以( )单据作为附件。
   A. 支付凭证　　　　　　　　　　　B. 菜单明细
   C. 经审批的业务招待申请单　　　　D. 增值税发票

6. 下列各项中,属于社会保险范畴的包括( )。
   A. 养老保险　　B. 失业保险　　C. 工伤保险　　D. 医疗保险

7. 缴纳社会保险费,可能涉及的会计科目有( )。
   A. "应付职工薪酬"　　　　　　　　B. "其他应付款"
   C. "银行存款"　　　　　　　　　　D. "短期借款"

8. 下列各项中,属于个人所得税适用税率的包括( )。
   A. 3%　　B. 10%　　C. 20%　　D. 22%

9. 企业年度报告公示的形式,主要包括( )两种形式。
   A. 向有关机关递交纸质报告　　　　B. 登陆公示系统填写电子表单
   C. 召开新闻发布会　　　　　　　　D. 报纸刊登

10. 企业生产或经营的过程,涉及的相关税费主要包括( )。
    A. 增值税　　　　　　　　　　　　B. 消费税
    C. 企业所得税　　　　　　　　　　D. 城市维护建设税

11. 下列各项中,属于资金档案的包括( )。
    A. 原始凭证　　　　　　　　　　　B. 总账账簿
    C. 年度会计报表　　　　　　　　　D. 其他与资金管理相关的数据及文字资料

三、判断题

1. 填写收据时,可以只填小写金额,不填大写金额。（ ）
2. 出纳根据收取的现金数额开具收据时,需加盖"现金收讫"章。（ ）
3. 内部借款业务,需由借款人先填写借款单,借款单的填写要素填写完整,即可提交给出纳审核,无需办理其他审批手续。（ ）
4. 对于不符合规定要求的报销单据,财务部有权退回,要求报销人重新整理。（ ）
5. 汉字的数字大写标准写法为:壹贰叁肆伍陆柒捌玖拾佰仟万元角分。（ ）
6. 社会保险费是指企业按照规定的基准和比例计算,向人社局缴纳的养老保险费、医疗保险费、失业保险费、工伤保险费和生育保险费等。（ ）
7. 填制转账支票时,不需要写明资金用途,仅填写金额即可。（ ）
8. 企业需对年度报告的真实性、合法性负责,工商机关可以对企业年度报告公示内容进行抽查。（ ）
9. 工商年检的申报时间为每年1月1日到6月30日,超过截止时间企业将无法进行填报。（ ）
10. 使用电子税务局进行纳税申报时,在"附加税"申报前,必须先申报主税（增值税或消费税）。（ ）

四、业务题

2023年7月10日,出纳小李收到南宁市昌隆公司管理部门的职工薪酬汇总表,见表5-12,出纳小李需完成管理部门人员住房公积金的缴纳。请完成以下任务:

（1）请根据职工薪酬汇总表,编制住房公积金计算表,见表5-13;

表5-12　　　　　　　　　　　　职工薪酬汇总
2023年6月　　　　　　　　　　　　　　　　　　　金额单位:元

部门	短期薪酬				代扣工资						实发工资
	基本工资	岗位工资	各种补贴	应付工资	养老保险 8%	医疗保险 2%	失业保险 0.5%	住房公积金 8%	个人所得税	代扣合计	
管理部门	150 000	40 000	10 000	200 000	16 000	4 000	1 000	16 000	3 720	40 720	159 280
合计	150 000	40 000	10 000	200 000	16 000	4 000	1 000	16 000	3 720	40 720	159 280

表5-13　　　　　　　　　　　　住房公积金计算
2023年6月　　　　　　　　　　　　　　　　　　　金额单位:元

部门	短期薪酬（应付工资）	短期薪酬		
		企业承担部分 8%	个人承担部分 8%	小计
管理部门				
合计				

(2) 请根据住房公积金费计算表，填制转账支票完成付款，见图5-71；
(3) 请根据业务情况，填制缴纳住房公积金的记账凭证，见图5-72。

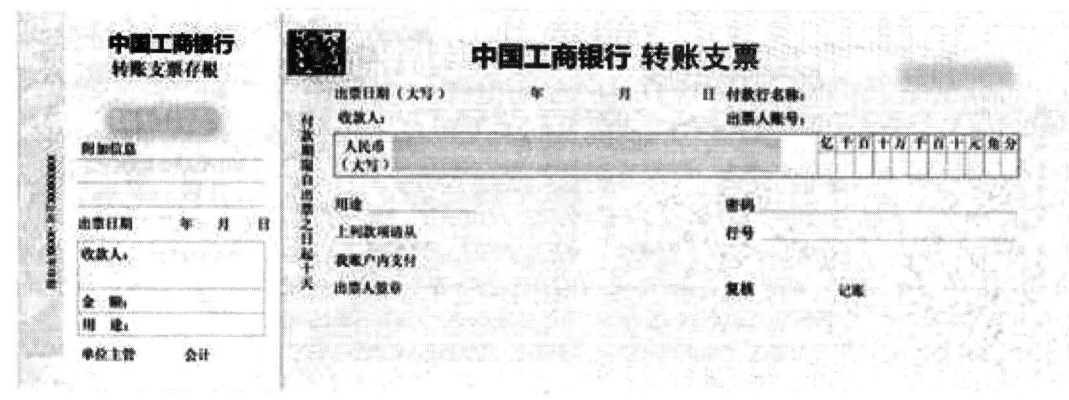

图5-71 转账支票

记账凭证

年　月　日　　　　字总号　　分号

摘　要	总账科目	明细科目	借方金额 亿千百十万千百十元角分	贷方金额 亿千百十万千百十元角分	√
合　　　计					

会计主管：　　　记账：　　　出纳：　　　复核：　　　制单：

图5-72 记账凭证

模块 6

认知现金流

【知识目标】
1. 掌握现金流的基本知识,包括现金流的概念、分类和作用
2. 掌握现金流量表的概念、作用、结构及编制方法
3. 掌握企业活动现金流的计算方法
4. 理解现金流量表分析的目的
5. 掌握现金流量表趋势分析表的编制方法和分析方法
6. 掌握现金流量表结构分析表的编制方法和分析方法
7. 掌握现金流出的管理及现金管理的内部控制及程序

【职业能力目标】
1. 能够判断现金流的类型
2. 能够计算经营活动现金流、投资活动现金流和筹资活动现金流
3. 会编制现金流量表趋势分析表,能够进行现金流量表的趋势分析
4. 会编制现金流量表结构分析表,能够进行现金流量表的结构分析

【思政目标】
1. 培养学生严谨、细致,求真务实的财经职业素质
2. 培养学生遵守廉洁自律、诚实守信、坚持准则的会计职业道德
3. 培养学生的爱国情怀,使其具备形成自强不息、积极进取的精神

【知识点思维导图】

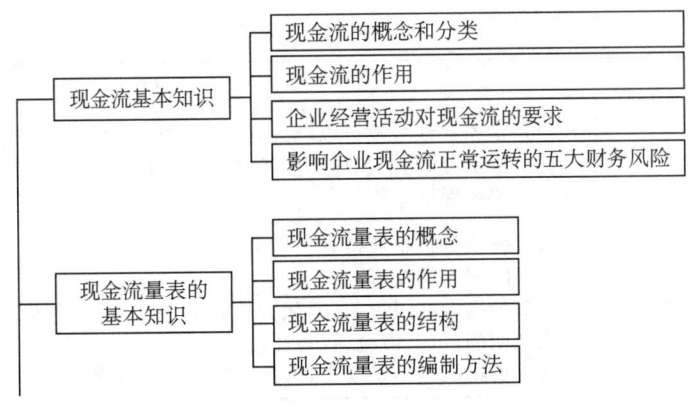

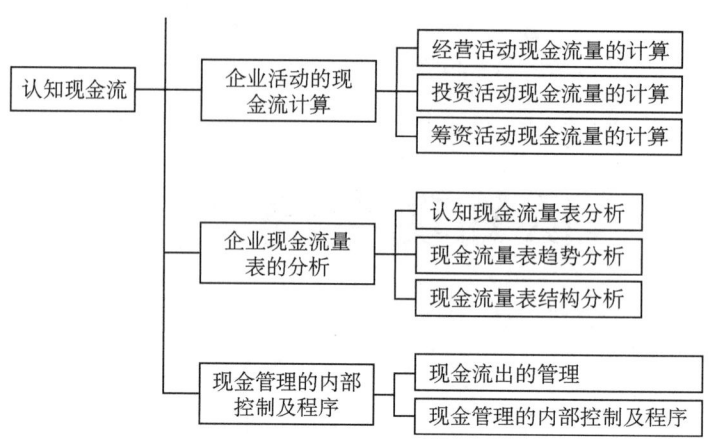

任务6.1 现金流基本知识

【任务导入】

实习生李华编完资产负债表和利润表之后,要在此基础上编制现金流量表。她遇到的问题是:什么是现金流?现金流的类型有哪些?如何准确判断现金流的类型并进行计算,以便给企业提供一定会计期间的现金流入及流出量的信息?

【任务背景知识】

一、现金流的概念和分类

现金流是企业的生命线,它直接影响着企业的生存和发展。本任务主要通过讲解现金流的概念、分类及作用,帮助会计初学者对现金流有一个基本的认识和了解。

(一)现金流的相关概念

现金流的相关概念见表6-1。

表6-1 现金流的相关概念

概念	内容
现金	现金是指库存现金及可以随时用于支付的存款。其包括库存现金、银行存款以及其他货币资金,但不包括不能随时用于支付的存款,如银行存款中限制使用的银行承兑汇票的保证金等
现金等价物	现金等价物是指企业持有的期限短、流动性强、易于转换为已知金额的现金、价值变动风险很小的投资 现金等价物的期限短,一般从购买日起3个月内到期。现金等价物通常包括3个月内到期的,可上市流通、转让或随时兑现的债券投资 现金等价物虽然不是现金,但其支付能力与现金的差别不大,可视为现金

(续表)

概念	内容
现金流量	现金流量也称现金流是指企业在一定会计期间按照收付实现制,通过一定经济活动(包括经营活动、投资活动、筹资活动和非经常性项目)而产生的现金流入、现金流出及其总量情况的总称,即企业一定时期的现金和现金等价物流入和流出的数量

(二) 现金流量的分类

1. 按属性分类

现金流量按属性分类见表6-2。

表6-2　　　　　　　　　　　现金流量按属性分类

现金流类型	含义
现金流入量	指企业在一定时期内从各种经济业务中收进现金的数量,如销售商品和提供劳务收到的现金,吸收投资收到的现金,借款收到的现金等
现金流出量	指企业在一定时期内为各种经济业务付出现金的数量。企业接受劳务、购置固定资产、偿还借款、对外投资等,都会使企业现金减少,这些减少的现金数量就是现金流出量
现金流量净额	指现金流入量减去现金流出量的差额,称为现金流量净额,也叫净现金流量或现金净流量。其计算公式为: 现金流量净额＝现金流入量－现金流出量

2. 按类型分类

现金流量按类型进行分类见表6-3。

表6-3　　　　　　　　　　　现金流按类型分类

现金流类型	内容	流入项目	流出项目	不涉及现金流量的项目
经营活动现金流量	企业投资活动和筹资活动以外的所有交易和事项所引起的现金流量	(1) 销售商品、提供劳务收到的现金 (2) 收到的税费返还 (3) 收到其他与经营活动有关的现金	(1) 购买商品、接受劳务支付的现金 (2) 支付给员工及为员工支付的现金 (3) 支付的各项税费 (4) 支付其他与经营活动有关的现金	各种摊销性费用、应计性费用
投资活动现金流量	企业长期资产的购建和不包括在现金等价物范围内的投资及其处置活动所引起的现金流量	(1) 收回投资收到的现金 (2) 取得投资收益收到的现金 (3) 处置固定资产、无形资产和其他长期资产收回的现金净额 (4) 处置子公司及其他营业单位收到的现金净额 (5) 收到其他与投资活动有关的现金,如投资人未按期缴纳股权的罚款现金收入	(1) 购建固定资产、无形资产和其他长期资产支付的现金 (2) 投资支付的现金 (3) 取得子公司及其他营业单位支付的现金净额 (4) 支付其他与投资活动有关的现金	用非货币对外投资,即债转股和股权互换

（续表）

现金流类型	内容	流入项目	流出项目	不涉及现金流量的项目
筹资活动现金流量	导致企业资本及债务规模和构成发生变化的活动所引起的现金流量	(1) 吸收投资收到的现金 (2) 取得借款收到的现金 (3) 收到其他与筹资活动有关的现金	(1) 偿还债务支付的现金 (2) 分配股利、利润或偿付利息支付的现金 (3) 支付其他与筹资活动有关的现金	债务转股权、非货币入资、非货币还债

二、现金流的作用

（一）经营决策

通过分析和预测现金流量，企业可以合理安排资金使用，及时识别和解决资金缺口问题，为经营决策提供参考依据。例如，企业可以根据现金流量情况及时调整生产计划，优化供应链管理，降低运营成本，提高经营效益。

（二）财务状况评估

现金流量表可以清晰地反映企业的现金收入和现金支出情况，及企业经营活动的稳定性和可持续性。现金流量表还可以反映企业的偿债能力、资金运作能力、盈利能力等。在财务状况评估中，投资者、债权人、供应商等利益相关方均会参考企业的现金流量情况做出决策。

（三）盈利能力分析

通过现金流量表可以清晰地了解企业的现金收入和现金支出，进而计算企业的现金净流入。现金净流入是评估企业盈利能力的一个重要指标，它反映了企业经营活动所创造的经济利润。企业可以通过分析现金净流入的变化趋势，评估经营活动的盈利能力，并及时调整经营策略以提高盈利水平。

三、企业经营活动对现金流的要求

企业经营活动对现金流的要求，如图6-1所示。

（一）资金的安全性

安全是现金流的第一指标。保证现金流的安全，才能让企业持续正常运转，实现价值的持续性输出。实现现金流安全，必须遵循以下三点：①法规性安全。保证现金流符合法规规定，不存在资金挪用、虚报冒领等不符合规定的使用和保管现象。②流转性安全。企业现金流转安全，可以保证企业经营活动的正常开展，具有较强的灵活性。③价值性安全。在现金流交易、结算时，尤其是涉及国际贸易的结算时，应注意现金保值与流通增值。

（二）资金的增值性

在保证资金安全的基础上，应增强现金流的增值性，通过最小的资源投入，谋取最大的回报。企业应通过投资等有价值的经济活动，实现现金流增值的目的。

（三）资金的顺畅性

顺畅是指企业在进行生产经营过程中，资金筹集、原材料供应都可以按照时间规定保质保量地完成，不会出现明显的拖延、滞后情况，影响经营活动的正常开展。

(四)资金的周转速度

周转速度是指现金流的循环效率和资金周转速度。合理的现金流管理应使现金处于不断流动之中。在毛利率相同的情况下,资金周转越快,企业的盈利水平就越高;反之,则表明企业出现库存积压情况,资金无法按计划收回,导致接下来的生产、销售计划被迫拖延。

(五)资金的变现能力

变现是实现现金利润,账面利润与现金相对应,这是企业发展的根本目的。如果企业流动资产不能变现,即不能转化为现金,或变现能力过低,就意味着现金流管理出现明显漏洞,无法支付工资、购买原材料和生产设备,更无法偿还到期的流动负债等。

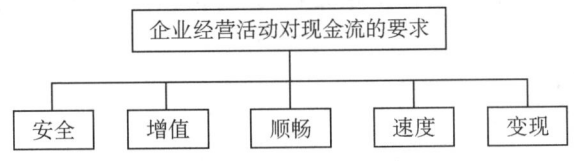

图 6-1　企业经营活动对现金流的要求

四、影响企业现金流正常运转的五大财务风险

(一)信用风险

信用风险涉及企业与客户或合作伙伴之间的交易中出现违约或无法按时支付的风险。如果企业的客户未能按时支付账款,或者合作伙伴无法履行合同,则企业可能面临应收账款的延迟或无法收回的情况,从而对现金流产生负面影响。

(二)市场风险

市场风险涉及市场波动对企业财务状况的影响。汇率波动、商品价格变动或利率上升都可能导致企业面临货币风险、原材料成本风险或利息费用上升的情况,从而对现金流产生不利影响。

(三)流动性风险

流动性风险是指企业可能无法按时获得足够的现金来偿还其短期债务和其他负债。如果企业没有足够的现金储备或者无法及时变现资产,就可能面临流动性问题,导致现金流的不正常运转。

(四)操作风险

操作风险涉及企业内部流程、系统和人员等方面。如果这些方面出现问题,则可能导致错误、失误或者盗窃等现象,从而对企业的财务状况产生负面影响。例如,生产故障、供应链中断或内部欺诈等,都可能对现金流造成影响。

(五)利率风险

利率风险涉及企业可能面临的利率变动对其财务状况的影响。如果企业有大量的变动利率债务,则利率的上升可能导致贷款利息成本上升,对现金流产生不利影响。固定利率债务也可能在利率下降时限制企业降低融资成本。

为了减轻这些财务风险对现金流的影响,企业可以采取一系列风险管理措施,包括建立健全的信用风险管理制度、使用金融工具进行对冲、加强内部控制体系、规避流动性风险及谨慎选择融资结构等。综合考虑这些方面,企业可以更好地保护现金流,确保其正常运转。

任务6.2 现金流量表的基本知识

【任务导入】

月末财务主管给实习生李华安排了一项工作,让她根据本月业务编制现金流量表并进行分析。李华在学校学习过相关报表知识,但是没有实际操作过。那么,李华应该如何根据业务来编制现金流量表?

【任务背景知识】

一、现金流量表的概念

现金流量表是指反映企业在一定会计期间现金和现金等价物流入和流出情况的报表。现金流量表是以收付实现制为编制基础,将权责发生制下的盈利信息调整为收付实现制下的现金流量信息,以便信息使用者了解企业现金变化的原因。

二、现金流量表的作用

现金流量表的作用主要体现在以下几个方面:
(1) 有助于评价企业的支付能力、偿债能力和周转能力;
(2) 有助于预测企业未来的现金流量;
(3) 有助于分析企业收益质量及影响现金净流量的因素,为分析和判断企业的财务前景提供信息。

三、现金流量表的结构

现金流量表包括表头、正表和补充资料三个部分。现金流量一般由三部分构成,即经营活动产生的现金流量、投资活动产生的现金流量和筹资活动产生的现金流量,现金流量表的标准格式见表6-4。

(一) 表头

表头部分包括报表的名称、编制单位的名称、编制时间和金额单位四个要素。

(二) 正表

正表部分主要包括经营活动产生的现金流量、投资活动产生的现金流量、筹资活动产生的现金流量等内容。

(三) 补充资料

补充资料部分包括将净利润调节为经营活动产生的现金流量,不涉及现金收支的投资和筹资活动,以及现金及现金等价物净增加情况等。

表 6-4　　　　　　　　　　　　　　现金流量表

编制单位：　　　　　　　　　　　　　　　　年　　　　月　　　　　　　　　　　　　单位：元

项目	本期金额	上期金额
一、经营活动产生的现金流量		
销售商品、提供劳务收到的现金		
收到的税费返还		
收到其他与经营活动有关的现金		
经营活动现金流入小计		
购买商品、接受劳务支付的现金		
支付给职工及为职工支付的现金		
支付的各项税费		
支付其他与经营活动有关的现金		
经营活动现金流出小计		
经营活动产生的现金流量净额		
二、投资活动产生的现金流量		
收回投资收到的现金		
取得投资收益收到的现金		
处置固定资产、无形资产和其他长期资产收回的现金净额		
处置子公司及其他营业单位收到的现金净额		
收到其他与投资活动有关的现金		
投资活动现金流入小计		
购建固定资产、无形资产和其他长期资产支付的现金		
投资支付的现金		
取得子公司及其他营业单位支付的现金净额		
支付其他与投资活动有关的现金		
投资活动现金流出小计		
投资活动产生的现金流量净额		
三、筹资活动产生的现金流量		
吸收投资收到的现金		
取得借款收到的现金		
收到其他与筹资活动有关的现金		
筹资活动现金流入小计		
偿还债务支付的现金		
分配股利、利润或偿付利息支付的现金		

(续表)

项目	本期金额	上期金额
支付其他与筹资活动有关的现金		
筹资活动现金流出小计		
筹资活动产生的现金流量净额		
四、汇率变动对现金及现金等价物的影响		
五、现金及现金等价物净增加额		
加：期初现金及现金等价物余额		
六、期末现金及现金等价物余额		

表6-4为现金流量表的标准格式，只要根据表6-5中的公式填入数据，就是真正意义上的现金流量表了。

表6-5　　　　　　　　　　　现金流量相关公式

内容	公式
现金流量净额	＝现金流入－现金流出
现金及现金等价物净增加额	＝经营活动现金流量净额＋投资活动现金流量净额＋筹资活动现金流量净额＋汇率变动对现金的影响
期末现金及现金等价物余额	＝期初现金及现金等价物余额＋现金及现金等价物净增加额

四、现金流量表的编制方法

编制现金流量表的方法有两种：一是直接法，二是间接法。

（一）直接法

直接法是指按现金收入和现金支出的主要类别直接反映企业经营活动产生的现金流量的方法。直接法下，一般是以利润表中的营业收入为起算点，调节与经营活动有关的项目的增减变动，然后计算出经营活动产生的现金流量。

（二）间接法

间接法是指以净利润为起算点，调整不涉及现金的收入、费用、营业外收支等有关项目，剔除投资活动、筹资活动对现金流量的影响，据此计算出经营活动产生的现金流量的方法。

采用直接法编报的现金流量表，可便于分析企业经营活动产生的现金流量的来源和用途，预测企业现金流量的未来前景；采用间接法编制现金流量表，可便于将净利润与经营活动产生的现金流量净额进行比较，了解净利润与经营活动产生的现金流量差异的原因，从现金流量的角度分析净利润的质量。

所以，《企业会计准则第31号——现金流量表》规定企业应当采用直接法编报现金流量表，同时要求在附注中提供以净利润为基础调节得到经营活动现金流量的信息。

在具体编制现金流量表的时候，既可以采用工作底稿法，也可以采用T型账户法。两种方法的基本程序大体相同，结果一致，只是所采用的手法不同。

任务6.3 企业活动的现金流计算

【任务导入】

月末,实习生李华要根据本月的资产负债表和利润表来编制现金流量表并进行分析。现金流量表中的每一个项目应该如何计算和填列呢?

 活动6.3.1 经营活动现金流量的计算

【任务背景知识】

对于企业的现金流量,我们要从经营活动、投资活动、筹资活动三个方面进行精准的计算,让现金流的运行更加安全。

采用直接法编制现金流量表时,一般可以利润表中的营业收入为起点,调整与经营活动有关项目的增减变动,然后计算出经营活动产生的现金流量。

【任务实施案例】

一、经营活动现金流入量的计算

(一)销售商品、提供劳务收到的现金

本项目反映企业销售商品、提供劳务实际收到的现金。

【例6-1】 天天公司本期销售一批商品,开出的增值税专用发票上注明的销售价款为2 250 000元,增值税销项税额为292 500元,价税款已经收到;应收票据期初余额为150 000元,期末余额为20 000元;应收账款期初余额为400 000元,期末余额为200 000元;年度内核销的坏账损失为2 500元。另外,本期因商品质量问题发生退货,支付银行存款25 000元,货款已通过银行转账支付。

本期销售商品、提供劳务收到的现金计算如下:

本期销售商品收到的含税现金(2 250 000+292 500)	2 542 500
加:本期收到前期的应收票据(150 000-20 000)	130 000
本期收到前期的应收账款(400 000-200 000-2 500)	197 500
减:本期因销售退回支付的现金 25 000	
本期销售商品、提供劳务收到的现金 2 867 500	

(二)收到的税费返还

本项目反映企业收到返还的各种税费,如收到的增值税、所得税、消费税、关税和教育费附加返还款等。

【例6-2】 天天公司前期出口商品一批,已缴纳增值税,按规定应退增值税3 400元,前期未退,本期以转账方式收讫;本期收到退回的消费税税款8 000元,收到的教育费附加返还款 16 500 元,款项已存入银行。

本期收到的税费返还计算如下:
本期收到的出口退增值税额　　3 400
　　加:收到的退消费税税额　　8 000
　　　　收到的退教育费附加返还额　16 500
本期收到的税费返还　　27 900

(三) 收到其他与经营活动有关的现金

本项目反映企业除上述各项目外,收到的其他与经营活动有关的现金。

二、经营活动现金流出量的计算

(一) 购买商品、接受劳务支付的现金

本项目反映企业购买材料、商品、接受劳务实际支付的现金,包括支付的货款及与货款一并支付的增值税进项税额。

【例 6-3】 天天公司本期购买原材料,收到的增值税专用发票上注明的材料价款为 90 000 元,增值税税率为 13%,增值税进项税额为 11 700 元,款项已通过银行转账支付;本期支付应付票据 80 000 元;购买工程用物资 65 000 元,货款已通过银行转账支付。

本期购买商品、接受劳务支付的现金计算如下:
本期购买原材料支付的价款　　90 000
　　加:本期购买原材料支付的增值税进项税额　　11 700
　　　　本期支付的应付票据　　80 000
本期购买商品、接受劳务支付的现金　　181 700

注意:购买工程用物资 65 000 元应在"购建固定资产、无形资产和其他长期资产所支付的现金"项目中反映。

(二) 支付给职工及为职工支付的现金

本项目反映企业实际支付给职工的现金及为职工支付的现金,包括企业为获得职工提供的服务,本期实际给予各种形式的报酬及其他相关支出,如支付给职工的工资、奖金、各种津贴和补贴等,以及为职工支付的其他费用,不包括支付给在建工程人员的工资。支付的在建工程人员的工资,在"购建固定资产、无形资产和其他长期资产所支付的现金"项目中反映。

企业为职工支付的五险一金及其他福利费用等,应根据职工的工作性质和服务对象,分别在"购建固定资产、无形资产和其他长期资产所支付的现金"和"支付给职工及为职工支付的现金"项目中反映。

【例 6-4】 天天公司本期实际支付工资 250 000 元,其中,经营人员工资 150 000 元,在建工程人员工资 100 000 元。

本期支付给职工及为职工支付的现金　　150 000

注意:在建工程人员工资 100 000 元,应在"购建固定资产、无形资产和其他长期资产所支付的现金"项目中反映。

(三) 支付的各项税费

本项目反映企业按规定支付的各项税费,包括本期发生并支付的税费,以及本期支付以前

各期发生的税费和预交的税金,如支付的教育费附加、印花税、房产税、土地增值税、车船使用税、增值税、所得税等。

该项目不包括本期退回的增值税、所得税。本期退回的增值税、所得税等,在"收到的税费返还"项目中反映。

【例6-5】 天天公司本期向税务机关缴纳增值税34 000元;本期发生的所得税1 650 000元已全部缴纳;企业期初未交所得税155 000元,期末未交所得税90 000元。

本期支付的各项税费计算如下:

本期支付的增值税税额　34 000
　　加:本期发生并缴纳的所得税税额　1 650 000
　　　　前期发生本期缴纳的所得税税额(155 000－90 000)　65 000
本期支付的各项税费　1 749 000

(四)支付其他与经营活动有关的现金

本项目反映企业除上述各项目外,支付的其他与经营活动有关的现金,如罚款支出、支付的差旅费、业务招待费、保险费、经营租赁支付的现金等。

根据上述计算结果,天天公司本期经营活动产生的现金流量相关计算公式及结果见表6-6。

表6-6　经营活动产生的现金流量计算公式　金额单位:元

项目	计算公式	本期金额
销售商品、提供劳务收到的现金	＝主营业务收入＋应交税费(应交增值税——销项税额)＋应收账款(期初余额－期末余额)＋应收票据(期初余额－期末余额)＋预收账款(期末余额－期初余额)－当期计提的坏账准备－当期核销的坏账准备－本期票据贴现利息－债务人以非现金资产偿还的应收账款及应收票据－实际发生的现金折扣－销售退回支付的现金	2 867 500
收到的税费返还	＝本期收到的出口退增值税税额＋收到的退消费税税额＋收到的退教育费附加返还额	27 900
收到其他与经营活动有关的现金	＝罚款收入＋经营租赁固定资产收到的现金＋流动资产损失中由个人赔偿的现金收入＋除税费返还外的其他政府补助收入等	
经营活动现金流入小计	＝销售商品、提供劳务收到的现金＋收到的税费返还＋收到其他与经营活动有关的现金	2 895 400
购买商品、接受劳务支付的现金	＝主营业务成本＋应交税费(应交增值税——进项税额)＋存货(期末余额－期初余额)＋本期计提的存货跌价准备＋应付账款(期初余额－期末余额)＋应付票据(期初余额－期末余额)－预付账款(期初余额－期末余额)－本期列入生产成本、制造费用的职工薪酬及折旧费、修理费－本期以非现金资产偿还的应付账款及应付票据－存货盘盈及固定资产清理报废收回的残料＋管理部门、福利部门和在建工程领用的存货	181 700
支付给职工及为职工支付的现金	＝生产成本、制造费用、管理费用中的职工薪酬＋应付职工薪酬(期初余额－期末余额)－应付职工薪酬(在建工程中列支)(期初余额－期末余额)	150 000

项　　目	计算公式	本期金额
支付的各项税费	＝当期所得税费用＋税金及附加＋应交税费（应交增值税——已交税金）－应交税费（期末余额－期初余额）	1 749 000
支付其他与经营活动有关的现金	＝罚款支出＋支付的差旅费＋业务招待费＋保险费＋经营租赁支付的现金等	
经营活动现金流出小计	＝购买商品、接受劳务支付的现金＋支付给职工及为职工支付的现金＋支付的各项税费＋支付其他与经营活动有关的现金	2 080 700
经营活动产生的现金流量净额	＝经营活动现金流入小计－经营活动现金流出小计	814 700

【任务拓展】

A公司本期销售一批商品，开出的增值税专用发票上注明的销售价款为1 125 000元，增值税销项税额为146 250元，款已经收到；应收票据期初余额为75 000元，期末余额为10 000元；应收账款期初余额为200 000元，期末余额为100 000元；本期因商品质量问题发生退货，支付银行存款20 000元，货款已通过银行转账支付。假设不考虑其他因素，A公司本期的现金流量表中"销售商品、提供劳务收到的现金"项目的金额为多少元？

活动6.3.2　投资活动现金流量的计算

【任务实施案例】

一、投资活动现金流入量的计算

（一）收回投资收到的现金

本项目反映企业出售、转让或到期收回除现金等价物以外的交易性金融资产、其他债权投资、其他权益工具投资、长期股权投资、投资性房地产而收到的现金。本项目不包括债权性投资收回的利息、收回的非现金资产，以及处置子公司及其他营业单位收到的现金净额。债权性投资收回的利息，在"取得投资收益收到的现金"项目中反映。

【例6-6】　天天公司本期出售某项长期股权投资，收回的全部投资金额为255 000元；出售某项长期债权性投资，收回的全部投资金额为135 000元，其中，10 000元是债券利息。

本期收回投资收到的现金计算如下：

收回长期股权投资金额　　255 000

　　加：收回长期债权性投资本金（135 000－10 000）　　125 000

本期收回投资收到的现金　　380 000

（二）取得投资收益收到的现金

本项目反映企业因股权性投资而分得的现金股利，从子公司、联营企业或合营企业分回利润而收到的现金，因债权性投资而取得的现金利息收入。股票股利不在本项目中反映。包括在现金等价物范围内的债券性投资,其利息收入在本项目中反映。

【例 6-7】 天天公司本期期初长期股权投资余额为 1 200 000 元,其中,800 000 元投资于联营企业 A 企业,占其股本的 25%,采用权益法核算,另外 150 000 元和 250 000 元分别投资于 B 企业和 C 企业,各占接受投资企业总股本的 5% 和 10%,采用成本法核算;当年 A 企业盈利 1 250 000 元,分配现金股利 450 000 元,B 企业亏损没有分配股利,C 企业盈利 250 000 元,分配现金股利 50 000 元。天天公司已如数收到现金股利。

本期取得投资收益收到的现金计算如下:

取得 A 企业实际分回的投资收益(450 000×25%)　112 500

加:取得 B 企业实际分回的投资收益　0

　　取得 C 企业实际分回的投资收益(50 000×10%)　5 000

本期取得投资收益收到的现金　117 500

(三) 处置固定资产、无形资产和其他长期资产收回的现金净额

本项目反映企业出售固定资产、无形资产和其他长期资产所取得的现金,减去为处置这些资产而支付的有关费用后的净额。由于自然灾害等造成的固定资产等长期资产报废、毁损而收到的保险赔偿收入,在本项目中反映。如处置固定资产、无形资产和其他长期资产所收回的现金净额为负数,则应在"支付其他与投资活动有关的现金"项目中反映。

【例 6-8】 乙公司本期出售一台不需用设备,收到价款 18 000 元,该设备原价为 22 500 元,已提折旧 7 500 元。支付该项设备拆卸费用 150 元,运输费用 37.5 元,设备已由购入单位运走。

本期处置固定资产、无形资产和其他长期资产收回的现金净额计算如下:

本期出售固定资产收到的现金　18 000

　　减:支付出售固定资产的清理费用(150+37.5)　187.5

本期处置固定资产、无形资产和其他长期资产收回的现金净额　17 812.5

(四) 处置子公司及其他营业单位收到的现金净额

本项目反映企业处置子公司及其他营业单位所取得的现金减去子公司或其他营业单位持有的现金和现金等价物及相关处置费用后的净额。本项目可以根据有关科目的记录分析填列。

(五) 收到其他与投资活动有关的现金

本项目反映企业除上述各项目外,收到的其他与投资活动有关的现金。其他与投资活动有关的现金,如果价值较大的,应单列项目反映。本项目可以根据有关科目的记录分析填列。

二、投资活动现金流出量的计算

(一) 购建固定资产、无形资产和其他长期资产支付的现金

本项目反映企业购买、建造固定资产,取得无形资产和其他长期资产支付的现金,包括购买机器设备所支付的现金及增值税款、建造工程支付的现金、支付在建工程人员的工资等现金支出。为购建固定资产、无形资产和其他长期资产而发生的借款利息资本化部分,在"分配股利、利润或偿付利息支付的现金"项目中反映;融资租入固定资产所支付的租赁费,在"支付其他与筹资活动有关的现金"项目中反映。

【例 6-9】 天天公司本期购入一栋房屋,价款为 825 000 元,通过银行转账 750 000 元,其他价款用公司产品抵偿。为在建厂房购进建筑材料一批,价值为 100 000 元,价款已通过银行转账支付。

本期购建固定资产、无形资产和其他长期资产支付的现金计算如下:

购买房屋支付的现金　750 000

　　加:为在建工程购买材料支付的现金　100 000

本期购建固定资产、无形资产和其他长期资产支付的现金　850 000

(二) 投资支付的现金

本项目反映企业进行权益性投资和债权性投资所支付的现金,包括企业取得的除现金等价物以外的交易性金融资产、其他债权投资、其他权益工具投资而支付的现金,以及支付的佣金、手续费等交易费用。企业购买债券的价款中含有债券利息的,以及溢价或折价购入的,均按实际支付的金额反映。

企业购买股票和债券时,实际支付的价款中包含的已宣告但尚未领取的现金股利或已到付息期但尚未领取的债券利息,应在"支付其他与投资活动有关的现金"项目中反映;收回购买股票和债券时支付的已宣告但尚未领取的现金股利,或已到付息期但尚未领取的债券利息,应在"收到其他与投资活动有关的现金"项目中反映。

【例 6-10】 天天公司本期以银行存款 1 250 000 元投资于甲企业的股票。此外,购买中国银行发行的金融债券,面值总额为 75 000 元,票面利率为 7%,实际支付金额为 85 250 元。

本期投资支付的现金计算如下:

投资于甲企业的现金总额　1 250 000

　　加:投资于中国银行金融债券的现金总额　85 250

本期投资所支付的现金　1 335 250

(三) 取得子公司及其他营业单位支付的现金净额

本项目反映企业取得子公司及其他营业单位购买出价中以现金支付的部分,减去子公司或其他营业单位持有的现金和现金等价物后的净额。本项目可以根据有关科目的记录分析填列。

【例 6-11】 天天公司本期购买丙企业的一家子公司,出价 850 000 元,全部以银行存款转账支付。该子公司有 115 000 元的现金及银行存款,没有现金等价物。

本期企业的实际现金流出如下:

购买子公司出价　850 000

　　减:子公司持有的现金和现金等价物　115 000

购买子公司支付的现金净额　735 000

(四) 支付其他与投资活动有关的现金

本项目反映企业除上述各项目外,支付的其他与投资活动有关的现金。其他与投资活动有关的现金,如果价值较大的,应单列项目反映。本项目可以根据有关科目的记录分析填列。

根据上述计算结果,天天公司本期投资活动产生的现金流量相关计算公式及结果见表 6-7。

表 6-7　　　　　　　　投资活动产生的现金流量计算公式　　　　　　　　单位：元

项　目	计算公式	本期金额
收回投资收到的现金	＝收回投资收到的现金	380 000
取得投资收益收到的现金	＝收到的股息收入	117 500
处置固定资产、无形资产和其他长期资产收回的现金净额	＝处置固定资产、无形资产和其他长期资产收回的现金净额	17 812.5
投资活动现金流入小计	＝收回投资收到的现金＋取得投资收益收到的现金＋处置固定资产、无形资产和其他长期资产收回的现金净额	515 312.5
购建固定资产、无形资产和其他长期资产支付的现金	＝购建固定资产、无形资产和其他长期资产所支付的现金	850 000
投资支付的现金		1 335 250
取得子公司及其他营业单位支付的现金净额		735 000
投资活动现金流出小计	＝购建固定资产、无形资产和其他长期资产支付的现金＋投资支付的现金＋取得子公司及其他营业单位支付的现金净额＋支付其他与投资活动有关的现金	2 920 250
投资活动产生的现金流量净额	＝投资活动现金流入小计－投资活动现金流出小计	－2 404 937.5

【任务拓展】

A 公司出售一台生产用设备，收到价款 9 000 元，该设备原价为 11 250 元，已提折旧 3 750 元。支付该项设备拆卸费用 100 元，运输费用 50 元，设备已经发给购买方。假设不考虑其他因素，A 公司本期的现金流量表中"处置固定资产、无形资产和其他长期资产收回的现金净额"项目的金额为多少元？

活动 6.3.3　筹资活动现金流量的计算

【任务实施案例】

一、筹资活动现金流入量的计算

（一）吸收投资收到的现金

本项目反映企业以发行股票、债券等方式筹集资金实际收到的款项净额（发行收入减去支付的佣金等发行费用后的净额）。以发行股票等方式筹集资金而由企业直接支付的审计、咨询等费用，应在"支付其他与筹资活动有关的现金"项目中反映；由金融企业直接支付的手续费、宣传费、咨询费、印刷费等费用,从发行股票、债券取得的现金收入中扣除,以净额列示。

【例6-12】 天天公司本期对外公开募集股份500 000股,每股1元,发行价为每股1.1元,代理发行的证券公司为其支付的各种费用共计8 500元。按协议将发行款划至企业在银行的存款账户上。

本期吸收投资收到的现金计算如下:
发行股票取得的现金　541 500
　其中:发行总额(500 000×1.1)　550 000
　　　减:发行费用　8 500
本期吸收投资收到的现金　541 500

(二)取得借款收到的现金

本项目反映企业举借各种短期、长期借款而收到的现金。

【例6-13】 天天公司本期取得2年期长期借款600 000元,已经存入银行存款账户。

本期取得借款收到的现金计算如下:
取得借款所收到的现金　600 000

(三)收到其他与筹资活动有关的现金

本项目反映企业除上述各项目外,收到的其他与筹资活动有关的现金。其他与筹资活动有关的现金,如果价值较大的,应单列项目反映。本项目可根据有关科目的记录分析填列。

二、筹资活动现金流出量的计算

(一)偿还债务所支付的现金

本项目反映企业以现金偿还债务的本金,包括归还金融企业的借款本金、偿付企业到期的债券本金等。企业偿还的借款利息、债券利息,在"分配股利、利润或偿付利息支付的现金"项目中反映,不在本项目中反映。本项目可以根据"短期借款""长期借款""交易性金融负债""应付债券""库存现金""银行存款"等科目的记录分析填列。

【例6-14】 天天公司本期偿还短期借款200 000元,已经通过银行存款账户支付。

本期偿还债务所支付的现金计算如下:
偿还债务所支付的现金　200 000

(二)分配股利、利润或偿付利息支付的现金

本项目反映企业实际支付的现金股利、支付给其他投资单位的利润或用现金支付的借款利息、债券利息。不同用途的借款所对应利息的开支渠道不一样,如在建工程、财务费用等,均在本项目中反映。

【例6-15】 天天公司期初应付现金股利为7 000元,本期宣布并发放现金股利18 500元,期末应付现金股利4 000元。

本期分配股利、利润或偿付利息支付的现金计算如下:
本期宣布并发放的现金股利　18 500
　加:本期支付的前期应付股利(7 000-4 000)　3 000
本期分配股利、利润或偿付利息支付的现金　21 500

(三) 支付其他与筹资活动有关的现金

本项目反映企业除上述各项目外,支付的其他与筹资活动有关的现金,如以发行股票、债券等方式筹集资金而由企业直接支付的审计、咨询等费用,融资租赁所支付的现金、以分期付款方式购建固定资产以后各期支付的现金等。其他与筹资活动有关的现金,如果价值较大的,应单列项目反映。本项目可以根据有关科目的记录分析填列。

根据上述计算结果,天天公司本期筹资经营活动产生的现金流量相关计算公式及结果见表6-8。

表6-8　　　　　　　　筹资活动产生的现金流量计算公式　　　　　　　　单位:元

项　目	计算公式	本期金额
吸收投资收到的现金	=股票或债券发行总额-发行费用	541 500
取得借款收到的现金	=借入短期、长期借款收到的现金	600 000
收到其他与筹资活动有关的现金		
筹资活动现金流入小计	=吸收投资收到的现金+取得借款所收到的现金+收到其他与筹资活动有关的现金	1 141 500
偿还债务支付的现金	=以现金偿还各种债务的本金	200 000
分配股利、利润或偿付利息支付的现金		21 500
筹资活动现金流出小计	=偿还债务支付的现金+分配股利、利润或偿付利息支付的现金	221 500
筹资活动产生的现金流量净额	=筹资活动现金流入小计-筹资活动现金流出小计	920 000

【任务拓展】

A公司期初应付现金股利为3 500元,本期宣布并发放现金股利9 250元,期末应付现金股利2 000元。假设不考虑其他因素,A公司本期的现金流量表中"分配股利、利润或偿付利息支付的现金"项目的金额为多少元?

任务6.4　企业现金流量表的分析

【任务导入】

实习生李华对现金流量表的相关项目进行计算以后,还需要对现金流量表进行分析,以便给企业提供现金流的相关数据。现金流量表的分析包括哪些内容?她应该怎么根据天天公司的财务资料,对企业的现金流量表进行分析?

 ## 活动 6.4.1　认知现金流量表分析

【任务背景知识】

一、现金流量表分析的目的

现金流量表主要是反映了企业现金流量方面的信息。编制现金流量表的目的是向企业外部投资者提供企业一定会计期间内现金和现金等价物流入和流出的信息,帮助报表使用者了解和评价企业获取现金和现金等价物的能力,并评估和预测企业未来现金流量。因此,分析现金流量表在评价企业经营业绩、衡量企业经济资源和财务风险、预测企业未来前景等方面具有十分重要的作用。

(1) 直接揭示企业的偿债能力和支付能力信息。
(2) 对企业经营活动、投资活动和筹资活动做出评价。
(3) 对企业收益质量做出评价。
(4) 预测企业未来的现金流量。
(5) 防范会计操纵。

二、现金流量表分析的内容

(1) 现金流量表趋势分析。
(2) 现金流量表结构分析。

 ## 活动 6.4.2　现金流量表趋势分析

【任务背景知识】

一、现金流量表趋势分析的概念

现金流量表趋势分析也称为现金流量表水平分析,即对企业连续两期或多期现金流量表中的数据进行比较,计算其增减变动额和增减变动百分比,从而了解企业经营活动、投资活动和筹资活动的收入、支出及结余发生了怎样的变动,变动趋势如何,及这种趋势对企业是有利还是不利。现金流量表趋势分析可帮助企业把握发展方向,并做出正确的财务决策。

二、现金流量表趋势分析的内容

(1) 经营活动现金流量趋势分析。
(2) 投资活动现金流量趋势分析。
(3) 筹资活动现金流量趋势分析。

三、现金流量表趋势分析表

现金流量表趋势分析相关计算公式如下：
(1) 某项目的变动额＝报告期(本年)金额－标准(上年)金额
(2) 某项目的变动率＝某项目的变动额÷标准(上年)金额×100％

【任务实施案例】

【例6-16】 根据南宁市天天电子科技有限公司2023年现金流量表(表6-9)，编制现金流量表趋势分析表。

表6-9　　　　　　　南宁市天天电子科技有限公司现金流量表

编制单位：南宁市天天电子科技有限公司　2023年12月　　　　　　　　　　金额单位：元

项　目	本年金额	上年金额
一、经营活动产生的现金流量		
销售商品、提供劳务收到的现金	1 199 350	1 151 323.5
收到的税费返还		
收到其他与经营活动有关的现金		
经营活动现金流入小计	1 199 350	1 151 323.5
购买商品、接受劳务支付的现金	30 100	62 650
支付给职工以及为职工支付的现金	135 000	132 500
支付的各项税费	192 940.25	225 338.5
支付其他与经营活动有关的现金	55 000	60 000
经营活动现金流出小计	413 040.25	480 488.5
经营活动产生的现金流量净额	786 309.75	670 835
二、投资活动产生的现金流量		0
收回投资收到的现金	25 750	0
取得投资收益收到的现金	29 250	18 000
处置固定资产、无形资产和其他长期资产收回的现金净额	50 500	43 390
处置子公司及其他营业单位收到的现金净额		0
收到其他与投资活动有关的现金		0
投资活动现金流入小计	105 500	61 390
购建固定资产、无形资产和其他长期资产支付的现金	420 280	266 000
投资支付的现金	0	250 000
取得子公司及其他营业单位支付的现金净额		0
支付其他与投资活动有关的现金		0
投资活动现金流出小计	420 280	516 000

(续表)

项　　目	本年金额	上年金额
投资活动产生的现金流量净额	-314 780	-454 610
三、筹资活动产生的现金流量		0
吸收投资收到的现金		0
取得借款收到的现金	160 000	100 000
收到其他与筹资活动有关的现金		0
筹资活动现金流入小计	160 000	100 000
偿还债务支付的现金	60 000	150 000
分配股利、利润或偿付利息支付的现金	20 000	25 900
支付其他与筹资活动有关的现金		0
筹资活动现金流出小计	80 000	175 900
筹资活动产生的现金流量净额	80 000	-75 900
四、汇率变动对现金及现金等价物的影响		0
五、现金及现金等价物净增加额	551 529.75	140 325
加：期初现金及现金等价物余额	205 475	55 150
六、期末现金及现金等价物余额	757 004.75	195 475

业务实施步骤：

（一）编制现金流量表趋势分析表

编制的现金流量表趋势分析表见表 6 - 10。

表 6 - 10　　　　　　　　　现金流量表趋势分析表

编制单位：南宁市天天电子科技有限公司　　2023 年 12 月　　　　　　　　金额单位：元

项　　目	①本期金额（2023 年）	②上期金额（2022 年）	③增加额 =①-②	④增长率 =③/②
一、经营活动产生的现金流量				
销售商品、提供劳务收到的现金	1 199 350	1 151 323.5	48 026.5	4.17%
收到的税费返还			0	
收到其他与经营活动有关的现金			0	
经营活动现金流入小计	1 199 350	1 151 323.5	48 026.5	4.17%
购买商品、接受劳务支付的现金	30 100	62 650	-32 550	-51.96%
支付给职工以及为职工支付的现金	135 000	132 500	2 500	1.89%
支付的各项税费	192 940.25	225 338.5	-32 398.25	-14.38%
支付其他与经营活动有关的现金	55 000	60 000	-5 000	-8.33%
经营活动现金流出小计	413 040.25	480 488.5	-67 448.25	-14.04%

(续表)

项 目	①本期金额（2023年）	②上期金额（2022年）	③增加额＝①－②	④增长率＝③/②
经营活动产生的现金流量净额	786 309.75	670 835	115 474.75	17.21%
二、投资活动产生的现金流量				
收回投资收到的现金	25 750	0	25 750	
取得投资收益收到的现金	29 250	18 000	11 250	62.50%
处置固定资产、无形资产和其他长期资产收回的现金净额	50 500	43 390	7 110	16.39%
处置子公司及其他营业单位收到的现金净额		0	0	
收到其他与投资活动有关的现金		0	0	
投资活动现金流入小计	105 500	61 390	44 110	71.85%
购建固定资产、无形资产和其他长期资产支付的现金	420 280	266 000	154 280	58.00%
投资支付的现金	0	250 000	－250 000	－100.00%
取得子公司及其他营业单位支付的现金净额		0	0	
支付其他与投资活动有关的现金		0	0	
投资活动现金流出小计	420 280	516 000	－95 720	－18.55%
投资活动产生的现金流量净额	－314 780	－454 610	139 830	－30.76%
三、筹资活动产生的现金流量				
吸收投资收到的现金		0	0	
取得借款收到的现金	160 000	100 000	60 000	60.00%
收到其他与筹资活动有关的现金		0	0	
筹资活动现金流入小计	160 000	100 000	60 000	60.00%
偿还债务支付的现金	60 000	150 000	－90 000	－60.00%
分配股利、利润或偿付利息支付的现金	20 000	25 900	－5 900	－22.78%
支付其他与筹资活动有关的现金		0	0	
筹资活动现金流出小计	80 000	175 900	－95 900	－54.52%
筹资活动产生的现金流量净额	80 000	－75 900	155 900	－205.40%
四、汇率变动对现金及现金等价物的影响		0	0	
五、现金及现金等价物净增加额	551 529.75	140 325	411 204.75	293.04%
加：期初现金及现金等价物余额	205 475	55 150	150 325	272.57%
六、期末现金及现金等价物余额	757 004.75	195 475	561 529.75	287.26%

（二）现金流量表趋势分析表的评价

根据表 6-10 计算结果所示，对企业现金流量表的趋势分析可从以下三个方面进行。

1. 经营活动现金流量趋势分析

（1）经营活动现金流入量趋势分析。

2023 年公司经营活动的现金流入量比 2022 年增长了 4.17%，增长的主要原因是通过销售商品和提供劳务，企业所收到的现金增加了。这说明企业通过提高营业收入获取现金的能力增强了。

（2）经营活动现金流出量趋势分析。

2023 年公司经营活动现金流出量比 2022 年下降了 14.04%，降低幅度较高。降低的主要原因是公司购买商品、接受劳务支付的现金 2023 年比 2022 年下降了 51.96%，降幅超过一半，这说明企业大幅减少了商品和劳务的购买。同时公司支付的各项税费也降低了 14.38%。

（3）经营活动现金净流量趋势分析。

2023 年公司经营活动现金净流量比 2022 年增长了 17.21%。其原因除销售商品、提供劳务收到的现金有小幅度增加外，还因为产品成本和费用的支出降低了，说明企业在努力控制成本、费用，在节流方面取得了较好成效。另外，企业的经营活动现金净流量为正数，说明企业经营活动的现金流入量大于流出量，销售给企业带来大量的现金流入，企业处于良好的运转状态，并进入良性循环。

2. 投资活动现金流量趋势分析

（1）投资活动现金流入量趋势分析。

2023 年公司投资活动现金流入量比 2022 年增长了 71.85%，这一比例较高的原因在于公司取得了较高的投资收益，投资收益增幅高达 62.50%。这说明企业充分利用闲置资金进行投资，并给企业带来了较好的收益。

（2）投资活动现金流出量趋势分析。

2023 年公司投资活动现金流出量比 2022 年降低了 18.55%，降幅度较大。其主要原因是公司减少了投资支付的现金，减少幅度达到 100%；对投资活动现金流出影响较大的因素还有一个，就是购建固定资产、无形资产和其他长期资产支付的现金增长了 58%，说明企业内部扩大生产能力而减少了对外投资。

（3）投资活动现金净流量趋势分析。

2022 年和 2023 年公司投资活动现金净流量均为负数，但是 2023 年比 2022 年增加了投资 139 830 元，这说明投资流出大于投资流入的现象在 2023 年有所缓解。2023 年流出和流入的差距降低了 139 830 元，降幅达到 30.76%。

3. 筹资活动现金流量趋势分析

（1）筹资活动现金流入量趋势分析。

2023 年公司筹资活动现金流入量比 2022 年增长了 60%，增长幅度较大。其主要原因在于公司 2023 年借款取得的现金增加了 60%，这将会导致企业未来的借款利息增加。

（2）筹资活动现金流出量趋势分析。

2023 年公司筹资活动现金流出量比 2022 年降低了 54.52%。其主要原因是偿还债务所支付的现金减少了 60%，分配股利、利润或偿付利息支付的现金减少了 22.78%。

(3) 筹资活动现金净流量趋势分析。

2023年公司筹资活动现金净流量为+80 000元,说明2023年筹资活动的现金流入明显大于流出,主要原因是企业增加了吸收资本或借款。而2022年为-75 900元,说明2022年筹资活动是现金流入小于流出。可见公司在2023年加快了投资和经营扩张的速度,这可能是因为企业找到了较好的投资机会,未来发展前景较好。

活动6.4.3 现金流量表结构分析

【任务背景知识】

一、认知现金流量表结构分析的相关概念

现金流量表的结构是指各种现金流入量、现金流出量及现金净流量在企业总的现金流入量、总的现金流出量及总的现金净流量中的比例关系。

现金流量表的结构分析就是通过对现金流量表中不同项目之间的比较,分析企业现金流入和流出的来源与方向,评价各种现金流量的形成原因。

对现金流量表的结构分析,有利于进一步明确现金流入、现金流出的构成及现金余额是如何形成的,有利于说明影响企业现金增减变动的因素,并据以了解企业现金充裕或紧张的原因,进一步预测企业在未来期间的现金流量变动趋势。

二、现金流量表结构分析的内容

现金流量表分为经营活动现金流量、投资活动现金流量和筹资活动现金流量,三大部分的现金流入量和流出量的含义不同,对会计信息使用者的作用也不一样。现金流量表结构分析的内容见图6-2。

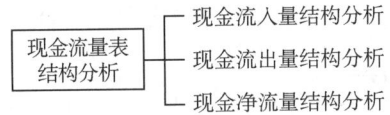

图6-2 现金流量表结构分析

信息使用者在深入掌握企业现金流的情况下,还应将流入和流出结构进行历史比较或同业比较,这样可以得到更有意义的结论。

【任务实施案例】

一、现金流入量结构分析

分别计算经营活动现金流入量、投资活动现金流入量和筹资活动现金流入量占现金总流入量的比重,公式如下:

(1) 经营活动现金流入量占现金总流入量比重=经营活动现金流入量÷现金流入量总计
(2) 投资活动现金流入量占现金总流入量比重=投资活动现金流入量÷现金流入量总计
(3) 筹资活动现金流入量占全总流入量比重=筹资活动现金流入量÷现金流入量总计

【例6-17】 根据南宁市天天电子科技有限公司2023年现金流量表(表6-9),编制现金流入量结构分析表。

业务实施步骤：

（一）编制现金流入量结构分析表

编制的现金流入量结构分析表见表 6-11。

表 6-11　　　　　　　　　　　现金流入量结构分析表

编制单位：南宁市天天电子科技有限公司　2023 年 12 月　　　　　　　　　　　金额单位：元

项　目	①本期金额（2023年）	②上期金额（2022年）	③本期比重 =①÷1 464 850	④上期比重 =②÷1 312 713.5	⑤变动情况 =③－④
一、经营活动产生的现金流量：					
销售商品、提供劳务收到的现金	1 199 350	1 151 323.5	81.88%	87.71%	－5.83%
经营活动现金流入小计	1 199 350	1 151 323.5	81.88%	87.71%	－5.83%
二、投资活动产生的现金流量：					
收回投资收到的现金	25 750	0	1.76%	0.00	1.76%
取得投资收益收到的现金	29 250	18 000	2.00%	1.37%	0.63%
处置固定资产、无形资产和其他长期资产收回的现金净额	50 500	43 390	3.45%	3.31%	0.14%
投资活动现金流入小计	105 500	61 390	7.20%	4.68%	2.53%
三、筹资活动产生的现金流量：					
取得借款收到的现金	160 000	100 000	10.92%	7.61%	3.31%
筹资活动现金流入小计	160 000	100 000	10.92%	7.61%	3.31%
现金流入合计	1 464 850	1 312 713.5	100.00%	100.00%	0.00

（二）分析指标

通过对表 6-11 的分析，可以得到下列信息：

（1）2022 年、2023 年企业的现金流入主要来源于经营活动中的"销售商品、提供劳务收到的现金"，均超过 80%，说明企业的现金流入主要依赖于企业的经营活动，企业对外部筹资的依赖性较小，这也反映出企业的运营状况较为稳定。但是 2023 年企业的经营活动现金流入比重比 2022 年降低了 5.83%，降低的原因需要引起企业注意。

（2）投资和筹资的现金流入在 2023 年有所增加，分别达到了总额的 7.2% 和 10.92%，但是"取得借款收到的现金"在 2023 年上升了 10.92%，这会导致企业在后期的利息支出增加，企业在之后的经营中需要引起重视。

二、现金流出量结构分析

计算经营活动、投资活动和筹资活动现金流出量占现金总流出量的比重,反映现金流出的具体去向,公式如下:

(1) 经营活动现金流出量占现金总流出量比重＝经营活动现金流出量÷现金流出量总计

(2) 投资活动现金流出量占现金总流出量比重＝投资活动现金流出量÷现金流出量总计

(3) 筹资活动现金流出量占现金总流出量比重＝筹资活动现金流出量÷现金流出量总计

【例6-18】 根据南宁市天天电子科技有限公司2023年现金流量表(表6-9),编制现金流出量结构分析表。

业务实施步骤:

(一)编制现金流出量结构分析表

编制的现金流出量结构分析表见表6-12。

表6-12　　　　　　　　　现金流出量结构分析表

编制单位:南宁市天天电子科技有限公司　2023年12月　　　　　　　　　　　金额单位:元

项目	①本期金额 (2023年)	②上期金额 (2022年)	③本期比重 ＝①÷913 320.25	④上期比重 ＝②÷1 172 388.5	⑤变动情况 ＝③－④
一、经营活动产生的现金流量:					
购买商品、接受劳务支付的现金	30 100	62 650	3.30%	5.34%	－2.05%
支付给职工以及为职工支付的现金	135 000	132 500	14.78%	11.30%	3.48%
支付的各项税费	192 940.25	225 338.5	21.13%	19.22%	1.90%
支付其他与经营活动有关的现金	55 000	60 000	6.02%	5.12%	0.90%
经营活动现金流出小计	413 040.25	480 488.5	45.22%	40.98%	4.24%
二、投资活动产生的现金流量:					
投资活动现金流入小计	105 500	61 390	11.55%	5.24%	6.31%
购建固定资产、无形资产和其他长期资产支付的现金	420 280	266 000	46.02%	22.69%	23.33%
投资支付的现金	0	250 000	0.00	21.32%	－21.32%
投资活动现金流出小计	420 280	516 000	46.02%	44.01%	2.00%
三、筹资活动产生的现金流量:					

（续表）

项目	①本期金额（2023年）	②上期金额（2022年）	③本期比重=①÷913 320.25	④上期比重=②÷1 172 388.5	⑤变动情况=③－④
偿还债务支付的现金	60 000	150 000	6.57%	12.79%	－6.22%
分配股利、利润或偿付利息支付的现金	20 000	25 900	2.19%	2.22%	－0.03%
筹资活动现金流出小计	80 000	175 900	8.76%	15.01%	－6.25%
现金流出合计	913 320.25	1 172 388.5	100.00%	100.00%	0.00

（二）分析指标

通过对表6-12的分析，我们可以得到以下信息：

(1) 经营活动的现金流出占的比重较大，2022年和2023年均超过了40%。经营活动的现金流出主要是由"支付给职工以及为职工支付的现金"和"支付的各项税费"这两项现金流出引起的，这与企业经营现金流入主要来源于经营活动中的"销售商品、提供劳务收到的现金"相符。

(2) 投资活动的现金流出占比较大，2022年和2023年均超过44%，这主要是因为"购建固定资产、无形资产和其他长期资产支付的现金"较多，2023年这项支出甚至提高了23.33%。在这项支出提高的同时，其他项目的现金支出减少，特别是"购买商品、接受劳务支付的现金"。这说明企业对内扩张速度较快，未来收益有可能增长，具有一定的成长性，但是也具有一定投资风险性，应引起注意。

(3) 筹资活动的现金流出占比较小，该项目主要是由"偿还债务所支付的现金"和"分配股利、利润或偿付利息所支付的现金"引起的。"偿还债务所支付的现金"2023年比2022年降低了6.22%，说明企业还款金额减少。

一般来说，经营活动现金流出量占比较大，属于正常情况；如果投资活动现金流出较大，说明企业加大了投资力度，未来收益有可能增长，具有一定的成长性，也有一定投资风险性；如果筹资活动现金流出较大，说明企业正处于还款期或加大了股利（或利润）的分配力度。

三、现金净流量结构分析

现金净流量结构分析是指经营活动、投资活动和筹资活动分别占全部现金余额的百分比，反映企业经营、投资、筹资三类现金净流量各自占总的现金净流量的比例，即三类活动对现金净流量的贡献程度。通过分析，企业可以更加明确本期的现金净流量主要由哪类活动产生，以此可以说明现金净流量的形成是否合理。

现金净流量结构分析的相关计算公式如下：

企业现金净流量结构＝某项目现金净流量金额÷现金及现金等价物净增加额×100%

【例6-19】 根据南宁市天天电子科技有限公司2023年现金流量表（表6-9），编制现金流量净额结构分析表。

业务实施步骤：

（一）编制现金流量净额结构分析表

编制的现金流量净额结构分析表见表 6-13。

表 6-13　　　　　　　　　　现金流量净额结构分析表

编制单位：南宁市天天电子科技有限公司　　2023 年 12 月　　　　　　　　　　金额单位：元

项　　目	①本期金额（2023年）	②上期金额（2022年）	③本期比重 =①÷551 529.75	④上期比重 =②÷140 325	⑤变动情况 =③－④
一、经营活动产生的现金流量净额	786 309.75	670 835	142.57%	478.06%	－335.49%
二、投资活动产生的现金流量净额	－314 780	－454 610	－57.07%	－323.97%	266.90%
三、筹资活动产生的现金流量净额	80 000	－75 900	14.51%	－54.09%	68.59%
四、现金及现金等价物净增加额	551 529.75	140 325	100.00%	100.00%	0.00

（二）现金净流量结构分析表的评价

（1）2022 年公司"经营活动产生的现金流量净额"为正数，说明公司主要业务活动盈利；"投资活动产生的现金流量净额"为负数，说明公司还在继续投资。"筹资活动现金流净额"为负数，说明公司正在偿还债务或进行分红。"现金及现金等价物净增加额"项目呈现上升趋势，并在 2022 年为正数，说明公司的经营活动产生的现金流量净额持续大于投资和筹资活动产生的现金净流出额，公司造血能力强大，靠自己就能实现业务扩张，很有发展前景。

（2）2023 年筹资活动的现金净流量是正数，为 80 000 元，这主要是由于筹资活动的现金流入大于现金流出。具体而言，就是取得借款收到的现金大于偿还债务、支付利息所支出的现金，说明企业在 2023 年扩大经营规模，而且增加了借款。2023 年筹资活动的现金流量净额提高了 68.59%，增长幅度也较大。企业现金较为充裕的情况下，可以考虑减少对外筹资，从而减少企业的债务负担。

【任务拓展】

（1）2023 年某公司的现金流入情况表见表 6-14。请根据表格数据对该公司的现金流入情况进行结构分析，并编制结构分析表。

表 6-14　　　　　　　某公司 2023 年现金流入情况　　　　　　　　单位：元

项目	金额
经营活动现金流入	13 020 200.50
其中：销售商品、提供劳务收到的现金	11 541 917.00
收到的税费返还	1 478 283.50
投资活动现金流入	39 439 759.00
其中：取得投资收益收到的现金	27 878 944.00

(续表)

项目	金额
处置固定资产等收回的现金	11 560 815.00
筹资活动现金流入	23 364 075.00
其中：吸收投资收到的现金	6 454 575.00
取得借款收到的现金	16 909 500.00
现金流入合计	75 824 034.50

要求：请根据表 6-14 数据编制 2023 年某公司现金流入结构分析表，并对其现金流入情况进行结构分析。

(2) 2023 年某公司的现金净流量结构分析表见表 6-15。

表 6-15　　　　　　　某公司现金净流量结构分析表　　　　　金额单位：元

项目	金额	结构百分比
经营活动现金净流量	5 862 960.5	13.83%
投资活动现金净流量	33 869 187.5	79.91%
筹资活动现金净流量	2 651 311	6.26%
现金净增加额	42 383 459	100%

要求：根据表 6-15 的数据对该公司的现金净流量进行简要分析。

任务 6.5　现金管理的内部控制及程序

【任务背景知识】

一、现金流出的管理

现金流出关系到现金流的健康和安全。公司必须做好现金流出管理，做到每一笔账清晰明了，可追溯至相关负责人，这样才能保证现金流处于可控的状态。

（一）日常各种现金流出的管理

日常现金流出，包括各种业务支出、营业性零星支出（如发放工资等）、非经营性往来支出（如职工生活借款等）。对于这些现金流出，公司必须建立严格的管理体系。财务人员应负责整个流程的监管，严格按照支出原则和有关的规章制度审核付款凭证，按程序办理付款手续，保证现金流出的安全和规范。

1. 现金流出的基本原则

现金流出一旦不符合规定，则很容易导致现金管理混乱，给企业带来损失。所以，现金流出必须遵循以下原则：

(1) 合法性原则。

财务人员在付款前,必须确定手续完备,保证相关单据上已经有领导签字,确认内容真实、准确、合法。

(2) 完整性原则。

财务人员应当确认申请人已经按照规定完成了所有的手续,保证审批手续齐全、完整有效、支付事项当面结清、账务处理正确合理。

(3) 及时性原则。

支付现金后,财务人员必须将原始凭证归档,及时编制通用记账凭证,并登记现金日记账。

(4) 规范性原则。

企业的所有支出都要规范,都应该通过银行账户进行,杜绝套取现金支付。套取现金,是指为了逃避开户银行对现金的管理,采用不正当的手段弄虚作假、支出现金的违法行为。

2. 适当减缓现金流出的速度

让资金尽可能长时间地在本公司的账户内,将会提升企业自身的现金流。比如在不影响自己信誉的前提下,企业应多利用自身的信用价值,通过信用争取付款优惠,尽可能地推迟应付款的支付期。

3. 建立严格的现金清查制度

企业应建立严格的现金清查制度,并要求财务人员严格执行,做到责任到人。财务人员应每天盘点现金实有数,与现金日记账的账面余额核对,保证账实相符。同时,财务主管要定期或不定期进行现金清查盘点,要求每一笔支出都有详细的说明,防止出现差错,避免挪用、贪污、盗窃等不法行为发生。如果发现问题,应立刻要求所有当事人说明情况,并及时上报,并对相关责任人进行处理。

(二) 关注付款优先次序

不少企业在进行现金流出操作时往往没有优先次序的排列,仅仅按照时间顺序进行付款,结果发现一些不要紧的项目占用有限的现金流额度,一些重要的付款项目反而无法顺利完成,直接影响了企业的信用等级。所以,企业必须关注付款的优先次序。付款的优先次序,取决于项目对营业产生的影响。

(1) 优先次序应按照采购货款→人员工资→管理费用→销售费用的次序进行,它们依次对企业的正常生产产生作用。只有首先保证企业的生产工作有序进行,企业才能进行销售、市场推广等工作,确保企业的现金流得以正常运转。

(2) 如果企业存在贷款、融资利息方面的支出,如税金、银行利息,则应优先支付这些款项。

二、现金管理的内部控制及程序

企业对现金进行管理,一方面需要严格遵守国家有关现金管理制度的规定,另一方面则需要从内部入手,建立严格的内部控制体系,避免现金收支差错及偷盗、贪污挪用等行为发生。

(一) 现金管理内部控制的意义

(1) 有利于企业内部形成规范的经营管理理念。

(2) 有利于保证经营活动的正常发展。

(3) 有利于降低持有现金过多而带来的机会成本。

（二）现金管理内部控制的程序

企业应建立完善的内部控制体系，规范现金管理。现金管理内部控制程序见表 6-16。

表 6-16　　现金管理内部控制程序

序号	程序	内容
1	授权符合要求	明确每个部门、每个员工的现金授权范围，财务人员按规定审批相关支出
2	明确现金申请单的内容	在填写申请单时，注明款项用途、金额、用款单位及其时间等，经办人员必须在原始凭证上签章，经办部门负责人审核原始凭证并签字盖章。财务部门主管或授权人员进行审核，确认凭证的完整性。签字盖章以后，才能进行现金收款或现金付款凭证的传递
3	确保收款正确及时	库管人员进行发货前，必须由财务人员再次进行审核，确认现金收款或现金付款已经完毕或符合合同要求，对现金收款或现金付款凭证及所附原始凭证加盖"收讫"或"付讫"戳记，并签字盖章以示收付。库管人员没有收到财务人员的收付凭证附件，不得进行货物出仓
4	岗位分离控制	不相容的岗位，必须指定不同的人负责，不可一人身兼多个岗位，以此发挥人员之间相互牵制、相互监督的作用。例如，出纳不得兼管收入、费用、债权、债务账目的登记工作，不得兼任稽核工作和会计档案保管工作。企业应根据实际情况，结合成本和效益设置岗位，并开展相关岗位人员的委任与招聘工作
5	加强内部审计	企业应建立独立的内部审计小组，以月度、季度、年度为单位，对现金管理进行审计。内部审计是企业自我评价的一种活动，其可及时发现内部控制的漏洞和薄弱环节，要求相关负责人说明情况，并对现金管理体系提出优化建议。

模 块 测 试

一、单项选择题

1．"企业支付的税费"属于（　　）现金流类型。
  A．筹资活动现金流量　　　　　　　　B．投资活动现金流量
  C．经营活动现金流量　　　　　　　　D．汇率变动影响

2．现金流量表的编制基础是（　　）。
  A．权责发生制　　　　　　　　　　　B．收付实现制
  C．实地盘存制　　　　　　　　　　　D．永续盘存制

3．"支付现金股利"属于（　　）现金流类型。
  A．经营活动现金流量　　　　　　　　B．投资活动现金流量
  C．筹资活动现金流量　　　　　　　　D．销售活动

4．下列各项中，属于"投资活动现金流出"项目的是（　　）。
  A．支付经营人员的工资　　　　　　　B．购建无形资产支付的现金
  C．分配股利、利润支付的现金　　　　D．支付其他与经营活动有关的现金

5．下列各项中，属于企业"经营现金流入项目"的是（　　）。

A. 支付的各项税费 B. 销售商品收到的现金
C. 收回投资收到的现金 D. 取得投资收益收到的现金

6. 下列各项中,不影响企业现金净流量的是( )。
A. 取得短期借款 B. 支付现金股利
C. 偿还长期借款 D. 购买三个月内到期的短期债券

7. 下列各项中,不属于现金及现金等价物的是( )。
A. 银行存款 B. 外埠存款
C. 银行承兑汇票 D. 持有1个月内到期的国债

8. 下列各项中,不属于投资活动产生现金流量的是( )。
A. 购买股票或债券支付现金 B. 归还银行借款支付现金
C. 销售长期股权投资收回现金 D. 购建固定资产

9. A公司2023年购买商品支付500万元(含增值税),支付2022年接受劳务的未付款项50万元,2023年发生的购货退回15万元。假设不考虑其他条件,A公司2023年现金流量表"购买商品、接受劳务支付的现金"项目中应填列( )万元。
A. 535 B. 465 C. 435 D. 500

10. 某企业2023年度发生以下业务:以银行存款购买将于2个月后到期的国债500万元,预付材料款200万元,同时支付增值税26万元,支付上个月生产人员工资150万元,购买固定资产花费300万元。假定不考虑其他因素,该企业2023年度现金流量表中"购买商品、接受劳务支付的现金"项目的金额为( )万元。
A. 226 B. 200 C. 676 D. 1 176

11. 甲企业当期净利润为600万元,投资收益为100万元,与筹资活动有关的财务费用为50万元,经营性应收项目增加75万元,经营性应付项目增加25万元,固定资产折旧为40万元,无形资产摊销为10万元。不考虑其他因素,甲企业当期经营活动产生的现金流量净额为( )万元。
A. 450 B. 900 C. 5 000 D. 550

二、多项选择题

1. 现金流量按属性分类,分为( )。
A. 现金流入量 B. 现金流出量 C. 现金流量净额 D. 库存现金

2. 经营活动产生的现金流入包括( )。
A. 收到的税费返还 B. 取得借款收到的现金
C. 取得投资收到的现金 D. 销售商品、提供劳务收到的现金

3. 下列各项中,属于企业筹资活动现金流项目的有( )。
A. 取得的税费返还 B. 短期借款的增加
C. 分配股利所支付的现金 D. 取得债券利息收入

4. 企业经营活动对现金流的要求包括( )。
A. 资金的安全性 B. 资金的增值性
C. 资金的顺畅性 D. 资金的周转速度
E. 资金的变现能力

5. 下列各项中,属于投资活动产生的现金流量的有( )。

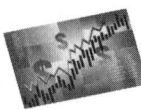

A. 投资支付的现金　　　　　　B. 出售设备收到的现金
C. 购进固定资产支付的现金　　D. 取得投资收益收到的现金

6. 下列各项中,属于现金及现金等价物的有(　　)。
   A. 银行存款　　　　　　B. 1个月到期的债券投资
   C. 商业汇票　　　　　　D. 银行汇票存款

7. 下列关于现金流量表的表述,正确的有(　　)。
   A. 提供了企业一定会计期间内现金和现金等价物流入和流出的现金流量信息
   B. 提供经营活动、投资活动和筹资活动产生的现金流量
   C. 以收付实现制为基础,提高了会计信息质量
   D. 以收付实现制为基础,有利于更好发挥会计监督职能作用,改善公司治理状况

8. 下列经济业务应填列在现金流量表中"投资支付的现金"项目的有(　　)。
   A. 取得债权投资支付的交易费用
   B. 企业取得交易性金融资产时发生的交易费用
   C. 企业取得的债权投资按其公允价值支付的款项
   D. 企业取得以公允价值计量且其变动计入其他综合收益的金融资产时支付的交易费用

9. 投资活动产生的现金流量主要包括(　　)。
   A. 收回投资收到的现金
   B. 取得投资收益收到的现金
   C. 处置子公司及其他营业单位收到的现金净额
   D. 投资支付的现金
   E. 吸收投资收到的现金

10. 下列关于现金流量表列报的表述中,正确的有(　　)。
    A. 分期付款方式购建固定资产,各期支付的现金作为"支付其他与筹资活动有关的现金"项目
    B. 支付罚款支出作为"支付其他与经营活动有关的现金"项目
    C. 支付购建固定资产而发生的资本化借款利息费用、费用化借款利息费用作为"分配股利、利润或偿付利息支付的现金"项目
    D. 收到的现金股利和利息,记入"取得投资收益收到的现金"项目
    E. 支付的离退休人员的职工薪酬作为"支付给职工以及为职工支付的现金"项目

11. 下列各项中,应列入"支付的其他与筹资活动有关的现金"项目中反映的有(　　)。
    A. 发行债券收到的现金　　　　B. 发行股票时支付的佣金
    C. 举借长期借款收到的资金　　D. 发行股票时企业直接支付的审计费
    E. 发行股票时企业直接支付的咨询费

12. 下列事项中,影响经营活动现金流量的项目有(　　)。
    A. 发行长期债券收到现金　　B. 偿还应付购货款
    C. 支付生产工人工资　　　　D. 缴纳所得税
    E. 取得短期借款并存入银行

13. 现金流量表结构分析包括(　　)。
    A. 现金流入结构分析　　　　B. 现金流出结构分析

C. 现金净流量结构分析　　　　　　　D. 现金流量表趋势分析

三、判断题

1. 无形资产的摊销不影响当期现金流量的变动。（　　）
2. 经营活动产生的现金流量大于零说明企业盈利。（　　）
3. 企业分配股利必然引起现金流出量的增加。（　　）
4. 利息支出将对筹资活动现金流量产生影响。（　　）
5. 企业支付所得税将引起投资活动现金流量的增加。（　　）

四、计算分析题

1. A 公司 2023 年度发生的管理费用为 1 100 万元。其中,以现金支付退休职工统筹退休金 175 万元和管理人员工资 475 万元,存货盘亏损失 12.5 万元,计提固定资产折旧 210 万元,无形资产摊销 100 万元,计提坏账准备 75 万元,其余均以银行存款支付。假设不考虑其他因素,A 公司 2023 年度现金流量表中"支付的其他与经营活动有关的现金"项目的金额为多少万元?

2. 某公司 2023 年度的现金流量表如表 6-17 所示。

表 6-17　　　　　　　　　　　　　现金流量表

编制单位:某公司　　　　　　　2023 年 12 月　　　　　　　金额单位:万元

项　　目	本期金额	上期金额
一、经营活动产生的现金流量		
销售商品、提供劳务收到的现金	620	519.5
收到的税费返还	16.5	10
收到其他与经营活动有关的现金	29.5	35
经营活动现金流入小计	666	564.5
购买商品、接受劳务支付的现金	492.5	427
支付给职工以及为职工支付的现金	30	31.5
支付的各项税费	71.5	79.5
支付其他与经营活动有关的现金	54.5	101
经营活动现金流出小计	648.5	639
经营活动产生的现金流量净额	17.5	−74.5
二、投资活动产生的现金流量	0	0
收回投资收到的现金	102.5	130
取得投资收益收到的现金	18.5	15
处置固定资产、无形资产和其他长期资产收回的现金净额	0	0
处置子公司及其他营业单位收到的现金净额	0	0
收到其他与投资活动有关的现金	0	0

(续表)

项　　目	本期金额	上期金额
投资活动现金流入小计	121	145
购建固定资产、无形资产和其他长期资产支付的现金	77.5	87.5
投资支付的现金	52	100
取得子公司及其他营业单位支付的现金净额	0	0
支付其他与投资活动有关的现金	0	0
投资活动现金流出小计	129.5	187.5
投资活动产生的现金流量净额	－8.5	－42.5
三、筹资活动产生的现金流量	0	0
吸收投资收到的现金	75	88.5
取得借款收到的现金	82.5	131.5
收到其他与筹资活动有关的现金	0	0
筹资活动现金流入小计	157.5	220
偿还债务支付的现金	87.5	162.5
分配股利、利润或偿付利息支付的现金	7.5	7.5
支付其他与筹资活动有关的现金	6	5
筹资活动现金流出小计	101	175
筹资活动产生的现金流量净额	56.5	45
四、汇率变动对现金及现金等价物的影响	0	0
五、现金及现金等价物净增加额	65.5	－72
加：期初现金及现金等价物余额	0	0
六、期末现金及现金等价物余额	0	0

要求：
（1）根据现金流量表，编制现金流量表趋势分析表，并进行分析。
（2）根据现金流量表，编制现金流入量结构分析表，并进行分析。
（3）根据现金流量表，编制现金流出量结构分析表，并进行分析。
（4）根据现金流量表，编制现金净流量结构分析表，并进行分析。

模块 7

资金分析管理

【知识目标】
1. 掌握偿债能力指标的计算与分析方法
2. 掌握与企业营运能力有关的现金流量比率的计算与分析方法
3. 掌握与企业盈利能力有关的现金流量比率指标的计算与分析方法

【技能目标】
1. 会进行企业的偿债能力指标的计算及分析
2. 会进行企业的营运能力指标的计算及分析
3. 会进行企业的盈利能力指标的计算及分析

【思政目标】
1. 培养学生严谨细致、求真务实的财经职业素质
2. 培养学生遵守廉洁自律、诚实守信、坚持准则的会计职业道德
3. 培养学生的爱国情怀,使其具备自强不息、积极进取的精神

【知识点思维导图】

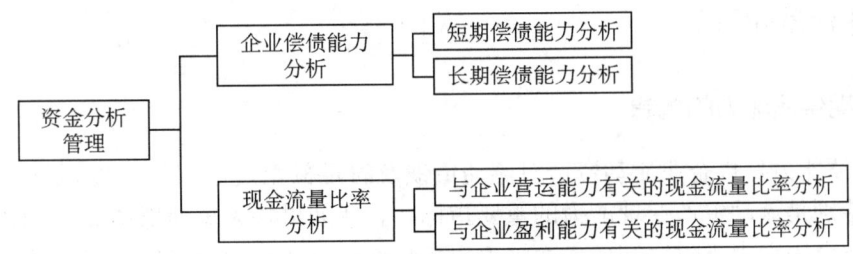

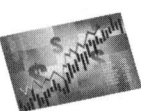

任务 7.1　企业偿债能力分析

【任务导入】

南宁天天电子科技有限公司计划明年扩大生产规模,因此需要大量资金。公司打算从银行借入资金,经咨询,公司了解到银行对借款企业的偿债能力要求严格,于是公司要求财务部门分析企业的现金流和偿债能力,看自身相关指标能否满足银行的借款要求。作为出纳与资金管理岗的实习生,李华应如何对企业的现金流及偿债能力进行计算和分析?

【任务背景知识】

一、偿债能力的含义

偿债能力是指企业偿还各种债务的能力。企业的负债按偿还期的长短,可分为流动负债和非流动负债两大类。其中,反映企业偿付流动负债能力的是短期偿债能力;反映企业偿付非流动负债能力的是长期偿债能力。

二、偿债能力分析的内容

偿债能力分析包括短期偿债能力分析和长期偿债能力分析。

活动 7.1.1　短期偿债能力分析

【任务背景知识】

一、短期偿债能力的概念

短期偿债能力是指企业流动资产对流动负债及时足额偿还的保证程度,是衡量企业当前财务能力,特别是流动资产变现能力的重要指标。企业如果缺乏短期偿债能力,不但无法获得进货折扣,还会因无力支付短期债务而被迫出售长期投资或拍卖固定资产,甚至导致破产。

二、反映短期偿债能力的指标

(一)流动比率

流动比率是指流动资产与流动负债的比率。它反映企业可在短期内转变为现金的流动资产偿还到期流动负债的能力,也就是表明每 1 元的流动负债到期可以有多少元的流动资产来偿还。

流动比率的计算公式为:流动比率=流动资产÷流动负债。

通常情况下,流动比率越高说明企业资产的变现能力越强,短期偿债能力就越强,即在流动债务到期前,企业能够用现金偿还这笔债务。反之,说明企业资产的变现能力越弱,短期偿债能力就越弱。

(二) 速动比率

速动比率是指速动资产与流动负债的比率,它是衡量企业流动资产中可以立即变现用于偿还流动负债的能力。速动比率的内涵是每1元流动负债有多少元速动资产作保障。

速动比率的计算公式如下:

(1) 速动比率＝速动资产÷流动负债。

(2) 速动资产＝流动资产－存货－预付账款－（一年内到期的非流动资产）－其他流动资产。

通常情况下,速动比率越大,表明公司短期偿债能力越强。一般来说,速动比率在1∶1左右是理想状态,表明企业的每1元流动负债就有1元易于变现的流动资产来抵偿,短期偿债能力有可靠的保证。如果速动比率过大,则可能会使得企业资金闲置较多,不利于资金充分利用。

(三) 现金比率

现金比率是现金类资产与流动负债的比率,它最能反映企业直接偿付流动负债的能力。现金资产包括货币资金和交易性金融资产。现金比率反映企业的即时付现的能力,也就是随时可以还债的能力。

现金比率的相关计算公式如下:

(1) 现金比率＝现金资产÷流动负债。

(2) 现金资产＝货币资金＋交易性金融资产。

现金比率越高,说明公司的变现能力越强,短期偿债能力越强。而现金比率越低,说明公司的变现能力越弱,短期偿债能力越弱。

当然现金比率也并不是越高越好,在保持一定流动性的情况下,如果现金比率过高,则反而说明公司资金利用效率低下,这将会影响公司的盈利能力。

【任务实施案例】

一、流动比率的计算和分析

【例 7-1】 根据天天公司 2023 年资产负债表简表（表 7-1）,计算天天公司 2023 年的流动比率。

表 7-1　　　　　　　　　天天公司 2023 年资产负债表简表　　　　　　　　单位:元

项 目	期初余额 （2022 年年末）	期末余额 （2023 年年末）
流动资产合计	884 000	1 348 664.75
流动负债合计	458 880	627 240

业务处理步骤:

(一) 计算指标

2022 年年末的流动比率＝884 000÷458 880≈1.93

2023 年年末的流动比率＝1 348 664.75÷627 240≈2.15

(二) 分析指标

计算结果表明,公司 1 元的流动负债在 2022 年年末和 2023 年年末分别有 1.93 元和 2.15 元的流动资产作为偿还债务的保证。天天公司的流动比率在 2022 年至 2023 年呈逐渐上升的趋势,说明目前公司资产的变现能力正在不断变强,短期偿债能力相对较强。

二、速动比率的计算和分析

【例 7-2】 根据天天公司 2023 年资产负债表简表(表 7-2),计算天天公司 2023 年的速动比率。

表 7-2　　　　　　　　天天公司 2023 年资产负债表简表　　　　　　　　单位:元

项目	2022 年年末	2023 年年末
流动资产合计	884 000	1 348 664.75
存货	489 125	289 825
一年内到期的非流动资产	0	0
预付账款	20 000	20 000
其他流动资产	0	0
流动负债合计	458 880	627 240

业务处理步骤:

(一) 计算指标

2022 年年末速动资产
= 流动资产 − 存货 − 预付账款 − (一年内到期的非流动资产) − 其他流动资产
= 884 000 − 489 125 − 20 000 − 0 − 0 = 374 875(元)

2022 年年末速动比率 = 速动资产 ÷ 流动负债 = 374 875 ÷ 458 880 ≈ 0.82

2023 年年末速动资产
= 流动资产 − 存货 − 预付账款 − (一年内到期的非流动资产) − 其他流动资产
= 1 348 664.75 − 289 825 − 20 000 − 0 − 0 = 1 038 839.75(元)

2023 年年末速动比率 = 速动资产 ÷ 流动负债 = 1 038 839.75 ÷ 627 240 ≈ 1.66

(二) 分析指标

计算结果表明,天天公司每 1 元的流动负债在 2022 年年末和 2023 年年末分别有 0.82 元和 1.66 元容易变现的流动资产来抵偿。该数据充分说明了公司短期偿债能力在快速增强,企业的资金安全较有保障。

三、现金比率的计算和分析

【例 7-3】 根据天天公司 2023 年资产负债表简表(表 7-3),计算天天公司 2023 年的现金比率。

表 7-3　　　　　　　　　天天公司 2023 年资产负债表简表　　　　　　　单位:元

项目	2022 年年末	2023 年年末
货币资金	195 475	767 004.75
交易性金融资产	15 000	0
流动负债	458 880	627 240

业务处理步骤:

(一) 计算指标

2022 年年末现金比率＝(货币资金＋交易性金融资产)÷流动负债
　　　　　　　　　＝(195 475＋15 000)÷458 880≈0.46

2023 年年末现金比率＝(货币资金＋交易性金融资产)÷流动负债
　　　　　　　　　＝(767 004.75＋0)÷627 240≈1.22

(二) 分析指标

根据计算结果,我们可以看到天天公司现金比率在 2022—2023 年整体呈现上升的趋势,从 0.46 上升至 1.22。这是由于 2023 年货币资金项目增长快速,从 195 475 元增长到了 767 004.75 元,增长了 292.38%,说明天天公司的流动资金充足,对财务风险控制得较好,短期偿债能力较强。

【任务拓展】

已知某公司 2023 年资产负债表有关数据见表 7-4。

表 7-4　　　　　　　　某公司 2023 年资产负债表有关数据　　　　　　　　单位:元

项目	期初余额 (2022 年年末)	期末余额 (2023 年年末)
货币资金	207 475	782 004.75
交易性金融资产	27 000	15 000
存货	501 125	304 825
一年内到期的非流动资产	12 000	15 000
预付账款	32 000	35 000
其他流动资产	12 000	15 000
流动资产合计	896 000	1 363 664.75
流动负债合计	470 880	642 240

要求:计算该公司 2023 年年末的流动比率、速动比率和现金比率。

活动 7.1.2 长期偿债能力分析

【任务背景知识】

一、长期偿债能力概念

长期偿债能力是指企业偿还长期债务的现金保障程度。企业的长期负债是指偿还期在 1 年或超过 1 年的一个营业周期以上的债务。与流动负债相比,长期负债具有偿还期限长、数额较大等特点。

二、反映长期偿债能力的指标

(一) 资产负债率

资产负债率是企业负债总额占资产总额的百分比。该指标反映总资产有多大比例是通过负债筹集的,可以用来衡量债权人的资金安全程度。

资产负债率的计算公式如下:

$$资产负债率 = 负债总额 \div 资产总额 \times 100\%$$

资产负债率越低,表明企业长期偿债能力越强,举债越容易。但并非该指标对谁都是越小越好。资产负债率过高,则表明企业的债务负担重,企业资金实力不强,这不仅对债权人不利,而且意味着没有人愿意提供贷款。

(二) 产权比率

产权比率又称杠杆比率,是指负债总额与所有者权益总额的比率,其中所有者权益总额即公司的净资产。该指标反映了企业净资产的偿债能力和企业的总体借贷情况。

产权比率的计算公式如下:

$$产权比率 = 负债总额 \div 所有者权益总额 \times 100\%$$

一般来说,产权比率越低,表明企业长期偿债能力越强,债权人承担的风险越小。高的产权比率是高风险、高回报的财务结构;低的产权比率是低风险、低回报的财务结构。

(三) 所有者权益比率

所有者权益比率是指所有者权益总额与资产总额的比率,该指标说明企业的资产中有多少是所有者投入资本所形成的。

所有者权益比率相关计算公式如下:

(1) 所有者权益比率 = 所有者权益总额 ÷ 资产总额 × 100%。

(2) 资产负债率 + 所有者权益比率 = 1。

由第二个公式可知,所有者权益比率越大,资产负债率就越小,企业的财务风险就越小;反之则越大。

(四) 权益乘数

所有者权益比率的倒数称为权益乘数,是指资产总额相当于所有者权益的倍数。权益乘数越大,说明股东投入的资本在资产中所占的比重越小,企业负债程度越高。

权益乘数的公式如下：

$$权益乘数 = 资产总额 \div 所有者权益总额 = 1 \div (1 - 资产负债率)$$

（五）利息保障倍数

利息保障倍数是指企业息税前利润对利息费用的倍数，它是衡量企业支付负债利息能力的指标，用以衡量企业偿付借款利息的能力。

利息保障倍数的相关计算公式如下：

$$利息保障倍数 = 息税前利润 \div 利息费用$$

$$息税前利润 = 净利润 + 所得税 + 利息费用 = 利润总额 + 利息费用$$

可根据报表附注资料确定准确的利息费用数额。但通常也可以用财务费用的数额作为利息支出。

债权人通过分析利息保障倍数指标，可以得知债权的安全程度。如果利息保障倍数足够大，就意味着企业有充足的能力支付利息；反之，若利息保障倍数不够大，则意味着企业没有足够大的息税前利润，利息支付就会发生困难。

【任务实施案例】

一、资产负债率的计算和分析

【例 7-4】 根据天天公司 2023 年资产负债表简表（表 7-5），计算天天公司 2023 年的资产负债率。

表 7-5　　　　　　　　　天天公司 2023 年资产负债表简表　　　　　　　　单位：元

项目	2022 年年末	2023 年年末
负债总额	608 880	927 240
资产总额	1 850 980	2 414 644.75

业务处理步骤：

（一）计算指标

2022 年年末资产负债率 = 负债总额 ÷ 资产总额
$$= 608\,880 \div 1\,850\,980 \times 100\% \approx 32.90\%$$

2023 年年末资产负债率 = 负债总额 ÷ 资产总额
$$= 927\,240 \div 2\,414\,644.75 \times 100\% \approx 38.40\%$$

（二）分析指标

根据计算结果，我们可以看到天天公司资产负债率均小于 50%，说明其偿债能力较强。公司 2023 年资产负债率比 2022 年呈现小幅上升趋势，说明企业长期偿债能力略有下降。经验研究表明，资产负债率存在显著的行业差异，从行业平均水平看，一般以 40%～60% 为宜。

二、产权比率的计算和分析

【例 7-5】 根据天天公司 2023 年资产负债表简表(表 7-6),计算天天公司 2023 年的产权比率。

表 7-6　　　　　　　　天天公司 2023 年资产负债表简表　　　　　　　　单位:元

项目	2022 年年末	2023 年年末
负债总额	608 880	927 240
所有者权益总额	1 242 100	1 487 404.75

业务处理步骤:

(一)计算指标

2022 年年末产权比率=负债总额÷所有者权益总额
$$=608\,880÷1\,242\,100×100\% ≈ 49.02\%$$

2023 年年末产权比率=负债总额÷所有者权益总额
$$=927\,240÷1\,487\,404.75×100\% ≈ 62.34\%$$

(二)分析指标

计算结果表明,天天公司的产权比率呈现上升的趋势,2023 年比 2022 年产权比率上涨了13.32%,说明企业长期偿债能力减弱,债权人承担的风险增加。这个结果可与[例 7-4]中资产负债率的计算结果相互印证。

三、所有者权益比率的计算和分析

【例 7-6】 根据天天公司 2023 年资产负债表简表(表 7-7),计算天天公司 2023 年的所有者权益比率。

表 7-7　　　　　　　　天天公司 2023 年资产负债表简表　　　　　　　　单位:元

项目	2022 年年末	2023 年年末
资产总额	1 850 980	2 414 644.75
所有者权益总额	1 242 100	1 487 404.75

业务处理步骤:

(一)计算指标

2022 年年末所有者权益比率=所有者权益总额÷资产总额
$$=1\,242\,100÷1\,850\,980×100\% ≈ 67.1\%$$

2023 年年末所有者权益比率=所有者权益总额÷资产总额
$$=1\,487\,404.75÷2\,414\,644.75×100\% ≈ 61.6\%$$

(二)分析指标

计算结果表明,天天公司 2023 年年末的所有者权益比率为 61.6%,比 2022 年年末的67.1%下降 5.5%,这意味着 2023 年公司的资产负债率在上升,表明公司的债务负担加重,财务风险增加,应当引起企业管理者的关注。

四、权益乘数的计算和分析

【例 7-7】 根据天天公司 2023 年资产负债表简表(表 7-8),计算天天公司 2023 年的权益乘数。

表 7-8　　　　　　　　　天天公司 2023 年资产负债表简表　　　　　　　　单位:元

项目	2022 年年末	2023 年年末
资产总额	1 850 980	2 414 644.75
所有者权益总额	1 242 100	1 487 404.75

业务处理步骤:

(一)计算指标

2022 年年末权益乘数=资产总额÷所有者权益总额
　　　　　　　　　=1 850 980÷1 242 100≈1.49

2023 年年末权益乘数=资产总额÷所有者权益总额
　　　　　　　　　=2 414 644.75÷1 487 404.75≈1.62

(二)分析指标

计算结果表明,天天公司的权益乘数呈现上升的趋势,说明公司股东投入的资本在资产中占的比重下降了,企业负债增加,偿债能力有所减弱。

五、利息保障倍数的计算和分析

【例 7-8】 根据天天公司 2023 年利润表简表(表 7-9),计算天天公司 2023 年的利息保障倍数。

表 7-9　　　　　　　　　天天公司 2023 年利润表简表　　　　　　　　单位:元

项目	2022 年年末	2023 年年末
利润总额	289 466.5	327 073
利息支出	47 800	47 150

业务处理步骤:

(一)计算指标

2022 年年末利息保障倍数=息税前利润÷利息费用
　　　　　　　　　　　=(利润总额+利息费用)÷利息费用
　　　　　　　　　　　=(289 466.5+47 800)÷47 800≈7.06

2023 年年末利息保障倍数=息税前利润÷利息费用
　　　　　　　　　　　=(利润总额+利息费用)÷利息费用
　　　　　　　　　　　=(327 073+47 150)÷47 150≈7.94

(二)分析指标

计算结果表明,天天公司利息保障倍数呈小幅增长,而且 2022 年和 2023 年的利息保障倍数都比较高,表明公司具有较强的偿还负债利息的能力。

【任务拓展】

已知某公司2023年资产负债表简表,见表7-10。

表7-10　　　　　　　某公司2023年资产负债表简表　　　　　　单位:万元

资产	期初数	期末数	负债及所有者权益	期初数	期末数
流动资产:			流动负债:		
库存现金	60	65	短期借款	105	100
应收账款	120	135	应付账款	140	200
存货	155	150		0	0
流动资产合计	335	350	流动负债合计	245	300
固定资产	355	440	长期负债	130	150
无形资产	85	110	所有者权益:		
	0	0	实收资本	300	300
	0	0	资本公积	30	40
	0	0	盈余公积	70	110
	0	0	所有者权益合计	400	450
资产总计	775	900	负债及所有者权益总计	775	900

要求:计算该公司2023年年末资产负债率、所有者权益比率、权益乘数和产权比率。

任务7.2　现金流量比率分析

【任务导入】

年底了,财务经理让实习生李华根据天天公司有关数据,对有关现金流量比率进行计算和分析,以此来检验企业现金流的质量,评估企业的支付能力,为来年的财务计划作数据准备。请问李华需要计算哪些现金流量比率?

活动7.2.1　与企业营运能力有关的现金流量比率分析

【任务背景知识】

在企业的日常经营活动中,购买原材料、支付员工工资和其他经营支出都需要用到现金、银行存款和其他现金等价物。虽然企业的利润也很重要,如果只是发生亏损,而现金流没问题,那么企业可能还可以继续经营。但是如果现金流断裂,会立即造成企业经营的停摆。因此,有关现金流量比率的分析,能够检验企业现金流的质量,反映企业的支付能力。

一、营运能力的含义

营运能力是指企业营运资产的效率与效益。效率通常指企业资产所占用资金的周转速度,反映企业资金利用的效率,表明企业管理人员经营管理、运用资金的能力。

二、与营运能力分析有关的现金流量比率

与营运能力分析有关的现金流量比率主要包括应收账款周转率和流动资产周转率。

(一) 应收账款周转率

应收账款周转率是企业一定时期内营业收入与平均应收账款余额的比率。该指标反映企业应收账款的周转速度,表明本期内应收账款转为现金的平均次数,说明应收账款流动的速度。相关计算公式如下:

$$应收账款周转率(周转次数) = 营业收入 \div 平均应收账款余额$$

$$平均应收账款余额 = (应收账款余额年初数 + 应收账款余额年末数) \div 2$$

用时间表示的应收账款周转速度为应收账款周转天数,又称平均应收账款收现期,表示企业从取得应收账款的权利到收回款项、转换为现金所需要的时间。

$$应收账款周转期(周转天数) = (平均应收账款余额 \times 360) \div 营业收入$$
$$= 360 \div 应收账款周转率$$

应收账款周转率越高越好,因为应收账款周转率越高,说明企业的应收款回收越快,此时资金便可以被更好地利用,资金的使用效率也会得到提高。如果应收账款周转率过低,则说明企业的大量资金被关联企业占用,这会造成企业自身资金周转的困难,企业可能不得不从银行融资来维持自身生产经营。

(二) 流动资产周转率

流动资产周转率是企业一定时期营业收入与平均流动资产总额的比率,该指标反映了流动资产的周转速度。从流动性最强的流动资产角度对企业资产的使用效率进行分析,可进一步揭示影响企业资产质量的主要因素,计算公式如下:

$$流动资产周转率(周转次数) = 营业收入 \div 平均流动资产总额$$

$$平均流动资产总额 = (流动资产总额年初数 + 流动资产总额年末数) \div 2$$

其中:一般情况下,流动资产周转率越高,表明企业流动资产周转速度越快,利用效果越好。较快的周转速度相当于流动资产投入增加,这在一定程度上能够增强企业的盈利能力;而周转速度慢,则企业需要补充流动资金进行周转,这会造成资金浪费,降低企业的盈利能力。

【任务实施案例】

一、应收账款周转率的计算与分析

【例 7-9】 根据天天公司 2021—2023 年利润表和资产负债表中的营业收入和应收账款数据(表 7-11),计算该公司 2022 年度和 2023 年度的应收账款周转率。

表 7-11　　　　　　　　应收账款营运能力分析相关数据　　　　　　　　单位：元

项目	2021年年末	2022年年末	2023年年末
营业收入	936 284.25	1 286 000	1 150 000
应收账款	165 408.5	121 887.5	234 322.5

业务处理步骤：

（一）指标计算

2022 年应收账款周转率＝营业收入÷[（应收账款年初数＋应收账款年末数）÷2]
　　　　　　　　　　　＝1 286 000÷[（165 408.5＋121 887.5）÷2]≈8.95（次）

2022 年应收账款周转天数＝360÷流动资产周转率
　　　　　　　　　　　＝360÷8.95≈40.22（天）

2023 年应收账款周转率＝营业收入÷[（应收账款年初数＋应收账款年末数）÷2]
　　　　　　　　　　　＝1 150 000÷[（121 887.5＋234 322.5）÷2]≈6.46（次）

2023 年应收账款周转天数＝360÷流动资产周转率
　　　　　　　　　　　＝360÷6.46≈55.73（天）

（二）分析指标

从计算结果可知，天天公司 2022—2023 年应收账款周转率呈现下降的趋势，从 8.95 次下降到 6.46 次；2022 年应收账款周转天数由 40.22 天增加至 2023 年的 55.73 天。这表明企业应收账款转换为现金的时间变长，影响资金的周转，流动资产的变现能力变弱。对此，天天公司应分析应收账款周转率下滑的原因，并积极采取应对措施。

二、流动资产周转率的计算与分析

【例 7-10】 根据天天公司 2021—2023 年利润表和资产负债表获取的营业收入和流动资产数据（表 7-12），计算该公司 2022 年度和 2023 年度的流动资产周转率。

表 7-12　　　　　　　　流动资产营运能力分析相关数据　　　　　　　　单位：元

项目	2021年年末	2022年年末	2023年年末
营业收入	936 284.25	1 286 000	1 150 000
流动资产合计	879 976.1	884 000	1 348 664.75

业务处理步骤：

（一）指标计算

2022 年流动资产周转率＝营业收入÷[（流动资产年初数＋流动资产年末数）÷2]
　　　　　　　　　　　＝1 286 000÷[（879 976.1＋884 000）÷2]≈1.46（次）

2022 年流动资产周转天数＝360÷流动资产周转率＝360÷1.46≈246.58（天）

2023 年流动资产周转率＝营业收入÷[（流动资产年初数＋流动资产年末数）÷2]
　　　　　　　　　　　＝1 150 000÷[（884 000＋1 348 664.75）÷2]≈1.03（次）

2023 年流动资产周转天数＝360÷流动资产周转率＝360÷1.03≈349.51（天）

（二）分析指标

从计算结果可知，天天公司 2022—2023 年流动资产周转率呈现下降的趋势，由 1.46 次下降到 1.03 次；流动资产周转天数从 2022 年的 246.58 天增长至 2023 年的 349.51 天。2023 年流动资产周转率下降主要由营业收入减少所致。由此可见，天天公司的流动资产的周转管理水平有待提高。

【任务拓展】

某公司 2023 年年初流动资产为 120 万元，年初存货为 60 万元，年初应收账款为 38 万元。2023 年年末有关资料为：流动负债为 60 万元，流动比率为 2.2，速动比率为 1.2，现金比率为 0.6。全年应收账款周转次数为 5 次，全年销售成本为 156 万元，销售收入中赊销收入占比 40%。假定该企业流动资产仅包括速动资产与存货。

要求：
（1）计算该企业 2023 年年末流动资产、年末应收账款、年末存货。
（2）计算该企业的应收账款周转率、流动资产周转率。

活动 7.2.2　与企业盈利能力有关的现金流量比率分析

【任务背景知识】

一、盈利能力的定义

盈利能力是企业通过经营活动获取利润的能力，也称为资本增值能力。盈利能力通常表现为一定时期内企业收益数额的多少及其水平的高低，是衡量企业经营规模和发展前景的重要指标。

二、与盈利能力分析有关的现金流量比率

与盈利能力分析有关现金流量比率主要包括：全部资产现金回收率、净资产现金回收率、盈利现金比率、销售现金比率和现金分配率。

（一）全部资产现金回收率

全部资产现金回收率是指经营活动产生的净现金流量与平均总资产之间的比率。该指标反映企业利用资产获取现金的能力。全部资产现金回收率的计算公式如下：

（1）全部资产现金回收率＝经营活动净现金流量÷平均总资产×100%。
（2）平均总资产＝（期初资产总额＋期末资产总额）÷2。

全部资产现金回收率越大，说明资产利用效果越好，利用资产创造的现金流入越多，整个企业获取现金能力越强，经营管理水平越高；该比值越小，则经营管理水平越低，经营者有待提高管理水平，进而提高企业的经济效益。

（二）净资产现金回收率

净资产现金回收率是经营活动净现金流量与平均净资产之间的比率，该指标是对净资产收益率的有效补充。已经确认收益、而长期不能收现的企业，可以将净资产现金回收率与净资

产收益率进行对比,观察净资产收益率的获利质量。净资产现金回收率的计算公式如下:

(1) 净资产现金回收率＝经营活动净现金流量÷平均净资产×100%。

(2) 平均净资产＝(期初所有者权益总额＋期末所有者权益总额)÷2。

(三) 盈余现金保障倍数

盈余现金保障倍数也称盈利现金比率,是指企业一定时期经营现金净流量与净利润之间的比例关系,反映了企业从当期净利润中获取现金收益的保障程度,真实反映了企业盈余的质量。盈余现金保障倍数的计算公式如下:

$$盈余现金保障倍数＝经营活动净现金流量÷净利润$$

一般而言,盈余现金保障倍数应大于1。该数值越大,公司收益质量就越高。如果该比率小于1,则说明本期净利润中存在尚未实现的现金收入。此时即使公司盈利,也可能发生现金短缺。在进行收益质量分析时,仅仅靠一年的数据未必能说明问题,需要进行连续的盈余现金保障倍数比较。若公司的盈余现金保障倍数一直小于1甚至为负数,则说明公司的收益质量较差,严重时甚至会导致公司破产。

(四) 销售现金比率

销售现金比率是经营活动净现金流量与营业收入的比值,该指标反映企业通过销售获取现金的能力。销售现金比率的计算公式如下:

$$销售现金比率＝经营活动净现金流量÷营业收入$$

(五) 现金分配率

现金分配率是指企业现金股利与经营活动净现金流量之间的比率。该指标反映企业经营活动取得的现金有多大比重用于现金股利。现金分配率的计算公式如下:

$$现金分配率＝现金股利÷经营活动净现金流量×100\%$$

【任务实施案例】

一、全部资产现金回收率的计算与分析

【例 7-11】 根据天天公司 2021—2023 年利润表和资产负债表获取的经营活动净现金流量和资产总额数据(表 7-13),计算该公司 2022 年度和 2023 年度全部资产现金回收率。

表 7-13　　　　　经营活动净现金流量、资产总额相关数据　　　　　单位:元

项目	2021 年年末	2022 年年末	2023 年年末
经营活动净现金流量	934 456.75	670 835	786 309.75
资产总额	1 824 526.35	1 850 980	2 414 644.75

业务处理步骤:

(一) 指标计算

2022 年年末平均总资产＝(期初资产总额＋期末资产总额)÷2
　　　　　　　　　　＝(1 824 526.35＋1 850 980)÷2＝1 837 753.175(元)

$$2022\text{年全部资产现金回收率} = \text{经营活动净现金流量} \div \text{平均总资产} \times 100\%$$
$$= 670\,835 \div 1\,837\,753.175 \times 100\% \approx 36.50\%$$
$$2023\text{年年末平均总资产} = (\text{期初资产总额} + \text{期末资产总额}) \div 2$$
$$= (1\,850\,980 + 2\,414\,644.75) \div 2 = 2\,132\,812.375(\text{元})$$
$$2023\text{年全部资产现金回收率} = \text{经营活动净现金流量} \div \text{平均总资产} \times 100\%$$
$$= 786\,309.75 \div 2\,132\,812.375 \times 100\% \approx 36.87\%$$

(二)分析指标

根据计算结果,2023年全部资产现金回收率比2022年提高了,两年均超过35%,这说明资产利用效果较好,企业获取现金的能力较强。

二、净资产现金回收率的计算与分析

【例7-12】 根据天天公司2021—2023年利润表和资产负债表获取的经营活动净现金流量和所有者权益总额数据(表7-14),计算该公司2022年度和2023年度净资产现金回收率。

表7-14　　　　　经营活动净现金流量、净资产相关数据　　　　　单位:元

项目	2021年年末	2022年年末	2023年年末
经营活动净现金流量	934 456.75	670 835	786 309.75
所有者权益总额	1 051 231.85	1 242 100	1 487 404.75

业务处理步骤如下。

(一)指标计算

$$2022\text{年年末平均净资产} = (\text{期初所有者权益总额} + \text{期末所有者权益总额}) \div 2$$
$$= (1\,051\,231.85 + 1\,242\,100) \div 2 = 1\,146\,665.925(\text{元})$$
$$2022\text{年净资产现金回收率} = 670\,835 \div 1\,146\,665.925 \times 100\% \approx 58.5\%$$
$$2023\text{年年末平均净资产} = (\text{期初所有者权益总额} + \text{期末所有者权益总额}) \div 2$$
$$= (1\,242\,100 + 1\,487\,404.75) \div 2 = 1\,364\,752.375(\text{元})$$
$$2023\text{年净资产现金回收率} = 786\,309.75 \div 1\,364\,752.375 \times 100\% \approx 57.62\%$$

(二)分析指标

根据计算结果,2023年净资产现金回收率比2022年下降了0.88%,但均超过50%,说明企业净资产获取现金的能力较强。

三、盈余现金保障倍数的计算与分析

【例7-13】 根据天天公司2021—2023年利润表和资产负债表获取经营活动净现金流量和净利润数据(表7-15),计算该公司2022年度和2023年度盈余现金保障倍数。

表7-15　　　　　经营活动净现金流量、净利润相关数据　　　　　单位:元

项目	2022年年末	2023年年末
经营活动净现金流量	670 835	786 309.75
净利润	217 099.875	245 304.75

业务处理步骤：

（一）计算指标

$$2022\text{年盈余现金保障倍数}=\text{经营活动净现金流量}\div\text{净利润}$$
$$=670\,835\div 217\,099.875\approx 3.09$$
$$2023\text{年盈余现金保障倍数}=\text{经营活动净现金流量}\div\text{净利润}$$
$$=786\,309.75\div 245\,304.75\approx 3.21$$

（二）分析指标

根据计算结果，2023年盈余现金保障倍数比2022年略有上升，均超过3，说明企业从当期净利润中获取现金收益的保障程度较高，企业获取现金的能力较强。

四、销售现金比率的计算与分析

【例 7-14】 根据天天公司2021—2023年利润表和资产负债表获取的经营活动净现金流量和营业收入数据（表7-16），计算该公司2022年度和2023年度销售现金比率。

表 7-16　　经营活动净现金流量、营业收入相关数据　　　　　　单位：元

项目	2022年年末	2023年年末
经营活动净现金流量	670 835	786 309.75
营业收入	1 286 000	1 150 000

业务处理步骤：

（一）计算指标

$$2022\text{年销售现金比率}=\text{经营活动净现金流量}\div\text{营业收入}$$
$$=670\,835\div 1\,286\,000\approx 0.52$$
$$2023\text{年销售现金比率}=\text{经营活动净现金流量}\div\text{营业收入}$$
$$=786\,309.75\div 1\,150\,000\approx 0.68$$

（二）分析指标

根据计算结果，2022年和2023年每1元销售收入能给企业带来的现金净流入都超过0.5元。销售现金比率的数值越大越好，说明企业销售收现能力越强，销售质量越高。使用该指标进行分析时，应注意当期收到的预收账款和收回前期的应收账款的影响。

五、现金分配率的计算与分析

【例 7-15】 根据天天公司2022—2023年现金流量表获取的经营活动净现金流量，并假设2022年和2023年现金股利数据如表7-17所示，计算该公司2022年度和2023年度现金分配率。

表 7-17　　经营活动净现金流量、现金股利相关数据　　　　　　单位：元

项目	2022年年末	2023年年末
经营活动净现金流量	670 835	786 309.75
现金股利	150 000	200 000

业务处理步骤：

（一）计算指标

2022 年现金分配率＝现金股利÷经营活动净现金流量×100%
＝150 000÷670 835×100%≈22.36%

2023 年现金分配率＝现金股利÷经营活动净现金流量×100%
＝200 000÷786 309.75×100%≈25.44%

（二）分析指标

根据计算结果，说明 2022 年和 2023 年企业经营活动取得的现金中有超过 20% 的现金用于发放现金股利。

【任务拓展】

已知某公司 2023 年会计报表相关有关数据见表 7-18。

表 7-18　　　　　某公司 2023 年度会计报表有关数据　　　　　金额单位：万元

项目	年初数	年末数
资产负债表项目：		
资产总额	15 000	20 000
负债总额	9 000	12 000
所有者权益总额	6 500	8 500
利润表项目：	上年数	本年数
营业收入	3 800	4 000
净利润	1 000	1 200
现金流量表项目：		
经营活动净现金流量	2 300	2 600

要求：计算该企业 2023 年年末全部资产现金回收率、净资产现金回收率、盈余现金保障倍数和销售现金比率。

模 块 测 试

一、单项选择题

1. 下列关于流动比率的说法中，错误的是（　　）。
   A. 流动比率＝流动资产/流动负债
   B. 流动比率＝（速动资产＋存货等）/流动负债
   C. 流动比率＜速动比率
   D. 流动比率＞现金比率

2. 下列各项指标中，可以反映企业短期偿债能力的是（　　）。
   A. 现金比率　　　　B. 总资产报酬率　　　C. 资产负债率　　　D. 已获利息倍数

3. 已知某企业2020年年末流动比率为2.5,流动资产为300万元,2020年经营活动现金净流量为138万元,则该企业的流动负债为（　　）万元。
   A. 120　　　　　B. 125　　　　　C. 150　　　　　D. 130
4. 下列各项中,不属于反映盈利能力的财务指标是（　　）。
   A. 全部资产现金回收率　　　　　B. 销售现金比率
   C. 净资产收益率　　　　　　　　D. 已获利息倍数
5. 如果流动比率过高,意味着企业可能（　　）。
   A. 不存在闲置现金　　　　　　　B. 不存在存货积压
   C. 应收账款周转缓慢　　　　　　D. 偿债能力很差
6. 下列各项中,不属于评价企业短期偿债能力的指标是（　　）。
   A. 产权比率　　　B. 流动比率　　　C. 现金比率　　　D. 速动比率
7. 下列各项中,属于评价企业长期偿债能力的指标是（　　）。
   A. 产权比率　　　B. 流动比率　　　C. 现金比率　　　D. 速动比率
8. 在短期偿债能力指标中,（　　）不宜用于企业间的比较。
   A. 流动比率　　　B. 营运资金　　　C. 现金比率　　　D. 速动比率
9. 如果流动比率大于1,则下列结论成立的是（　　）。
   A. 速动比率大于1　　　　　　　B. 现金比率大于1
   C. 营运资金大于零　　　　　　　D. 短期偿债能力绝对有保障
10. 在计算速动资产时,之所以要扣除存货等项目,是由于（　　）。
    A. 这些项目价值变动较大　　　　B. 这些项目质量难以保证
    C. 这些项目数量不易确定　　　　D. 这些项目变现能力较差
11. 下列长期偿债能力的指标计算时,需使用利润表中有关数据的是（　　）。
    A. 资产负债率　　B. 产权比率　　C. 利息保障倍数　　D. 权益乘数
12. 当企业流动比率大于1时,增加流动资金借款会使当期流动比率（　　）。
    A. 不确定　　　　B. 不变　　　　C. 提高　　　　D. 降低
13. 某企业期初应收账款230万元,期末应收账款250万元,本期产品销售收入为1 200万元,本期产品销售成本为1 000万元。则该企业应收账款周转期为（　　）天。
    A. 90　　　　　B. 75　　　　　C. 84　　　　　D. 72
14. 下列项目中,不属于企业资产规模增大原因的是（　　）。
    A. 企业对外举债　　　　　　　　B. 企业发放股利
    C. 企业发行股票　　　　　　　　D. 企业实现盈利
15. 计算应收账款周转率时,赊销收入净额等于（　　）。
    A. 销售收入－现销收入
    B. 销售收入－现销收入－销售退回
    C. 销售收入－现销收入－销售退回－销售折让
    D. 销售收入－现销收入－销售退回－销售折让－销售折扣
16. 下列经济业务会使企业的速动比率提高的是（　　）。
    A. 收回应收账款　　　　　　　　B. 销售产成品
    C. 购买短期债券　　　　　　　　D. 用固定资产对外进行长期投资

二、多项选择题

1. 下列财务指标中,可以反映长期偿债能力的有（　　）。
   A. 总资产周转率　　B. 已获利息倍数　　C. 产权比率
   D. 资产负债率　　　E. 资本收益率

2. 下列各项指标中,用于反映企业长期偿债能力的有（　　）。
   A. 流动比率　　　　B. 现金比率　　　　C. 产权比率
   D. 资产负债率　　　E. 已获利息倍数

3. 下列各项财务指标中,能够反映企业偿债能力的有（　　）。
   A. 产权比率　　　　B. 权益乘数　　　　C. 现金比率
   D. 市净率　　　　　E. 每股营业现金净流量

4. 下列各项财务指标中,能反映企业短期偿债能力的有（　　）。
   A. 流动比率　　　　B. 产权比率　　　　C. 现金比率
   D. 营运资本　　　　E. 资产负债率

5. 下列关于获取现金能力指标的表述中,正确的有（　　）。
   A. 销售现金比率数值越大越好
   B. 每股营业现金净流量反映企业最大的分派股利能力,超过此限度,企业可能要借款分红
   C. 每股营业现金净流量反映每股可以取得的利润
   D. 销售现金比率反映每一元销售收入得到的现金流量净额,其数值越小越好
   E. 全部资产现金回收率是通过企业经营活动现金流量净额与企业平均总资产之比来反映的

6. 衡量企业短期偿债能力的指标有（　　）。
   A. 资产负债率　　　　　　　　　B. 速动比率
   C. 流动比率　　　　　　　　　　D. 现金比率

7. 反映企业长期偿债能力的指标有（　　）。
   A. 产权比率　　　　　　　　　　B. 总资产周转率
   C. 资产负债率　　　　　　　　　D. 利息保障倍数

8. 影响速动资产的因素有（　　）。
   A. 应收账款　　B. 存货　　C. 预付账款　　D. 应付票据

9. 下列项目中,影响现金比率的因素有（　　）。
   A. 期末企业所拥有的现金数额　　　B. 流动负债
   C. 流动资产　　　　　　　　　　　D. 长期负债

10. 某公司年初流动比率为 2.1,速动比率为 0.9,而年末流动比率下降为 1.8,速动比率为 1.1,则不能说明（　　）。
    A. 当年存货增加　　　　　　　　B. 当年存货减少
    C. 应收账款的回收速度加快　　　D. 现销增加,赊销较少

11. 影响流动资产周转率的指标包括（　　）
    A. 营业收入　　　　　　　　　　B. 平均流动资产总额
    C. 应收账款周转率　　　　　　　D. 固定资产周转率

12. 应收账款周转率提高意味着企业（　　）。
    A. 流动比率提高　　　　　　　　B. 坏账损失下降
    C. 短期偿债能力增强　　　　　　D. 速动比率提高
13. 反映企业营运能力的现金比率指标包括（　　）。
    A. 净资产收益率　　　　　　　　B. 流动资产周转率
    C. 应收账款周转率　　　　　　　D. 速动比率
14. 处于成长期的企业经营特点包括（　　）。
    A. 产品开始走向成熟
    B. 需要大量的资金投入
    C. 企业开始获利
    D. 获利水平相对稳定
15. 用来反映企业收益增长能力的财务指标有（　　）。
    A. 净利润增长率　　　　　　　　B. 三年利润平均增长率
    C. 权益净利率　　　　　　　　　D. 资本积累率
16. 影响速动比率的因素有（　　）。
    A. 速动资产　　　　　　　　　　B. 流动负债
    C. 所有者权益　　　　　　　　　D. 长期借款
17. 下列项目中，影响现金比率的因素有（　　）。
    A. 交易性金融资产　　　　　　　B. 流动负债
    C. 货币资金　　　　　　　　　　D. 长期负债

三、判断题

1. 流动资产周转率与销售收入总是成正比。（　　）
2. 采用比率分析法，可以分析引起变化的主要原因、变动性质，并可预测企业未来的发展前景。（　　）
3. 流动比率越高，说明企业资产的变现能力越强。（　　）
4. 积压的存货如果转为损失，将会降低流动比率。（　　）
5. 现金比率的提高不仅会增加资产的流动性，而且会使机会成本增加。（　　）
6. 对债权人而言，企业的资产负债率越高越好。（　　）
7. 对任何企业而言，速动比率大于1才是正常的。（　　）
8. 本应借记应付账款，却误借记应收账款，这种错误必然会导致流动比率上升。（　　）
9. 资产负债率越低，表明企业长期偿债能力越强。（　　）
10. 流动比率反映企业可在短期内转变为现金的流动资产偿还到期的流动负债的能力。（　　）
11. 企业能否持续增长对投资者、经营者至关重要，但对债权人而言相对不重要，因为他们更关心企业的变现能力。（　　）
12. 流动比率达标不一定说明企业偿债能力很强。（　　）

四、综合题

某公司2023年资产负债表（表7-19）和利润表（表7-20）如下：

表 7-19　　　　　　　　　　　　　　　　资产负债表

2023 年 12 月 31 日　　　　　　　　　　　　　　　　金额单位：万元

资产	期初数	期末数	负债及所有者权益	期初数	期末数
流动资产：			流动负债：		
货币资金	3 425	2 550	短期借款	10 100	9 100
交易性金融资产	2 400	4 650	应付账款	5 300	4 550
应收账款	4 550	4 300	预收账款	2 050	1 550
预付账款	7 800	5 225	其他应付款	400	400
存货	17 350	14 600	流动负债合计	17 850	15 600
其他流动资产	250	200	非流动负债：		
流动资产合计	35 775	31 525	长期负债	12 500	10 500
非流动资产：	0	0	非流动负债合计	12 500	10 500
固定资产	52 000	47 000	负债合计	30 350	26 100
无形资产	2 175	2 050	所有者权益：		
非流动资产合计	54 175	49 050	实收资本	37 500	37 500
			盈余公积	7 500	7 500
			未分配利润	14 600	9 475
			所有者权益合计	59 600	54 475
资产总计	89 950	80 575	负债及所有者权益合计	89 950	80 575

表 7-20　　　　　　　　　　　　　　　　利润表

2023 年 12 月　　　　　　　　　　　　　　　　金额单位：万元

项　目	本年金额	上年金额
一、营业务收入	81 250	73 750
减：营业成本	52 500	47 000
税金及附加	5 000	4 500
销售费用	5 500	4 875
管理费用	3 750	3 250
财务费用	1 125	975
加：投资收益	1 150	1 140
二、营业利润	14 525	14 290
加：营业外收入	5 565	1 575
减：营业外支出	2 125	2 000
三、利润总额	17 965	13 865
减：所得税费用	4 491.25	3 466.25
四、净利润	13 473.75	10 398.75

要求:假设该公司2023年年末经营活动现金净流量为39 625万元,发放现金股利15 000万元。请计算2023年年末下列指标,并根据指标的计算结果对该公司的财务状况加以分析。

(1)计算短期偿债能力的指标,包括流动比率、速动比率和现金比率,并加以分析。

(2)计算长期偿债能力的指标,包括资产负债率、所有者权益比率、权益乘数和产权比率,并加以分析。

(3)计算与企业营运能力有关的现金流量比率,包括应收账款周转次数、应收账款周转天数和流动资产周转率,并加以分析。

(4)计算与盈利能力分析有关现金流量比率,包括全部资产现金回收率、净资产现金回收率、盈利现金比率、销售现金比率、现金分配率,并加以分析。